岗课赛证 GKSZ

国家新闻出版署出版融合发展（北师大出版社）重点实验室
重点课题"教育出版融合发展的理论与实践研究"优秀成果
教育类专业"岗课赛证融通"系列教材

新形态教材
入眼·入脑·入手
易教·乐学

融媒体版

幼儿园班级管理

YOU'ERYUAN BANJI GUANLI

主　编：曾　越
参　编：陈　娴　金　全　何　丹　白明丽　朱若茹

北京师范大学出版集团
BEIJING NORMAL UNIVERSITY PUBLISHING GROUP
北京师范大学出版社

图书在版编目（CIP）数据

幼儿园班级管理 / 曾越主编 . —北京：北京师范大学出版社，
2022.4（2025.8 重印）

  ISBN 978-7-303-27710-0

  Ⅰ．①幼⋯ Ⅱ．①曾⋯ Ⅲ．①幼儿园－班级－学校管
理－幼儿师范学校－教材 Ⅳ．①G617

  中国版本图书馆 CIP 数据核字（2022）第 001355 号

YOU'ERYUAN BANJI GUANLI

出版发行：北京师范大学出版社 https://www.bnupg.com
　　　　　北京市西城区新街口外大街 12-3 号
　　　　　邮政编码：100088
印　　刷：北京天泽润科贸有限公司
经　　销：全国新华书店
开　　本：889 mm×1194 mm　1/16
印　　张：14.75
字　　数：325 千字
版　　次：2022 年 4 月第 1 版
印　　次：2025 年 1 月第 3 次印刷
定　　价：38.80 元

策划编辑：姚贵平　　　　　　责任编辑：朱冉冉
美术编辑：焦　丽　　　　　　装帧设计：焦　丽
责任校对：陈　荟　　　　　　责任印制：赵　龙

前言

　　班级是幼儿重要的生活与学习场所，也是人格发展与社会化的主要环境。班级管理是教师每天的重要工作，就像呼吸一样，看似平常却又不可忽视。班级管理水平不仅影响着幼儿在班级中的生活与学习质量，也影响着教师每天的职业幸福感。

　　幼儿园班级管理是由幼儿园班级中的保教人员通过计划、组织、实施、调整等过程协调班集体内外的人、财、事、物、时间、空间、信息等资源，从而高效顺畅地实现保育和教育目的的综合性活动。从这个定义可以看出，幼儿园班级管理的内容相当宽泛，班级中的人（包括幼儿和家长）、财、事、物、时间、空间、信息等资源无不在班级管理的范畴之内。为了保证学习的深入性，我们从幼儿园班级管理实践中梳理提炼出最主要的三大板块：常规管理、环境创设、家长工作。

　　常规管理与家长工作。良好习惯和行为规范的养成不是家庭一方面可以单独胜任的，也不是幼儿园一方面能单独胜任的，需要两方面共同合作。只有家园合作，把幼儿园的一日常规延伸到家庭中，才能形成教育合力，实现常规管理的目标。

　　环境创设与常规管理。按照幼儿发展需求所创设的环境，有利于保教者和幼儿建立正向的关系。它将管理和看守型活动减到最少，使保教者有更多的时间观察幼儿，与他们互动并促进幼儿发展。精心创设的环境能够预防和减少幼儿的不当行为，发挥潜移默化的常规管理作用。

　　环境创设与家长工作。班级环境创设的主体不仅是幼儿和教师，还可以是家长。家长参与环境创设使他们能更好地理解环境的教育作用。此外，环境记录是家长了解幼儿学习过程的重要途径，为家长提供了和教师探讨孩子教育的素材。

　　长期以来，幼儿园班级管理工作存在着"教师中心"倾向，而本教材倡导"幼儿为本"的班级管理理念。在常规管理上，我们提出行为管理的目标不是幼儿对教师权威的服从，而是在帮助幼儿形成良好自尊的同时，培养幼儿自律和自主的能力。在环境创设上，我们提出幼儿是环境的主人，促进幼儿的发展是环境创设的出发点和归宿，应由幼儿和教师一起创设共同生活的环境。在家园合作上，我们提出，家园合作要从"以幼儿园为中心"到"以幼儿为中心"，把促进幼儿的发展作为连接家庭和幼儿园的桥梁。

　　本教材还倡导"师幼共建"的班级管理理念。班级是教师和幼儿共同生活的地方。共同生活意味着教师要能在与幼儿的共同生活中感受幼儿的感受，理解幼儿的理解，兴奋幼儿的兴奋，与幼儿心灵相通。班级也是需要教师和幼儿共同经营的地方。共同经营意味着教师并不是班级管理的唯一主体，幼儿也是班级的主人，教师要在与幼儿的共同经营中充分尊重幼儿的权利，发挥幼儿的主体性，发现幼儿的力量，与幼儿共同分享集体生活带来的幸福与愉悦。

　　本教材将教育家精神渗透至各专题，通过鲜活的教育叙事与典型案例分析，将乐 教爱生、甘于奉献的仁爱之心，启智润心、因材施教的育人智慧具象化为可感可知的教育图景。读者在阅读过程中，既能感受到幼教前辈们的教育情怀，亦能从他们的实践中获得专业启迪。

　　编者期待，不论您是一名学前专业学生、还是一位一线幼儿教师，本教材都能够从精神、理念、理论、方法等方面，为您提供全方位的指导，助力您和幼儿一同建设 好幼儿园班级这一共同生活的"家"，迈出成为"四有"好老师的关键一步。

绪　论

目　录

下篇　班级家长工作

上篇　班级常规管理

专题一
幼儿园班级常规管理

学习目标

1. 了解幼儿园班级常规的含义以及建立幼儿园班级常规的意义。

2. 掌握幼儿园班级常规的分类，能够判断班级中的规则属于哪种类型，并能采取相应的教育策略和制定规则的方法。

3. 了解幼儿园班级常规管理的原则，并能够在班级管理实践中综合运用这些原则。

思维导图

- 幼儿园班级常规管理
  - 幼儿园班级常规
    - 什么是幼儿园班级常规
    - 为何要建立幼儿园班级常规
    - 幼儿园班级常规的分类
  - 幼儿园班级常规管理的原则
    - 正面教育原则
    - 规则需求化原则
    - 权威适度原则
    - "三性"并重原则

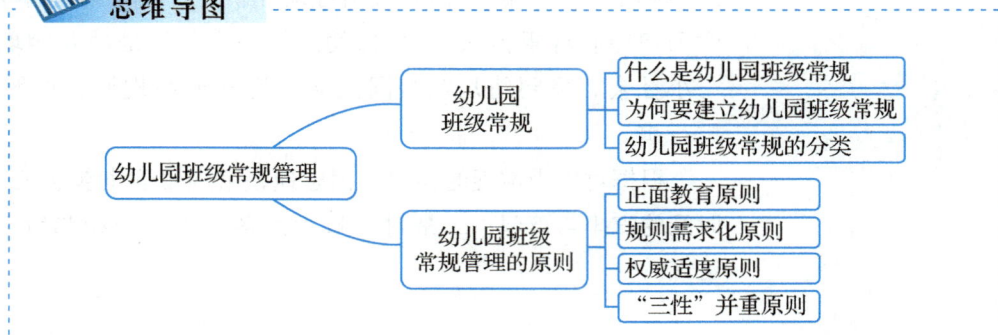

班级作为一种微型的社会组织，是幼儿正式加入的第一个社会群体，有其自身的社会规范。本专题将介绍幼儿园班级常规，以及幼儿园班级常规管理的原则。

主题 1
幼儿园班级常规

一、什么是幼儿园班级常规 >>>>>>>>>>>>>>>>>>>>>>>>>>>>

班级常规，就是指幼儿在幼儿园的一日生活中所要遵守的行为规范。一般来说，班级常规包含三方面的内容。

（一）关于幼儿在园一日生活的时间及顺序的规定

幼儿园对一日生活的时间及顺序均有明确的规定，这样有利于幼儿的一日生活在一定的节奏、规律中进行。

（二）关于幼儿在园一日生活各环节具体要求的规定

幼儿园一日生活包括多个环节，每个环节的具体要求不同。只有做到每个环节有计划，有要求，有指导，幼儿的一日生活才能更有序，更顺畅，更有教育价值。

（三）关于幼儿在园一般行为规则的规定

《幼儿园教育指导纲要(试行)》(以下简称《纲要》)指出，教师要"在共同的生活和活动中，以多种方式引导幼儿认识、体验并理解基本的社会行为规则，学习自律和尊重他人"。虽然幼儿年纪小，但是幼儿园班级是一个现实的集体与小社会，需要幼儿在共同生活中遵守班级规则，按照社会所期望的行为规则行事。

根据对班级常规的界定，相应地，常规管理也包含三方面：一是对一日生活时间的安排与管理；二是对一日生活各环节的组织与管理；三是对幼儿行为的管理。

二、为何要建立幼儿园班级常规 >>>>>>>>>>>>>>>>>>>>>>>>

（一）良好的班级常规是幼儿规律性生活与活动的保障

合理的时间管理能让幼儿知道什么时间做什么事，培养幼儿的时间观念和秩序感；合理的时间管理还使幼儿能够预测下一步将要做什么，帮助他们形成安全感和对自己生活的掌控感。

（二）良好的班级常规有助于幼儿养成良好的习惯

对一日生活各环节具体要求的规定，能够帮助幼儿养成良好的生活与卫生习惯、学习习惯等，培养幼儿的条理性、独立性，形成使其终身受益的生活能力和文明生活方式。

（三）良好的班级常规有助于培养幼儿自我管理能力

《纲要》指出，建立良好的常规，避免不必要的管理行为，逐步引导幼儿学习自我管理。良好的常规管理能够帮助幼儿学习自我管理，培养幼儿的自律和自主能力。

（四）良好的班级常规能够帮助幼儿适应集体生活

从自由的家庭生活进入集体生活，幼儿需要知道，生活在一个集体里就要遵守一定的行为规范，要学习处理与他人、集体的关系，形成集体意识。良好的常规管理能够促进幼儿良好个性品质的形成和社会性的发展，帮助幼儿学习在集体中生活。

（五）良好的班级常规是顺利开展各项活动的前提和基础

在幼儿园班级中，良好的常规不仅有利于幼儿稳定、愉快地学习与生活，而且有利于保教工作顺畅、有序地进行。常规工作如果开展不好，既不利于各项活动顺利进行，也容易带来安全隐患。

三、幼儿园班级常规的分类 >>>>>>>>>>>>>>>>>>>>>>>>>>>

常规管理是幼儿园班级管理工作的重要内容，也是困扰很多教师的一个难题。这其中的关键在于，目前人们对幼儿园规则的认识还比较模糊。正如郑三元所言，"如何看待规则意味着我们将要采取的教育立场，影响规则教育的方法和效果"。① 深入了解规则的类型及其相应的教育策略，是良好常规管理的前提。

（一）从规则的弹性来分

从规则的弹性来看，可以将幼儿园规则划分为不变的规则、适应性的规则和临时性的规则三种。这三类规则对应的教育策略是有差异的。②

1. 不变的规则与教育

不变的规则具有强制性、严格性的特点。该类规则的教育策略为及时、坚定和身教重于言教。

及时。对于幼儿而言，关于这类规则的教育，通常涉及的内容是"不能打人""不能偷东西""不能损坏公物和他人的财产"，以及一些初步的交通规则，如"红灯停，绿灯行""不在马路上跑和玩"等。内容看似非常简单，其实大有奥妙，需要成人把握教育的玄机。幼儿第一次做出违背不变的规则的事情时，并不具有相应的"违规"动机，往往是好奇或缺少技能所致。然而有关不变的规则的教育应该从这个时候就开始了。例如，当幼儿能够灵活支配自己四肢的时候，敲敲打打便是其探索世界的一种重要方式。在这个探索的过程中，他们可能会误伤家长或小朋友，但是这并不是真正意义上的"打人"。所以我们应该耐心引导幼儿，什么东西是可以敲的(随后多提供)，什么东西是不可以敲的(之后尽量收好)，在此基础上说明人是不能敲的。

微课
班级常规的分类

---

① 郑三元：《规则的意义与儿童规则教育新思维》，载《湖南师范大学教育科学学报》，2006，5(5)。
② 莫秀锋：《试论规则的类型与儿童的规则教育》，载《学前教育研究》，2007(1)。

坚定。例如，已经告诉幼儿不能打人之后，下一次，他再打人时，就要严肃地说："不可以！"并以适合幼儿的方式进行责罚。不变的规则，对任何人都具有强制性。所以，不变的规则教育在任何时候不管遇到何等阻力都要想方设法坚定地执行。

身教重于言教。如果成人希望幼儿能够遵纪守法，自己就应以身作则。例如，成人在红灯时立刻停下耐心地等待，是幼儿学习、体会交通规则中的"红灯停，绿灯行"的良好示范。如果成人带着孩子闯红灯，那么不但有关的教育将前功尽弃，而且会给幼儿埋下隐患：日后他可能心存侥幸闯红灯而造成事故。法律面前人人平等。因此，对于不变的规则的教育而言，成人既是幼儿的教育者，也应该是坚定践行的良好榜样。

2. 适应性的规则与教育

适应性的规则是指在某一具体时间段内，适合相应年龄段幼儿的规则。这些规则的功能应该体现为，既能够培养幼儿的良好习惯和性格，又能够指导他们探索世界。这类规则通常以"家规"和幼儿园中的"常规"这两种形式体现出来。适应性的规则主要涉及公德、安全、惜物、劳动任务、个人卫生、作息时间等内容。相应的教育策略为及时、可变与不变的和谐统一。

及时。众所周知，习惯与性格的养成不是一朝一夕的事情。如果幼儿已经养成不良的习惯，已成为定型性习惯，那么他改正是很困难的。所以"家规"与"常规"的教育也应该及早进行。

可变，是指适应性的规则应该是不断变化的，以适应不断成长的幼儿。幼儿从出生到六岁左右，其身心的变化都是巨大的。成人需要敏锐地捕捉儿童成长中的细微变化，及时调整规则以适应这些变化。比如，当幼儿已经能够自如地穿脱衣服时，有的成人嫌他们做得不如自己快而包办代替。如果"家规"中不增加相应的规则——要求孩子自己穿脱衣服，那么就不利于孩子的责任心、独立性、自主性的进一步发展，反而助长孩子的依赖性。同样，如果幼儿园一直以小班的常规对待大班的幼儿，就必然阻碍对幼儿良好习惯和性格的培养，限制幼儿探索世界。至于适应性规则的数量问题，应注意考虑规则不在于多或少，关键在于是否必要和合理。因为，没有规则的自由是放任，没有自由的规则是遏制。适应性的规则不再适应幼儿时，往往会发生这样的情境：对于有些规则，幼儿已经掌握，之前也遵守得良好，近来却频频抗议，屡屡触犯，甚至直接提出某些规定不好，限制得太死板。这可能是规则本身有问题，限制了幼儿个性的发展。这些规则就需要变化、完善了。

不变，是指在某一时间段内，适应性的规则应该是相对稳定的，以便于幼儿形成动力定型，从而能够在节约心理能量的同时掌握这些规则。例如，随着幼儿的成长，幼儿园相应地设定了小、中、大班的常规。然而，对任何一个班别的幼儿来说，在同一学期，他们的常规却是相对稳定的，不会朝令夕改。这种稳定性足以让幼儿养成习惯，以达到习惯成自然。总之，规则的稳定性，一方面有助于幼儿能够对一些似曾相识的问题情境做出良好的预期，而不会花费

太多的精力去试探成人的界限及其忍耐底线；另一方面，由于规则的稳定性也
体现了成人"说话算数"的信誉感和权威，从而让幼儿相信自己的父母是可预见
的，值得信赖的。

　　那么，怎样才能够做到可变与不变的和谐统一呢？我们需要把握好如下问
题。即使规则需要修改与完善，这种修改与完善也不应该发生在规则被违反
或被挑战、被试探的当时，而是之前或者之后。规则一旦建立，集体里（包括
教师在内）的所有人都必须遵守这些共同制定的规则。这是规则教育一致性的
体现，是做好新旧规则交替的基础，也是达到适应性规则可变与不变和谐统
一的基础。

3. 临时性的规则与教育

　　临时性的规则是指为了顺利地、较好地实现某一短期目标而制定的规则。临
时性的规则应该依据实际活动的情况和参与者的实际需要，不断地修订与完善。
以此我们可以看出，与其他类型的规则相比，临时性的规则更具有弹性。

（二）从规则的诞生来分

　　从规则的诞生来看，班级里的规则可以分为他律规则与自律规则。①

1. 他律规则

　　他律规则，与幼儿和成人的关系相对应，是那些预先以成熟的方式存在于现
成的社会关系和社会制度中的规则。一个人只要处在某个社会群体、制度和社会
关系中，就必须要遵守、适应、内化这些规则。这些规则对个人来讲，并没有协
商的余地。因此这种规则是一种他律规则。在幼儿教育中，这种他律规则的存在、
形成和教化，与我们现有的社会结构是相互呼应的，即与幼儿相比较，成人处于
社会结构的中心，他们掌握着权威和标准的尺度，由他们来告诉幼儿什么是好的
和坏的，什么是必须的，什么是被允许的，什么是被禁止的。从弹性的角度来看，
他律规则，是一种不变的规则。

2. 自律规则

　　自律规则与幼儿之间的同伴关系相对应，与幼儿为满足自己的需要和目的而
进行的自主实践活动和交往活动相对应。这些规则不是预先就明确地存在着，不
是预先就制约着人们的交往与实践活动；相反，它们总是暗含在交往和实践活动
中，是因为有了交往和实践才会出现的规则，是有了碰撞、冲突、协商、交换、
合作等行为之后自发地生成的规则，并且通过人们不断的实践活动与交往活动巩
固下来。这种规则建立在人们自觉的意志之上，是活动者之间的契约，因此明显
地是一种自律规则。

　　相应地，规则的制定，也有不同的情况。② 以下第一种情况下制定的规则就
是一种他律规则，而第二种和第三种情况下制定的规则就是一种自律规则。

　　①　教育部基础教育司：《〈幼儿园教育指导纲要（试行）〉解读》，124～126 页，南京，江苏教育出版社，2002。
　　②　王春燕：《幼儿园课程概论》，194 页，北京，高等教育出版社，2007。

学习笔记

第一种情况：影响活动正常进行的必要规则，教师在活动前明确规定。

幼儿对将要发生的事缺乏预见能力，出于安全、卫生、秩序等的考虑，这种规则就需要教师在活动前明确规定。例如，在玩沙区，教师在活动前就明确规定玩沙时要蹲下，不能扬沙，不能把沙扬到别人身上，合理用水等。类似这些规则，是从大局保证活动顺利进行的前提。

小资料 🌸

我们知道在幼儿园应该怎样做（他律规则）

在幼儿园里，老师让我们记住好多事情，所以，我们总是知道该怎样做。

我们知道，不能随地吐痰和扔垃圾；

我们知道，洗手时要有序，洗完以后要及时关闭水龙头；

我们知道，玩完了玩具要收拾好，东西要放回原来的地方，然后才能去做别的事情；

我们知道，得到别人的帮助要说"谢谢"，如果妨碍了别人要说"对不起"，找别人帮忙要说"请"；

我们知道……

📝 学习笔记

第二种情况：以活动中出现的问题为线索，师幼共同讨论制定的规则。

当活动中出现了一些幼儿自行无法解决的"问题"时，教师就要及时组织幼儿以发生的问题为线索展开讨论，通过对班级常规的修订与改进，最终解决问题。例如，在棋类区中，丢失棋子的现象时有发生，没几天，已经有好几副棋子不能再玩了。这时就需要一些规则约束。那这类规则怎么制定呢？此时教师就可以召集幼儿讨论诸如"为什么会出现这样的情况""怎样保证这些棋子不丢失、不损坏""怎样保证这些棋子每次都能按时'回家'""怎样提醒小朋友遵守规则"等问题。通过讨论，幼儿达成了一致意见，如进入棋类区要挂牌（这样棋子丢失或损坏就能知道是哪些人要负责），每次只允许6个幼儿进入（可以4个人下棋，2个人在旁边观看，人多了拥挤会碰翻棋子），如果不遵守，下次就停止下棋……

第三种情况：一些争执的"问题"规则，由幼儿自行商讨制定，修正解决。

在区域活动过程中，幼儿之间经常发生一些争执，并为这种争执而"告状"或"争吵"。此时，教师可以将问题抛给幼儿，让他们自己讨论，制定与修改相应规则，解决争执。

比如，教师在中班科学区新投放了一个机器人，幼儿可以跟机器人互动。在活动中，出现了幼儿争抢的现象，这时就需要一些规则约束。那这类规则怎么制定呢？此时教师就把问题抛给幼儿，让他们自己商量解决。经过讨论，大家最终决定，参加科学区活动的小朋友都要排队，排头的小朋友先去和机器人对话，以2分钟作为一个单位时间，时间一到，不管对话有没有结束，都要传给接下来排队的小朋友，自己则排到队尾再次轮流。

主题 2
幼儿园班级常规管理的原则

一、正面教育原则 >>>>>>>>>>>>>>>>>>>>>>>>>>>>>>>>>>>

正面教育是一切教育的最基本的原则，也是班级常规管理的重要原则。其核心是在尊重的前提下对幼儿提要求，在肯定的前提下对幼儿行为做出补充和修正，在维护幼儿自主性和完整性的前提下渗透常规要求。具体来讲有如下四个方面。[①]

（一）以积极的方式对幼儿提出要求

以积极的方式对幼儿提出要求是指在希望幼儿做一件事情而不要做另一件事情的时候，应直接告诉幼儿具体做什么和如何去做，而不是告诉他不要做什么。比如，教师看到一个幼儿把香蕉皮扔在地上，可能会制止他，对他说："不要把香蕉皮扔在地上！"教师也可能采取另一种方式，温和但坚定地对他说："请把香蕉皮扔进垃圾桶里。"如果幼儿年龄比较小的话，还可以和他一起清理（行动和言语相互强化）。

后一种方式是我们所提倡的。我们知道对年幼的孩子不能讲反话，因为他们还不能做到将反话正过来理解。除了不讲反话的道理外，用积极的方式提出要求还有如下优点。

第一，避免情绪对抗。消极的纠正和制止等管理行为容易激起幼儿的逆反心理。根据常识我们不难发现，几乎在任何年龄阶段，都存在着这种逆反的心理：越是不让做的事情，对人们就越是有吸引力。其结果就在外部压力与内心需要之间产成了矛盾和张力。有的幼儿会屈服于外部压力，变得驯服起来；有的则屈服于自我本能，而成为具有反抗性的人；还有的则在内心需要和外部压力之间往来穿梭，成为喜欢钻空子的人。

第二，一举两得。以积极的方式对幼儿提出要求，既能够终止不当行为，又可以为他们如何行动指明方向，而不至于使他们在遭到批评的时候不知所措。

第三，给幼儿示范，以积极的方式对同伴提出要求。比如，幼儿在玩玩具时发生争执，用"你去玩别的玩具吧"比"不许你玩我的玩具"，在效果上就要好一些，也不容易引起进一步的冲突。

第四，改善教师的工作心情。如果教师一直被幼儿的消极行为困扰，一直为了纠正幼儿的行为并且在同幼儿的消极行为对抗中疲于奔命，那么她既不会有满意的工作效率，也不会有满意的工作状态。相反，用积极的姿态进行教育，对教师本人是愉快的，同时其结果也会进一步增强这种愉快感。

微课
常规管理原则
——正面教育原则

🖊 学习笔记

[①]　教育部基础教育司：《〈幼儿园教育指导纲要（试行）〉解读》，120页，南京，江苏教育出版社，2002。

小资料

告诉幼儿应该怎样做

　　一些教师为了表示对幼儿的尊重，当向幼儿提出希望或要求时，习惯用"好不好"或"可以吗"等方式与幼儿进行协商。然而，这种貌似"民主"的方式在实际操作中往往会适得其反，因为该阶段幼儿的大脑发育并不成熟，活动带有很强的无意识性，一些"含糊"的情景往往会让他们不知所措，而个别"叛逆"的幼儿可能会故意做出否定的回答，从而让教师下不了台。因此，这种情况下教师最好能采用肯定的方式直接告知。

　　（引自左志宏：《幼儿园班级管理》，74 页，上海，华东师范大学出版社，2015。）

（二）注意行动和言语相互强化

　　有经验的教师会用相应的行动来强化所提出的要求。例如，一位新教师可能对幼儿说："好了，该收拾东西出去玩了！"自己却站在那里不动。而有经验的教师则会一边提出这样的要求，一边往外走。

　　在对低龄幼儿提要求的时候，如收拾玩具、整理时等，就尤其需要在言语说明的同时配合相应的行动。这种配合里面暗含着一种深层观念：教师所提出的要求，不仅针对幼儿，也针对教师自身。教师将自己放在和幼儿平等的位置并身体力行，往往能取得事半功倍的效果。

（三）注意纵向比较而不是横向比较

　　教师常常用比赛的方式来增强幼儿参与活动的积极性，但是教师往往只看到它有价值的一面，而没有看到它的副作用，实际上这种副作用远远大于它的价值。

　　在有些比赛中会产生一些失败者，他们总是输，总是落在后面，从而感到灰心丧气和不满。胜利也并不总是好的，胜利者容易产生一些不恰当的优越感。而且比赛的本质是对抗性的，它容易在人和人之间建立分解性的关系而不是联合的关系。

　　与上述横向比较的方法相比，我们更推崇纵向比较的方法。纵向比较不是同他人比较，而是将幼儿的过去与他的现在比较，将幼儿的现在与他的未来比较。用纵向比较的方法，既可以肯定幼儿所取得的进步（他和以前不同了），又可以鼓励他继续向前发展（他还可以做得更好，或者他还可以用和原来不一样的方法来完成任务）。我们并不是要完全否定横向比较，而是指出它的不足，并且说明在幼儿阶段，要特别慎用这种方法。

（四）信任先于认识和行动

　　心理学中有一种社会心理效应，叫皮格马利翁效应，也叫罗森塔尔效应，指教师对学生的殷切希望能收到预期效果的现象。

　　这一心理效应对我们的启示是：我们在真正了解幼儿之前，在明确地知道幼儿的一种行为之前，要尽可能地从积极的方面去相信，去期望，并且带着这种积极的期望去行动。如果一个孩子经常被我们看成什么样，经常被我们说成什么样，经常被我们怎样对待，在不久的将来，可能就会变成现实。

学习笔记

二、规则需求化原则 >>>>>>>>>>>>>>>>>>>>>>>>>>>>>>>>>>

在有的幼儿园班级中一些规则是教师主观任意制定的。任意制定的规则有两种任意性。一种是在内容上的任意性，即不考虑幼儿的实际需要，单纯根据权威的意志和集体主义的价值观来制定标准。这种任意性导致在许多琐碎的细节上充满了大量不必要的规定，使幼儿的活动处处受到限制。另一种是在方式上的任意性，即不考虑幼儿的理解能力和接受度，教师单纯根据自己的经验来宣讲规则和制定规则，结果就导致规则界限不清，或者导致幼儿对规则的理解同教师的理解不一致，也会发生许多误会。[①] 正是这些不合理，但同时又是强制性的、面向全体的规则的存在，严重地制约着幼儿的活动与发展。如果一间教室里有太多人为限定的规则，有太多强制的集体行动，那么行为问题就会增多，幼儿会想方设法地钻空子，教师也会为了管制幼儿而疲于奔命。而且这种环境可能造就两种极端儿童：一种是乖巧听话的"好"孩子；另一种则是活动量大、坐不住、"多动"的、敌对的孩子。[②]

这就要求我们在制定和实施规则时幼儿本位，遵循规则需求化原则。规则需求化原则的第一层含义是指教师制定和执行的规则，在内容上应当考虑幼儿的实际需要，在方式上应当考虑幼儿的实际理解能力，并且站在幼儿的角度而不是成人的角度来批判性地考察现有的班级生活规则，以便修改、删减甚至重新建立某些规则。[③]

《美国幼儿教育的理论和实践》这本书也指出，在一个安排妥善的环境中，是不会有许多个"不"字的。必要的"不"字也会有明确的规定，幼儿能够懂得这些规定，成人也能够坚持执行。

规则需求化原则的第二层含义是指教师将一定的预设的规则转化为幼儿的需求，幼儿在需求机制作用下产生自我约束的动机，进而在活动过程中形成自我约束。[④] 创设问题情境，使幼儿意识到建立规则的必要是教师刺激幼儿的规则需求的有效办法。例如，幼儿往往在别人讲话时忍不住插嘴，有时多个幼儿一起说。一般教师的做法是忽视问题，单刀直入，直指规则，或者用惯用的"小嘴巴，不说话""表扬某某不说话"等方式来使幼儿安静下来。如果还有幼儿说话，教师就可能要动用批评甚至惩罚等强制手段了。那么遵循规则需求化原则的教师会怎么做呢？他们会放手先让幼儿讲一会儿，等大家稍微安静下来，向幼儿提问："小 A，你听到刚才小 B 说什么了吗？""为什么没听到啊？""那别人说话的时候我们应该怎么办啊？"这样让幼儿意识到"别人说话不插嘴"这个规则的必要性。这种对无规则的后果的体验能激发幼儿对规则的内在需求。当然，幼儿对规则的学习是一个不断重复的过程，教师不能指望出现一次问题情境就能使幼儿从此自觉遵守某一规则。幼儿对规则的需求只是其真正掌握规则的前提条件之一，为规则生成提供了可能性，真正建立规则意识还需要在活动中不断巩固。

---

① 教育部基础教育司：《〈幼儿园教育指导纲要(试行)〉解读》，129 页，南京，江苏教育出版社，2002。
② 教育部基础教育司：《〈幼儿园教育指导纲要(试行)〉解读》，128 页，南京，江苏教育出版社，2002。
③ 教育部基础教育司：《〈幼儿园教育指导纲要(试行)〉解读》，128 页，南京，江苏教育出版社，2002。
④ 郑三元：《幼儿园班级制度化生活》，260 页，北京，北京师范大学出版社，2004。

三、权威适度原则 >>>>>>>>>>>>>>>>>>>>>>>>>>>>>>>>>>>>>>

微课
常规管理原则
——权威适度原则

苏联著名教育家赞可夫曾说，教师要有威信。假如教师没有威信，师生之间不可能有正确的相互关系，也就少了有效地进行教学和教育工作的必要条件。就幼儿教育实践本身来看，教师权威不仅有其必然性还有其必要性、适宜性。首先，教师权威有益于帮助幼儿建立起稳定的生活和学习秩序。幼儿的神经系统尚未发育成熟，不仅活动水平高，注意力保持时间短，而且非常容易被新异的刺激吸引。在这种情况下，如果没有一个权威人物帮助幼儿建立并保持活动秩序，他们就极容易陷入动荡无序的状态。其次，教师权威可以确保幼儿园保育和教育工作的效率。无论从内容还是从强度来说，幼儿教师每天面对的工作都是琐碎并繁重的。为了完成自己分内的工作，教师必须努力提高工作效率。事实证明，利用自己的权威效应让幼儿和自己的工作计划保持一致，是教师提高工作效率的一个非常有效的手段。① 最后，低龄儿童天性中还有服从权威以获得秩序感和安全感的需要。

但是任何权威都是有限度的，如果超出其适宜的范围，滥用权威，应有的理想状态就会被颠覆。白笑嫣在《升旗手的诞生》一文中描述的师幼互动案例恰巧说明了这一点。

典型案例

升旗手的诞生

上午，某大班孩子们结束了户外活动后，回到教室。老师宣布："我们今天要选几个光荣的升旗手。"孩子们一听，纷纷举手。老师随即问道："什么样的人可以做升旗手呢?"立刻有孩子回答："表现好。"老师肯定道："表现好，哪几个方面做得好才算表现好?"

幼儿1：睡觉好，吃饭好。(这个要求太低，对小班孩子才是这方面的要求。)(括号中为教师插入的评价，下同。)

幼儿2：关心集体。(对，关心集体，这算一个，还有哪些方面?)

幼儿3：上课好，坐得端正，听得认真。

幼儿4：还要积极举手发言。(嗯，说得好，要坐得端正。看，现在有的小朋友坐得就不端正了。)

……

老师听了孩子们的回答后总结说："这次升旗就选遵守规则、关心集体、上课听讲认真、不插嘴、坐得端正、积极举手发言的小朋友。那么我们班级中，有哪些小朋友符合这些条件呢?"

……"张然!"

"张然吃饭很慢!"

"哦，就是吃饭慢，下次就快了，他的咀嚼有点小问题。"

"上课很认真!"一个幼儿说。

---

① 刘晶波：《谈师幼互动中教师的权威及其限度——兼作对〈升旗手的诞生〉一文的回应》，载《学前教育研究》，2005 (1)。

　　"睡觉不好!""玩不到东西就会抢!"立刻有两名幼儿反驳。

　　"会抢吗? 我怎么不知道! 李杰，你是他的好朋友，你说，他玩不到玩具的时候是不是就会上去抢?"

　　"是的，他玩不到玩具的时候就喜欢抢。"

　　"你是他的好朋友，你就这样帮他说话的啊? 你们不应该老是盯住别人的缺点，而看不到别人的优点。先把他的名字写在黑板上，如果有不同意的，再把他的名字擦掉。"

　　说话间，老师把他的名字写了上去。"你们还推选谁啊?"

　　……"吴晶!"

　　"他上课好!""他不会招惹人!""会! 会!"

　　"有谁被吴晶招惹过没有?"

　　"没有!"许多幼儿说。

　　一个不同的声音冒出来："谁说没有?"

　　老师听到了，"来，你站起来，你有什么意见就说啊!"

　　……

　　"没关系，有什么意见就说啊!"

　　……

　　"不要扭扭捏捏的，敢说敢当!"

　　……

　　"没关系哎! 你说哎!"

　　嘟哝了一句。

　　"你说什么?"

　　"他说他刚才说错了!"旁边的幼儿抢着回答道。

　　"说错啦! 说错了就要向全班的小朋友道歉!"

　　"我说错了!"很低的声音从喉咙深处挤出来。

　　"大家同意吴晶吗?"

　　"同意!"

　　……"我们先选这几个小朋友做升旗手，以后看你们谁表现好了，再选。被选上的小朋友，其他小朋友给你们提的意见你们要改正。大家要相互监督。"老师总结道。

　　在这近半小时的师幼互动过程中，升旗手诞生了。

　　[引自白笑嫣：《升旗手的诞生》，载《学前教育研究》，2005(1)。]

　　选举代表全幼儿园的升旗手，无论对整个班级还是对每一个幼儿来说都是一件非常重要的事情。一方面，当选者是全班幼儿的代表，关系着幼儿集体的形象与荣誉；另一方面，整个选举过程实质上是对他们平时表现的一次现场评估。在这样一个活动中，幼儿作为最直接的关系人，他们的看法、意见对选举结果应该是最重要的。但是我们在选举过程中所看到的却是另一种景象：从确立升旗手的标准到最后选出升旗手，教师自始至终都将自己的意向放在了首位，非但不去真正倾听幼儿的声音，真正理解幼儿的感受，而且还尽一切努力要把自己的判断强加给幼儿。从表面看上去这是幼儿在行使自己的民主选举权利，而实际不过是在充当教师实践自己意志的道具。这种以高度控制、高度服从为主导行为特征的互动，不仅不利于幼儿主动性与创造性的发挥，甚至在相当程度上剥夺了幼儿社会心理需要的满足，并诱导幼儿去习得偏态的社会行为，如口是心非，在教师面前和教师背后的行为表现不一致等。①

因此，在常规管理过程中，一方面，教师要注意积极树立和维护自己的权威，因为常规管理的顺利进行需要借助教师的威严；另一方面，教师又不能仅仅依靠威严和权力来控制幼儿，要注意把握好自己权威的限度，不滥用权威。这就要求教师要充分相信幼儿的能力，尊重幼儿的主体地位，倾听幼儿的声音，接纳来自幼儿的不同想法等。然而，由于幼儿对教师有着较高程度的依附，更因为我们对幼儿还认识得不深刻，因此在常规管理中要把握好权威的限度并不是一件容易的事。在目前幼儿园常规管理中，还存在许多过分强调教师权威而忽视幼儿情感和需要的做法。教师必须有意识地改变这种过分诉诸权力的做法，随幼儿控制能力的发展，逐渐减少不必要的权威。当然，减少权威并不是要求教师完全放弃权威。比如，当涉及安全等问题时，教师对幼儿提出一些强制性的要求是必要的，关键是教师要对幼儿的情感和愿望保持必要的敏感性，以恰当的方式表达要求，使幼儿既接受这些要求又不觉得被权威支配和控制。②

小资料 🌀

教师如何树立权威

教师要树立权威，首先要做到公平公正。《幼儿园教师专业标准（试行）》指出，教师要"尊重幼儿人格，维护幼儿合法权益，平等对待每一个幼儿"。这要求教师不偏爱也不忽略任何一个幼儿。每个幼儿都有优缺点，教师要全面了解幼儿，发现每个幼儿的闪光点和不足之处，并从优点开始培养，逐步改正幼儿的缺点。另外，当幼儿之间产生矛盾或纠纷时，教师要全面了解，不偏信。幼儿能较敏感地感知教师喜欢谁、不喜欢谁。教师对待幼儿的态度会直接影响到他的心灵，他们从教师这边得到的信息也会直接影响幼儿对教师的认可度。

其次，要做到以身作则。对幼儿的要求自己也同样要做到，哪怕只是轻拿轻放椅子这样的小细节，这样的教师在幼儿眼里才更有信服力。

再次，要信守承诺。幼儿有时会对教师提一些小请求，教师在比较忙碌的时候也常会随口答应，但之后可能忙于别的事务就把事情忘了，结果让幼儿很失望，也会降低他们对教师的信任度。幼儿虽然年幼，但也能分辨出他人守信与否，如幼儿有时会说"他又骗人了""他是随便说说的"等，守信的教师更容易获得幼儿的尊敬。

最后，要理解幼儿，教学生动。一位教学能力强的教师自然会得到幼儿的喜爱与敬佩。因此，要树立自己的权威，就要了解幼儿的身心发展特点，并根据其设计和实施适宜的教育教学活动，有效支持幼儿的发展。

（引自左志宏：《幼儿园班级管理》，50页，上海，华东师范大学出版社，2014。）

---

① 刘晶波：《谈师幼互动中教师的权威及其限度——兼作对〈升旗手的诞生〉一文的回应》，载《学前教育研究》，2005 (1)。

② 叶小红：《幼儿自控能力发展与培养的研究》，博士学位论文，华东师范大学，2007。

四、"三性"并重原则 >>>>>>>>>>>>>>>>>>>>>>>>>>>>>>>>>

2016 年颁布的《幼儿园工作规程》第五章"幼儿园的教育"第二十七条指出，"幼儿园日常生活组织，应当从实际出发，建立必要、合理的常规，坚持一贯性和灵活性相结合，培养幼儿的良好习惯和初步的生活自理能力"。

（一）一贯性

良好的班级常规并不是一朝一夕养成的，需要一个漫长的过程。只有日积月累，不断强化，并持之以恒，幼儿规则意识的培养才能潜移默化，水到渠成，幼儿才能更加顺利地适应班级生活。比如，午睡环节，第一天教师要求幼儿把外衣脱掉，鞋子摆整齐，第二天有个别幼儿不脱外套午睡，教师却视而不管。这样会导致什么问题呢？可能第三天很多幼儿都不脱外套就躺到床上去了。为什么呢？心理学中的破窗效应可以解释这点。破窗效应告诉我们，任何一种不良现象的存在都在传递着一种信息，这种信息会导致不良现象的无限扩展，同时必须高度警觉那些看起来是偶然的、个别的、轻微的"过错"。如果对这种行为纠正不力，就会纵容更多的人"去打烂更多的玻璃窗户"。

规则应在开学初就执行，对幼儿遵守规则的行为予以强化、赞扬，对幼儿违规的行为予以纠正、提醒，直到幼儿养成良好习惯为止。

教师在落实一贯性原则时还要注意自身态度的"温柔而坚定"。温柔传递了教师对幼儿的爱、理解与尊重，坚定则传递了规则的意义和对规则的尊重。陈鹤琴先生指出，"事属可行，就叫他行；事不可行，禁止他行"。如果我们确定一个限制是必要的，并且幼儿已经理解了它，那么我们就要坚定地实施它。坚定地实施规则，能帮助幼儿明确"可为"与"不可为"的界限。幼儿会从成人的"严格"中获得安全感，也会感到更多的自由，因为他们可以依赖成人去提前阻止那些事后会感到遗憾的行为发生。

（二）一致性

常规应具有一致性，这样有利于幼儿形成稳定的价值判断标准。一致性包括同一位教师对幼儿提出的要求要保持一致，同一个班级的教师对幼儿提出的要求要保持一致，家长和教师对幼儿提出的要求要保持一致。有些班级一位教师的常规要求严格，另一位教师的常规要求不严格，这种不一致会给幼儿在规则内化的过程中造成困扰，也会给幼儿在执行规则时造成困惑。

（三）灵活性

灵活性是指根据幼儿个体需要弹性管理。班级常规的确是维护幼儿园正常保教秩序的重要保证，但在制定和实施的过程中，应当根据幼儿的个性特征和实际需要灵活调整。教师一定要避免"过度控制"和"一刀切"，防止不合理的制度规范阻碍幼儿的发展。例如，有些幼儿体格高大健壮，胃口偏大，而有些幼儿相对瘦小娇弱，进食偏少，这时教师就不必苛求幼儿在进食量上的统一，可根据幼儿的实际需要区别对待。有的幼儿园在常规实施中，就做到了转变观念，幼儿本位，在保证幼儿快乐生活的同时，进行积极而适宜的教育引导，让幼儿以自己的速度去学习规则，适应新环境。例如，小班幼儿点点入园之初不愿意午睡，连自己的小床都不愿意靠近。照过去的做法，从幼儿健康的角度考虑，教师必须统一要求，

微课
常规管理原则
——一贯性、一致性、灵活性原则

✎ 学习笔记

谁都不能"特殊"。但现在教师对点点"个别对待",针对点点入园前在家就不午睡的生活习惯,放慢了教育速度,降低了常规要求。在最初的一两周内,教师在午睡时间陪着点点玩他最喜爱的毛线玩具,并在其他幼儿熟睡后,带着点点到午睡室给其他幼儿掖被子,整理衣物等,消除他对幼儿园午睡的陌生感与恐惧感。两周后,点点主动提出要坐在自己的小床上玩玩具,教师微笑着答应了,并提醒他说话要像小花猫,别吵醒其他小朋友。一个月后,园长进行常规检查时发现点点正盖着自己的小被子在床上熟睡。点点就这样轻松地、自然地适应了幼儿园的生活规则,逐步养成了睡午觉的习惯。幼儿对教师、对集体生活、对规则、对幼儿园的积极"原体验"无疑将为他们今后的生活打下良好的基础。① 总之,教师针对幼儿的个别差异所建立的常规更能体现幼儿本位的宗旨,也有助于将常规要求转化为幼儿自身愿望的一部分。

思考与练习

1. 在你见习或实习的班级中,哪些规则属于不变的规则?哪些规则属于适应性的规则?哪些规则属于临时性的规则?哪些规则属于他律规则?哪些规则属于自律规则?

2. 在你见习或实习的班级中,幼儿需要遵守的行为规则有哪些?这些规则是怎样制定的?你觉得幼儿会不会遵守这些规则?为什么?

3. 案例分析:如果你是案例中的教师,你会怎么做?

案例:

一堂大班的游戏课上,教师首先向幼儿宣布游戏规则:当电脑里传出好听的音乐时,各种动物的妈妈带着她们的宝宝高兴地自由游玩;然后好听的音乐停止,教师弹出恐怖的琴声,就是"大灰狼要来了"。动物宝宝们要赶快跑到自己的妈妈身边,跟妈妈逃回"家"——教师事先在教室分别设好几个区。教师准备了各种动物妈妈和动物宝宝的头饰,幼儿很踊跃地参与这个游戏。看起来一切都比较顺利,教师露出了满意的笑容。然而当恐怖的琴声传出来时,有个"兔子宝宝"没有跑向"兔子妈妈",而是跑向了教师。

幼儿:老师,我不做"兔子宝宝"了!我要当猎人,对付大灰狼!

教师:不行!你只能当"兔子宝宝",快跑到"兔子妈妈"那里去,要不会被大灰狼抓走的!

幼儿:可是,我想做猎人吓走大灰狼,让动物妈妈和她们的宝宝继续玩!

教师:老师知道了。可是我们的游戏不是这样玩的,你不能违反规则呀!你看,动物妈妈已经带宝宝们逃回家了。你再不逃,大灰狼真要抓住你了哦!

幼儿:我不跑!我不做胆小的"兔子宝宝"了!

教师很无奈:那你站在旁边看小朋友们玩吧……

[引自莫秀锋:《试论规则的类型与儿童的规则教育》,载《学前教育研究》,2007(1)。]

---

① 李季湄、冯晓霞:《〈3～6岁儿童学习与发展指南〉解读》,239页,北京,人民教育出版社,2013。

专题二
幼儿园班级一日生活的组织和管理

学习目标

1. 了解一日生活时间管理的概念与意义，掌握一日生活时间管理要点。

2. 了解一日生活过渡环节管理的概念与意义，掌握一日生活过渡环节管理要点。

3. 了解一日生活各环节的价值，并从环境诱导、幼儿活动、教师支持和保育员支持四个方面掌握一日生活各环节的要求与管理要点。

思维导图

- 幼儿园班级一日生活的组织和管理
  - 幼儿园班级一日生活时间管理
    - 幼儿园班级一日生活时间管理的概念与意义
    - 幼儿园班级一日生活时间管理要点
  - 幼儿园班级一日生活过渡环节管理
    - 幼儿园班级一日生活过渡环节的概念与意义
    - 过渡环节管理要点
  - 幼儿园班级一日生活各环节管理
    - 入园环节
    - 晨间锻炼环节
    - 盥洗环节
    - 如厕环节
    - 喝水环节
    - 进餐环节
    - 午睡环节
    - 离园环节
    - 幼儿园班级常规管理的方法

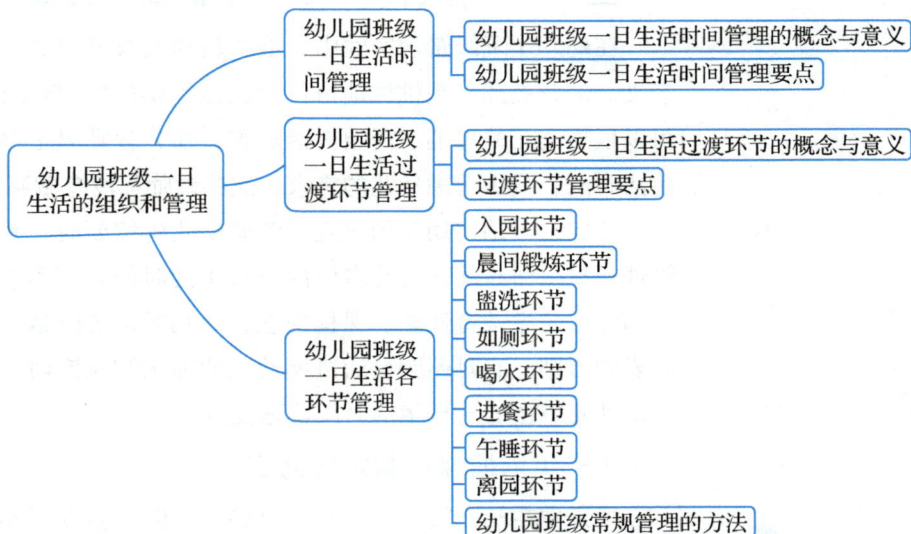

《纲要》指出，科学、合理地安排和组织一日生活应注意：时间安排应有相对的稳定性与灵活性，既有利于形成秩序，又能满足幼儿的合理需要，照顾到个体差异；尽量减少不必要的集体行动和过渡环节，减少和消除消极等待现象；建立良好的常

规，避免不必要的管理行为，逐步引导幼儿学习自我管理等。本专题将按照《纲要》的思路，具体介绍如何进行时间管理、过渡环节管理和一日生活各环节管理。

主题 1
幼儿园班级一日生活时间管理

一、幼儿园班级一日生活时间管理的概念与意义 >>>>>>

一日生活时间管理是指对幼儿在园一日生活的时间及顺序的管理。

一日生活时间管理的意义主要体现在以下三方面。

首先，合理的时间安排与管理有利于幼儿的一日生活在一定的节奏和规律中进行，有利于培养幼儿的时间感、秩序感，带给幼儿一种对自己生活的掌控感、安全感，从而使幼儿更好地适应幼儿园生活。

其次，合理的时间安排与管理能为幼儿提供充足的活动时间、进餐时间和睡眠时间，并交替安排静态活动和动态活动，使幼儿的一日生活显得张弛有度。

最后，时间安排得当，能为幼儿提供丰富的学习机会，反之，幼儿就可能会产生诸如无聊、沮丧、过度兴奋等情绪，进而影响其学习效果或产生各种行为问题。

二、幼儿园班级一日生活时间管理要点 >>>>>>>>>>>>>>>>

在幼儿园班级管理实践中，很多教师没有意识到一日生活时间安排对幼儿的意义。部分教师只是机械地执行幼儿园提供的"一日生活作息时间表"，没有想过可以根据幼儿的兴趣、需要灵活调整；部分教师只是站在教师的角度去管理一日生活时间，很少考虑幼儿的需求。这些教师都没有做到幼儿本位。

其实，当站在幼儿的角度，考虑幼儿的需要时，我们往往能够最好地规划和管理一日生活时间。幼儿本位的一日生活时间管理不是一件容易的事情，它要求教师综合考虑教育理念、课程理念、幼儿需求等因素，以及"动静交替"等制定时间表的原则，有时还要灵活协调幼儿的需求和制定时间表的原则之间的冲突。以下是幼儿本位的一日生活时间管理要点。

（一）依据课程制定时间表

如果你在幼儿园工作的时间足够长，你就会发现幼儿园的一日作息时间表经历了很多次的改变。这与幼儿园所实施的课程是有关系的，课程会影响时间规划。

例如，为支持幼儿主动学习，高瞻课程一日生活时间的安排为：[1]

---

① [美]安·S. 爱泼斯坦：《学前教育中的主动学习精要——认识高宽课程模式》，霍力岩、郭珺等译，92 页，北京，教育科学出版社，2012。

①问候时间(时间可变);

②计划时间(10～15分钟);

③工作时间(45～60分钟);

④清理时间(10分钟);

⑤回顾时间(10～15分钟);

⑥大组活动时间(10～15分钟);

⑦小组活动时间(15～20分钟);

⑧户外活动时间(30～40分钟);

⑨过渡环节时间,包括入园和离园(时间可变);

⑩进餐和休息时间(时间可变)。

"计划—工作—回顾"是高瞻课程中关键、独特的部分,也是实现高瞻课程主动学习的核心内容。时间表显示,幼儿在小组中花费10～15分钟时间制订区域活动计划;接着,他们用45～60分钟时间进行区域活动并实施计划(幼儿还有可能进行未计划的活动);然后,他们会花10～15分钟时间进行小组回顾并反思他们所学的内容。

再如,瑞吉欧课程主要以项目活动的方式展开,即幼儿在教师的支持、帮助和引导下,对某个感兴趣的主题进行深入研究,因此瑞吉欧教师并不忙着在活动之间换来换去走过场,幼儿也不会从一个活动被赶到另一个不同的活动中。

(二)一日时间表要有规律

有效的时间表可用时间区块来间隔,如入园时间、户外活动时间、区域时间、集体教育活动时间、午餐时间、午睡时间、离园时间等。时间区块的顺序应尽量固定。因为一日生活各个环节的有序性,能让幼儿知道下一个环节要做什么,幼儿通过每天有规律的活动形成最初的秩序感。秩序感不仅是幼儿逻辑思维形成的基础,也是幼儿安全感建立的重要保障。有研究表明,当幼儿熟悉日常活动环节后,他们会减少焦虑,从而能进行更高层次的学习。他们可以预测下个环节,感到更加自信,能建立自控,并学习情感和行为调节。因此,有效的日常时间表是积极的纪律手段。而一日生活的非计划性或随意性,很可能会削弱幼儿的安全感,导致幼儿情绪的不稳定。有研究表明,在低年龄段(4岁以下),幼儿的烦躁、恐惧、反抗,甚至攻击性行为,很多时候是由于对环境事件的失控引起的。

(三)依据幼儿兴趣弹性安排时间

小资料

在江苏省的课程游戏化改革中,改革的设计师们创造性地提出了"弹性作息"这一支架。它实际上发挥了撬动幼儿园过度紧张场域的杠杆作用。

所谓弹性作息,强调时间安排要追随教师、幼儿的生理节奏和心理节奏;而不必受限于绝对的钟表节奏。从操作的意义上来看,弹性作息回应着"教育要像呼吸一样自然"的主张,将原来刚性的、频繁转换的一日生活变成了流淌的、悠

✎ 学习笔记

长的自然节律；将原来一天16个环节的活动变成了弹性的8～10个活动。活动的起止不是缘起于钟表的滴答，而是缘起于教师和幼儿的身心节奏。通过让生活慢下来，教师不再是一个机械的时间执行者，而是一个观察者、支持者。更为重要的是，弹性作息催生了一种新的思维模式——弹性思维、幼儿本位思维。有了这种新的思维模式，教师和幼儿便会慢慢形成一种新的行为习惯。

（引自中国学前教育研究会：《探索·反思·超越——走向广覆盖、保基本和有质量的学前教育》，232～238页，南京，南京师范大学出版社，2016。）

在班级管理实践中，教师在一日时间管理上要综合考虑多方面的因素，承受来自幼儿园、家长、社会的压力。因此，教师在一日生活的组织与安排上倾向于严格执行时间表，以免出现意外情况。缺少弹性的设计和灵活的执行计划，一日生活往往呈现出"紧张""高控"的状态。

《纲要》指出，"时间安排应有相对的稳定性和灵活性，既有利于形成秩序，又能满足幼儿的合理需要"。其实预定的时间表不是硬性的规定，活动的进行还是要依据幼儿的兴趣和状态进行调整和灵活安排，也就是要有灵活性。乍看之下，灵活性似乎与稳定性恰好相反。但是如果我们理解时间区块这一概念，稳定性与灵活性是可以并行不悖的。

1. 根据幼儿的兴趣和需要调整时间区块的长度

其实教师并非由严格的时间制度来决定什么时间结束一项活动，而是要看幼儿的状态如何。如果幼儿的状态很好，兴致很高，那么就要考虑延长一个时间区块；而如果幼儿已经对活动失去兴趣，那么教师就要考虑是否要缩短时间区块。考虑时间区块而不是精确的时间点，能够让教师为幼儿提供充足的时间，使其投入深度游戏中，而不会因为坚持严格的时间表使幼儿的活动受到不必要的干扰。

典型案例

一天，当孩子们正要结束户外活动时，他们发现一群鸟正停在附近的树上。孩子们对这些迁徙的鸟非常感兴趣。于是，他们和教师都没进教室，而是开始探究这些鸟，讨论它们的颜色、大小、鸟喙、尾部羽毛和足。教师到教室里取来数码相机和素描本。孩子们将鸟儿画了下来，并给它们拍了照片。进教室后，他们根据画稿、照片以及《鸟类指南》，判断这些鸟属于哪种类型。

在这个例子中，教师注重教育契机，将时间表作为安排活动的参考，而不是严格古板的框架，为幼儿捕捉了独特的学习机会。

（引自［美］朱莉·布拉德：《0—8岁儿童学习环境创设》，陈妃燕、彭楚芸译，50～51页，南京，南京师范大学出版社，2014。）

2. 根据幼儿的兴趣和需要调整时间区块的顺序

时间区块的顺序应尽量固定，但有时也可根据幼儿的兴趣需要和课程资源进行调整。

典型案例

树叶踏踏响

在小班秋天的主题活动"踏踏响"中，有一个"树叶踏踏响"的活动。为了给孩子们营造出落叶铺满小路的活动情境，年级组的保育老师们当天早晨将全园清扫出的落叶集中堆放在小班户外的一处空场地上，等孩子们在集体活动时探索。当天上午，如果按照原定的活动安排，应该是户外锻炼—上楼集体吃点心—下楼集体活动"树叶踏踏响"。但当孩子们来到户外准备锻炼时，很快就发现了一角的金黄色的落叶小路。孩子们的注意力完全被眼前的场景深深地吸引了……如果此时教师生硬地将孩子们拉回去进行户外锻炼，等到上楼回教室吃完点心后再下楼，孩子们一定会失去兴趣。于是教师从孩子们的兴趣和需要出发，果断地让孩子们留在"落叶小路"前，灵活调整上午各环节的前后顺序：先进行户外锻炼和集体活动"树叶踏踏响"，因为孩子们在踩踏落叶的过程中也相应地锻炼了身体，然后再回到楼上教室里进行吃点心和游戏等活动环节。这样充分发挥了活动的价值，满足孩子们的兴趣和好奇心，保持了活动的完整性。

因此，幼儿园的一日生活时间表应被看成"旅行的指南针"，而非"列车的时刻表"。它为教师安排一日工作指明了大致的方向，但不能一味刻板地执行，否则会束缚教师、幼儿的手脚。教师应随时观察幼儿的需要，并做出合理的调整。

（案例来源：南京市实验幼儿园。）

（四）让幼儿参与时间规划并将时间表可视化

教师在确定了班级的时间区块顺序后，可以画一个时间表，让幼儿知道各个时段要做什么。如果是大班的幼儿，教师可以让他们参与时间规划，和他们讨论每个时间段要做什么，并将讨论结果通过可视化的时间表呈现出来(见图2-1)。教师可以将可视化时间表做成时钟型，请幼儿把每个时间段要做什么画出来，贴在圆盘上相应的时间区块里；也可以做成表格型，表格的大小代表活动时间的长短，表格能帮助幼儿清楚了解环节之间的顺序和每个环节时间的长短；当然也可以做成其他形式，教师和幼儿可以共同发挥创造力来制作属于自己的可视化时间表。

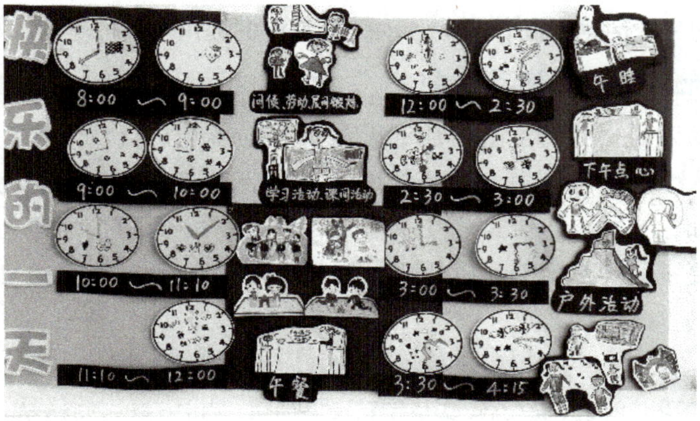

图 2-1 大班幼儿制作的一日生活时间表

（图片摄于温州市第四幼儿园）

（五）充足的游戏或工作时间

很多教师认为短时游戏能让幼儿忙碌并减少无聊的时间；但是研究却得出相反的结论：短时游戏会减少深度游戏，使幼儿更多地旁观或闲逛。[1] 只有充足的时间，才能使幼儿沉浸在深度游戏中，如商议角色、情境表演或者进行复杂的积木建构。有研究表明，当时间表频繁变更时，幼儿完成某项作业的内在动力会降低，他们的注意力集中时间会缩短，并表现出对教师更强的依赖性。相反，大段时间使幼儿有时间进行单独游戏或合作游戏，投入有意义的学习活动，并能延长他们的注意力集中时间；还能使他们学会自主管理时间。此外，大段时间减少了环节间的过渡时间，使幼儿有更多的时间学习。[2]

真正的学习需要时间，也需要持续和重复。例如，意大利瑞吉欧学校认真看待学习过程，给幼儿很多时间，且了解幼儿的经验需要一再重复，一个主题可持续很久，不受时间限制。幼儿通常也不会随意转换活动，除非一个想法已被充分"玩"够了。只有经历了这样的过程，幼儿才能产生深度学习和好的作品。这样教师才能有足够的时间观察幼儿并给予适当协助，也才能看出幼儿真正的发展水平。所以教师不要把半天时间排得满满的，让幼儿一会儿干这个，一会儿干那个，各个活动既不连贯又仓促，那样将不利于发展幼儿的注意力，也不利于增强幼儿的自我调节能力和独立性。可是在很多幼儿园，教师总在告诫幼儿不要耽误大家下一环节活动的时间，催促幼儿快点做完，当遇到有幼儿实在做不完的情况时，教师经常中断幼儿的活动。郑三元调查发现，教师以中断活动的方式来处理时间与活动的冲突占了绝大多数(76％)。[3] 奇普·伍德(Chip Wood)指出，幼儿园的活动安排和教学策略要符合幼儿的自然节奏，不要试图或不成功地强迫幼儿进入人为的、商业文化催生的成人世界……要立刻停止对幼儿的不断催促。幼儿园一日生活要有充裕的时间，让幼儿有时间对事物好奇，有时间蹑蹋，有时间仔细看，有时间分享交流，有时间关注最重要的东西。[4]

（六）充足的生活活动时间

生活活动包括餐点、饮水、盥洗、如厕、午睡等，一日生活活动中蕴含着丰富的学习与发展契机。而在幼儿园，由于观念、教师专业水平等方面的原因，普遍地存在着"重上课，轻生活环节"的现象，导致生活活动的时间被压缩。如果给予幼儿充足的生活活动时间，这些活动就会为他们提供宝贵的学习体验。

（七）充足的户外活动时间

户外活动为幼儿提供了室内活动无法满足的游戏机会。它允许幼儿大声喧哗，尽情投入大肌肉运动中。除了锻炼，户外活动还有着其他有助于身体健康的好处。例如，它减少了传染病交叉感染的机会，接受阳光的照射使幼儿的体内可以产生更多的维生素 D。户外活动还使幼儿能与大自然近距离接触，并体验不同的天气。

---

① [美]朱莉·布拉德：《0—8 岁幼儿学习环境创设》，陈妃燕、彭楚芸译，49～50 页，南京，南京师范大学出版社，2014。
② [美]朱莉·布拉德：《0—8 岁幼儿学习环境创设》，陈妃燕、彭楚芸译，49～50 页，南京，南京师范大学出版社，2014。
③ 郑三元：《幼儿园班级制度化生活》，55 页，北京，北京师范大学出版社，2004。
④ [美]德布·柯蒂斯、[美]玛吉·卡特：《和儿童一起学习：促进反思性教学的课程框架》，周欣等译，33 页，北京，教育科学出版社，2011。

学习笔记

微课
时间安排应保证
"三个充足"

　　《3—6岁儿童学习与发展指南》(以下简称《指南》)指出，"幼儿每天的户外活动时间一般不少于两小时，其中体育活动时间不少于1小时，季节交替时要坚持"。但是幼儿园的户外活动受到多方面的制约，如幼儿园场地的影响，天气、季节的影响，教师对户外活动价值认知的影响，同时教师还要承受来自家长对孩子过度保护的压力等。因此这更要求教师要清晰地认识到户外活动的价值和两小时户外活动的必要性，高度重视幼儿的户外活动，不能因为一些原因而减少幼儿户外活动的时间与机会；而且当幼儿不能进行户外活动时，教师应该安排幼儿进行其他室内体育活动。

（八）平衡幼儿自发和成人发起的活动

　　幼儿自发指幼儿可以自主选择各种活动。适时将选择权交给幼儿，既是出于对他们的信任，也表现了对幼儿的真正尊重。而且幼儿自发的活动有助于发展幼儿的专注力和主动性。另外，让幼儿自主选择时，他们往往会选择自己感兴趣的、与自己经验相关的，并适合自己发展水平的活动。

　　时间表还需安排成人发起的活动。例如，集体活动就是典型的教师发起的活动。教师发起的活动和幼儿发起的活动一样有价值，只是价值不同，因此两种类型活动的时间需要平衡。

（九）平衡个体、 小组和集体活动

　　个体、小组、集体活动有着不同的教育功能、不同的适用范围，不能简单地认为哪种活动一定好或不好。三者必须互相配合，合理交替。一般认为，个体和小组活动更适合年龄小的幼儿，因此年龄越小的幼儿，集体活动时间应越短。《浙江省教育厅关于全面推进幼儿园课程改革的指导意见》指出，"增加教育活动方式的多样性，适度减少集体教学的次数与时间，确保一日活动的科学性、合理性"。

（十）平衡安静活动和动态活动

　　安静活动是指身体移动较少的活动，如听故事或进餐。动态活动包括户外活动等。好的时间表会平衡幼儿动与静、室内与户外的学习经验，这样能够避免让幼儿过于疲劳、厌倦和失控。例如，进行完一个数学领域的集体教学活动后，接着进行讲故事活动，然后坐着吃点心，这时幼儿就可能难以安静和集中注意力了。

　　需要幼儿集中注意力的活动，如集体活动时间，应该安排在早些时候，在幼儿过于疲劳之前开展。而在活跃的户外活动结束之后，不宜马上进餐，可以安排一些较短的、安静的集体故事或音乐活动，帮助幼儿在午餐之前放松一下。

（十一）全园性活动以最经济的时间花费来安排

　　幼儿园经常有因节庆而安排的全园性活动，如六一儿童节、毕业典礼、运动会等。为了做好这些活动，教师常常安排一些表演性质的节目。这样幼儿就需要花额外的时间练习，以求达到教师的标准或家长的期望，结果往往弄得幼儿心情浮躁，影响正常作息，而教师也紧张易怒，破坏了师幼关系。为了维持教育教学正常化和幼儿的学习权，表演性质的活动应尽量减少，还给幼儿正常学习的时间和课程；或将此类活动转换成学习成果展现的形式。例如，上海南西幼儿园的"快乐15分钟"。每天下午幼儿午睡起床后，有一个"快乐15分钟"的时间，小、中、

大班各有两段音乐律动，短短 15 分钟让幼儿跟着教师欢快地舞动。每天重复同样的音乐歌曲和动作，一个月更换一段音乐律动。随着每天的重复，幼儿的动作会越来越熟练，会跟着音乐唱了，到月末时还能跟着节奏自己创造新的动作。三年下来，幼儿学会了不少歌曲和舞蹈，每次节日的庆典，他们无须排练，只要换上演出服就能上台表演，节目都来自"快乐 15 分钟"。再如，山东省淄博市市直机关第三幼儿园的毕业典礼上安排的节目就是朗诵毕业诗，演唱毕业歌，而这些毕业诗、毕业歌是"我要上小学了"的主题活动中都有的，省去了无休止的排练。还有些幼儿园发起了"我的节日我做主"的活动，让幼儿来讨论决定六一儿童节要做什么，让幼儿自主安排自己的时间，发挥了幼儿的主动性，培养了幼儿的时间管理能力。

主题 2
幼儿园班级一日生活过渡环节管理

微课
过渡环节管理

学习笔记

一、幼儿园班级一日生活过渡环节的概念与意义 >>>>>>

幼儿园班级一日生活过渡环节是指幼儿在一日活动中从一个活动转向另一个活动时产生的中间阶段（这里的活动等同于幼儿园一日作息表上安排的各个环节）。[1] 过渡环节看似时间短，但有着重要意义，主要体现在以下三方面。

（一）确保一日生活顺利进行

过渡环节是幼儿园一日生活的有机组成部分，是连接一日生活各个环节的纽带。有研究显示，一日生活组织安排与过渡环节的相关性最强，看似零散而短暂的过渡环节却在活动中发挥着至关重要的纽带作用。为什么呢？因为幼儿神经系统发育不完善，兴奋过程强于抑制过程，自我控制能力差，注意力集中的时间短。因此，无论是由动入静，还是由静到动，都需要一段时间作为神经系统活动的转换调节过程。过渡环节为幼儿从一个活动转向另一个活动提供了转换与调整身心的时间，有利于幼儿为新的活动做好身心两方面的准备，使一日生活顺利进行。

（二）保障幼儿的身体健康

组织和提醒幼儿饮水和排尿是过渡环节的重要内容，有利于培养幼儿良好的饮水、排尿习惯。教师应注意培养幼儿及时排尿的习惯，不要让幼儿长时间憋尿。教师还要经常提醒幼儿饮水。经常饮水可满足机体新陈代谢的需要，及时排泄废物；可增加排尿次数，通过排尿起到清洁尿道的作用，防止细菌繁殖。

---

[1] 王春燕、白小绵、杨旸：《幼儿园过渡环节安排与组织的适宜性——基于 H 市三所幼儿园半日生活视频的分析》，载《学前教育研究》，2018(3)。

（三）蕴含着丰富的学习机会

过渡环节蕴含着丰富的学习机会。例如，通过强调幼儿正在学习的某项技能，如识别他们的姓名、服装色彩或地址，使他们从集体活动过渡到下一个活动；[1] 在户内外过渡中，为幼儿提供运动的机会，了解园所环境的机会，让幼儿用自己的方式从班级走到户外来发展空间想象力和问题解决能力，等等。[2]

二、过渡环节管理要点　>>>>>>>>>>>>>>>>>>>>>>>>>>>>>>

过渡环节是时间表中最需要教师进行周密计划的环节。为避免混乱，在这段时间段内，幼儿需要教师给予关注和指导。但在此方面，当前幼儿园做得并不理想。一种倾向是"放羊"，认为过渡环节就是幼儿自由活动的环节，不需要组织和管理，导致过渡环节成为行为问题最容易出现的环节。另一种倾向是"高控"，认为过渡环节最容易出现行为问题，因此教师不断施加命令与要求，把幼儿的行为严格限制在教师规定的条条框框中。比如，让幼儿在什么事情都不做的情况下保持安静。这两种教师都没有做到幼儿本位。幼儿本位的教师在进行过渡环节管理时，会充分考虑幼儿身心发展特点与规律，采取有效策略，抓住教育契机，开展各种具有教育价值的活动。以下是幼儿本位的过渡环节管理要点。

（一）加长时间区块，减少不必要的过渡环节

过渡环节越多，教师要投入的组织精力就越大。《纲要》指出，"科学合理地安排和组织一日生活。尽量减少不必要的集体行动和过渡环节，减少和消除消极等待现象"。那如何减少不必要的过渡环节呢？我们知道，一日活动是用时间区块来间隔的，区块越多，过渡环节就越多。因此减少过渡环节的一个办法就是加长时间区块。例如，有些幼儿园加长区域活动时间，并把点心时间包含在区域活动时间中，这就免去了从区域活动到点心时间，再从点心时间到下个活动的过渡环节。

（二）在过渡环节前预先提醒

唐突而随意地打断幼儿的游戏，表明教师不重视他们的游戏，并会使幼儿产生抗拒。因此在下一个活动要开始前就预先提醒幼儿。比如，"离整理还有 5 分钟时间。请考虑结束你们手中的工作"，或者是"你们还有 5 分钟的时间搭积木，然后我们就必须收拾了"。这样不仅表示对幼儿的尊重，也会给幼儿一个机会让他们完成正在做的事情，并且使他们更愿意配合教师的要求。

（三）提供熟悉的提示，帮助幼儿建立条件反射

常用的提示，比如在整理活动前播放特定的音乐，弹奏同样的曲子，或者从户外走到室内时念同样的儿歌，都能对幼儿熟悉的模式进行重复强化，帮助幼儿建立适当的条件反射，让幼儿知道"什么时候该做什么"。提示也可以是改变环境，如午睡之前把房间变暗。

学习笔记

---

[1]　[美]朱莉·布拉德：《0—8 岁儿童学习环境创设》，陈妃燕、彭楚芸译，62 页，南京，南京师范大学出版社，2014。

[2]　王春燕、白小绵、杨旸：《幼儿园过渡环节安排与组织的适宜性——基于 H 市三所幼儿园半日生活视频的分析》，载《学前教育研究》，62 页，2018(3)。

（四）提供清晰、简单、个别化的指令

教师在过渡环节前应对幼儿提出明确的要求。当教师的指导清晰、具体时，幼儿可以更好地理解下一步的活动。例如，"将玩具放回到架子上的时间到了"就比"整理时间到了"能够更好地为幼儿提供帮助，幼儿能清晰地知道整理什么，怎么整理。

另外，限制每一次所给出的指令数量也能够很好地避免混乱。

有时，教师指出幼儿的名字，能够使幼儿认识到教师的指令是针对他们个人的。教师还可以与幼儿进行眼神交流或轻轻抚摸幼儿，以确保获得他们的注意力。

除了发出语言指令外，有些教师还会用图片展示幼儿在过渡环节中需要做的事，这个技巧对听力有困难的幼儿或者孤独症幼儿特别有效。

（五）部分幼儿先开始下一个活动，减少等待

要求幼儿在不做任何事的情况下等待，除了会浪费宝贵的时间且增加行为问题发生的可能性外，还体现了对幼儿的不尊重。因此，为了减少等待的时间，要确保下一个活动在部分幼儿整理结束后马上开始。这就要求教师和保育员之间分工合作，互相配合。例如，当一位教师陪伴着已经穿好外套的幼儿到操场上活动时，保育员可以协助那些需要更多帮助和时间来拉好拉链的幼儿，而不是让所有的幼儿在教室里安静地等待。

（六）分组活动

最好避免让所有的幼儿在同一时间去做同一件事情，这样可以避免很多嘈杂、拥挤的状况。因此，分组请幼儿做事是比较合适的选择。

（七）注意幼儿的个体差异

由于每个幼儿在身心发展方面存在差异，同样的任务每个幼儿完成的速度可能不同；而且，在活动结束时，每个幼儿正在进行的活动也可能不同，这就决定了过渡环节幼儿活动的"非整齐划一性"。教师应当注意幼儿的个体特点和差异，并给予有针对性的支持。

（八）让幼儿在过渡环节承担职责

请幼儿在过渡环节做一些事，或者为他们提供帮助同伴的机会，这样一方面有利于幼儿在做事的过程中获取特定的经验，另一方面能够让教师有时间给那些需要帮助的幼儿提供更多鼓励或指导。例如，午睡后，淘淘已经穿好鞋，准备到户外去玩游戏了，在等待的时候，他帮助硕硕穿鞋子。

（九）积极监督和帮助

研究发现，教师若积极地投入巡视、走动和互动的监督工作中，就能增进幼儿的合理行为。巡视包括环顾教室四周并注意幼儿的行为。走动指的是无规则地移动并近距离地控制和强化幼儿的行为。互动包括示范、与幼儿交谈、强化行为以及在必要时提醒教师对他们的期待。由于过渡环节可能对幼儿而言有难度，所以每位教师应该积极地投入帮助和监督中。①

（十）和幼儿一起讨论过渡环节的规则

教师应当以平和的心态创建安全、宽松的心理氛围，既要给幼儿自由，也要

---

① ［美］朱莉·布拉德：《0—8岁儿童学习环境创设》，陈妃燕、彭楚芸译，63页，南京，南京师范大学出版社，2014。

建立一定的规则。教师可以和幼儿一起讨论在每个过渡环节能做什么，应当怎么做，不能做什么等；通过让幼儿参与规则的制定，让他们更加理解规则的意义。

（十一）教师之间分工合作，互相配合

教师之间的分工合作、互相配合，对过渡环节的组织尤为重要。教师在过渡环节中的分工，包括所在的位置，都要予以考虑。在过渡环节幼儿的活动相对分散，教师所处的位置要能顾及所有幼儿。例如，在午餐前的盥洗环节，一位教师可以站在洗手间旁边观察幼儿的洗手情况，另外一位教师在教室组织幼儿准备用餐。

（十二）留足过渡时间，将过渡环节游戏化

虽然应尽可能减少不必要的过渡环节，但是过渡环节依然存在。因此教师需要把每个必需的过渡环节进行有意的设计，让它们变成生活课程的一部分。教师应认识到过渡环节需要一定的时间。若减少过渡环节中的学习机会而匆忙过渡，会给幼儿和教师造成压力。所以在一日时间表中给过渡环节留下充足的时间，有助于抓住这样的学习机会。那么，过渡环节如何为幼儿提供学习机会呢？

1. 过渡环节游戏的种类

幼儿园一日生活中过渡环节较多，时间大多较短。适合过渡环节的游戏具有轻松愉快、简短易学、材料取放方便等特点。适合过渡环节的游戏主要有：手部动作游戏、语言游戏、音乐游戏、数学游戏、区域自选游戏、墙面游戏等。

（1）手部动作游戏：可以随时随地开展，不受材料、空间的限制，简短易学。轻松愉快的手部动作游戏非常适合过渡环节。

拍手游戏：一边拍手一边说儿歌的游戏。

手指游戏：主要是手指的动作，对手指动作的灵活性、协调性要求较高。

手指故事：让手指承担故事中的角色，是把手指动作和表演游戏、故事讲述结合起来的表演形式。

（2）语言游戏：在过渡环节开展语言游戏活动，有利于促进幼儿语言和社会性发展。

听说游戏：属于应答类语言游戏，一般由教师和幼儿(或幼儿和幼儿)一问一答。

口令游戏：根据听到的口令做出适当的动作，可以训练幼儿反应的敏捷性。

词语接龙游戏：玩法是后面一个幼儿要跟着前面的幼儿所说词汇的最后一个字，接着说出一个包含这个字的词汇。

猜谜游戏：通过谜面所提供的信息说出谜底。

童谣游戏：童谣游戏对幼儿的身体协调性、听觉敏锐性、韵律节奏感等都非常有意义。

（3）音乐游戏：利用音乐游戏组织过渡环节活动，可以营造轻松欢乐的氛围，还可以点歌游戏的形式进行，即教师以某个幼儿熟悉的物体为主题，请幼儿唱包含这个物体的歌曲。

（4）数学游戏：如数数游戏、集合游戏、运算游戏等，不仅可以培养幼儿的逻辑思维，还可以激发幼儿对数学的兴趣。

（5）区域自选游戏：在饭后、离园等时间相对较长的过渡环节，可以让幼儿进

入材料容易收拾的区域(如益智区、阅读区、建构区等)进行自选游戏活动。教师可以和幼儿一起制作3～4个区域临时开放标志,每天放在不同的区域,允许先完成上一项工作的幼儿去那些临时开放的区域里玩耍,但是需要制定临时游戏规则,当然最好的规则就是和幼儿商量。

(6)墙面游戏:设计一面可以玩的墙,让幼儿可以在墙面上玩拼图、七巧板、走迷宫、编织等,这样过渡环节就不怕幼儿没事可做了。

2. 过渡环节游戏的选择

教师应当根据过渡环节的时间、性质以及将要进行的活动,选择适宜的活动穿插在过渡环节中,让过渡环节成为别样的游戏时间。适宜的过渡环节游戏可以把前后两种不同性质的活动连接起来,在两个活动之间起到润滑剂的作用,使幼儿在园的一日生活张弛有度,充满活力。

很多过渡活动涉及从一个场所转换到另一个场所,这是整合体育活动的好时机。在到达与离开操场的时候,可以请幼儿模仿动物行走,或者像飞机一样飞,或者踮着脚尖走等,那么过渡时间就被很好地用来发展幼儿的身体动作了。如果让幼儿转换到午睡时间,就可以让他们使用想象来放松,如让他们像气球放气或是气球从天上降落下来那样移向自己的小床。如果是排队等待,就可以玩手部动作游戏、语言游戏、童谣游戏、音乐游戏、数学游戏等。如果是分组请幼儿活动,如分批请幼儿进入盥洗室,就可以玩"大风吹""用姓请孩子去活动"等小游戏。

过渡的方式是多种多样的,如何设计适宜的过渡环节,教师需要在了解幼儿的基础上发挥自己的创造力。

主题 3
幼儿园班级一日生活各环节管理

班级一日生活常规涵盖了幼儿从来园到离园的整个过程,涉及幼儿园一日生活的各个环节。教师和保育员要明晰每个环节的职责和任务,各司其职,通力合作,有效落实一日生活各环节的常规内容与要求。

一、来园环节 >>

来园环节是幼儿在园一日生活的开始,包括晨间检查、晨间值日、晨间接待三个重要的子环节。其中蕴含礼仪教育、健康教育、行为习惯培养等方面的教育价值,其教育目标具体体现为以下几个方面:拥有积极、愉悦的情绪体验,喜欢上幼儿园,并产生安全感;体验到轻松愉快的活动氛围,愉快地与家人告别;与教师、同伴、保安等礼貌地打招呼,养成文明的行为习惯;乐意接受保健医生的晨间检查,养成一定的规则意识;能够以积极的状态参与区域活动、自我服务、照顾环境等,培养良好的生活习惯和基本生活能力。

（一）晨间检查

晨间检查是杜绝流行疾病的重要关卡，是家园有效沟通的重要途径，是校园安全检查的重要平台。

1. 环境诱导

（1）保健医生仪表仪态：穿着和发型干净利落，指甲修剪干净，不戴首饰；微笑迎接每一个幼儿，亲切地和每个幼儿交流，注意针对不同幼儿的身高调整视线。

（2）晨间设施设备摆放：将各类登记表分类摆放，便于家长登记；晨检物品（如纸巾、消毒水、压舌板、手电筒、体温计、消毒液等）便于取放。

2. 幼儿活动

（1）我要晨检：主动配合保健医生做好晨检，知道健康对自己很重要。

（2）我懂健康：了解自己的健康状况，能够主动说出自己的身体状况。比如，"我咳嗽刚好""我今天流鼻涕要吃药""我的脚扭伤了，还没有痊愈"等。

（3）我能检查：懂得自我检查，学会依次摸口袋，是否携带了各类不安全物品，如小刀、玻璃球、破损的玩具等。

（4）我会洗手：自觉用七步洗手法洗手，知道洗手前将自己的袖口卷好，洗手时不玩水，不随处滴水。

3. 保健医生支持（见图 2-2）

（1）一摸：触摸幼儿的额头和手心，用电子体温计测量体温。

（2）二看：观察幼儿的精神状态，看脸色、嘴巴、喉咙、手心等部位，看幼儿有无感冒、发烧、水痘等症状。

（3）三问：询问家长幼儿在家情况，是否有药品和其他嘱咐。

（4）四记：做好药品的登记，对幼儿姓名、班级、药品、服用数量等进行详细的记录，并让家长签字。

（5）五查：检查幼儿的衣兜及其他地方是否有不安全的物品，及早杜绝。

图 2-2　保健医生为幼儿晨检

（图片摄于浙江省级机关北山幼儿园）

学习笔记

（二）晨间接待

1. 环境诱导

教师衣着整洁、大方、得体，便于活动；主动、热情地接待幼儿及家长，营造温馨的心理氛围。

2. 幼儿活动

(1)自信问候教师与同伴：能用有礼貌的语言和教师、同伴打招呼。

(2)自由选择值日内容：早到幼儿主动选择劳动项目(照顾动植物、整理玩具和图书、清洁环境等)，体验为他人服务的快乐。

(3)自由选择合作伙伴：值日过程中根据自己选择的劳动项目，决定是否需要与同伴合作，学习与不同的同伴合作。

3. 教师工作

(1)礼仪教育：为幼儿做好表率，主动向幼儿问好，与幼儿拥抱；送上甜蜜的微笑或鼓励的话语，营造宽松、愉悦的心理氛围；督促班级幼儿养成良好的问好习惯。

(2)关注幼儿的情绪：注意观察幼儿的情绪，若发现幼儿有不良情绪，要及时询问原因并与其沟通。

(3)家园沟通：热情、主动地与家长打招呼；接待每位家长的时间要把控好，目光的余光要兼顾正在活动的幼儿。

(4)关注请假幼儿：主班教师每天要点名，及时记录未到园幼儿姓名，交给保健医生；配班教师要及时去电询问幼儿缺席的原因并做好记录，遇到因传染病不能来园的，要及时上报保健医生和保教主任。

(5)指导生活自理：晨间入园也是幼儿养成良好生活习惯和生活自理能力的重要时段。从小班开始，教师就应有意识地培养幼儿的生活自理能力，如自己取放杯子，擦桌子等，让幼儿体会自己的事情自己做的乐趣和成就感。中大班的幼儿要养成早上入园主动参加力所能及劳动的习惯，懂得自己是班级的主人，自己的班级自己整理，在劳动中培养责任意识。

4. 保育员工作

(1)开窗通风：开启教室和午睡室的窗户。开窗通风要视当天空气污染指数，中度污染及以上不开窗。

(2)生活准备：饮用水在 8：00 以前准备完毕，隔夜的水必须倒掉并清洗水桶后再换新水；饮用水杯需在 8：00 以前消毒完毕；消毒柜内不能存放任何除杯子以外的物品；关注个别需要特殊照顾的幼儿。

(3)指导劳动：为幼儿准备适合他们使用的劳动工具；鼓励和指导幼儿自主劳动。

二、晨间锻炼环节 >>>>>>>>>>>>>>>>>>>>>>>>>>>>>>>>

晨间锻炼是保证幼儿每日进行两小时户外活动的重要渠道。晨间锻炼环节的教育价值和目标主要有：伴随着欢快的音乐，参加喜欢的运动项目，拥有愉悦的心情和阳光的精神面貌；增强体质，增强动作的协调性和灵敏性；通过运动消除疲劳，保持头脑清醒，使思维敏捷；增加食欲，提高睡眠质量；通过晨间锻炼中的自我和互助服务，形成良好的生活习惯和基本生活能力。

（一）环境诱导

教师和保育员准备擦汗巾、收纳衣物的箩筐、经过严格消毒的茶具、温开水等；准备运动的器械、材料，摆放在操场四周，或方便幼儿自取之处；确保场地、运动器械安全卫生；幼儿穿便于运动的衣服和鞋子。

（二）幼儿活动

(1)活动前：幼儿检查自己鞋带是否系紧；中、大班幼儿互助塞吸汗巾，小班幼儿在保育员和教师的协助下塞吸汗巾；跟随教师做热身运动。

(2)活动中：幼儿搬运和搭建运动器械和材料；主动喝水、休息、增减衣服等。

(3)活动后：自己或合作整理运动器械，把器具摆放到规定的地方；到活动室后将吸汗巾拿下来并叠放至指定的地方；有序如厕，用七步洗手法洗手，不玩水，注意安全；自觉喝水，中、大班幼儿能主动清洗和整理茶具等。

（三）教师工作

(1)运动准备：各班教师组织幼儿做好运动前的准备(包括运动装备、身体状况检查与询问等)，交代运动安全要求(如动作技能本身的安全注意事项，运动过程中的秩序、间距、强度等)，带领幼儿做热身运动等。

(2)运动保育：关注幼儿的面色、汗量、心率、呼吸状态、动作质量、精神状态及运动过程中遇到的问题与困难，及时提醒幼儿休息和喝水等；根据天气变化，提醒幼儿动静交替，调整活动量并及时增减衣服；照顾特殊幼儿等。

(3)安全保护：关注幼儿运动安全，包括运动器械安全、场地安全以及运动秩序、人员间距、活动强度、持续时间、挑战难度等；引导幼儿学习避开危险，掌握基本的自我保护方法；对幼儿进行安全教育，及时处理活动中的突发事件。

（四）保育员工作

(1)保育准备：活动前准备好生活区的吸汗巾、汗巾架、水壶筐、衣物筐等，以便及时提醒和帮助幼儿增减衣物，擦汗，擦鼻涕；检查幼儿的鞋带、着装、吸汗巾等，协助幼儿做好运动前的准备工作。

(2)器械准备：保育员把运动器械搬放到相应的场所，以便幼儿自主取放。

(3)运动保育：关注幼儿的面色、汗量、心率、呼吸状态、动作质量、精神状态及运动过程中碰到的问题与困难，及时提醒幼儿休息和喝水等；注意照顾好班级中体弱或特殊需要幼儿。

三、盥洗环节 >>>>>>>>>>>>>>>>>>>>>>>>>>>>>>>>>>>>

盥洗是幼儿一日生活中必不可少的环节，其中包括洗手、漱口、梳头等活动。每天的饭前、便后、喝水前、运动后、餐点前等环节都要主动盥洗，养成良好的盥洗习惯。盥洗活动看似简单，却蕴含着丰富的学习机会，主要包括：懂得盥洗对身体健康的重要性；掌握洗手、漱口和梳头的正确方法；养成良好的盥洗习惯，能做到饭前便后洗手，餐后漱口，保持仪表整洁等；主动、积极参与盥洗活动。

✎ 学习笔记

（一）环境诱导

教师以图示、故事、短片等多种形式教授"七步洗手法"；提供洗手步骤图、洗手液、消毒后的擦手毛巾、漱口杯、梳子等；注意地面防滑。

（二）幼儿活动

(1)洗手：知道饭前便后要洗手，户外活动回来必须先洗手，手脏了也要洗手；能自觉洗手(对于小班幼儿教师可以提醒)，养成良好的洗手习惯；学会用正确的方法洗手(吃东西前用洗手液洗手，把手甩干，不擦毛巾，用手腕或手背来关水龙头，由保育员帮助放下袖子后进入活动室，注意不要随意触碰脏东西；不吃东西时，洗完手可以用毛巾擦干)；洗手时有序排队，不推不挤；注意节约用水，水龙头开到大小合适的位置，不溅湿自己的衣服。

(2)漱口：饭后漱口，用正确的方法漱口。

（三）教师工作

(1)科学设计和引导：精心设计盥洗的时间、组织方式与流程，以确保高效利用时间，秩序井然，避免出现拥挤和消极等待现象；根据幼儿特点，采取多种方法引导幼儿盥洗。

(2)与保育员合作：与保育员做好协调与衔接，保证在幼儿洗手的过程中没有目光的盲点，确保洗手过程的有序和安全；站位要便于观察和指导幼儿正确、认真洗手。

(3)与家庭合作：家园密切配合，帮助幼儿养成良好盥洗习惯。

（四）保育员工作

保育员在幼儿洗手之前将擦手毛巾准备妥当；在盥洗室指导幼儿盥洗，如指导或协助幼儿卷袖，正确洗手，用自己的小毛巾擦手等；幼儿洗完手后帮助有困难的幼儿拉下袖子；等最后一个幼儿洗完手后方可离开盥洗室；随时注意地面保持干燥、整洁，防止幼儿因水湿滑倒。

四、如厕环节 >>>>>>>>>>>>>>>>>>>>>>>>>>>>>>>>>>>>>>

通过如厕活动幼儿可以习得以下经验：知道根据自己的生理排泄需要如厕；学习和掌握如厕的基本技能，能做到如厕自理；懂得如厕行为与身体健康的关系；能遵守如厕常规，养成健康的如厕习惯。

（一）环境诱导

卫生间布局合理，便具、洁具符合标准规格；门帘的尺寸合理，灯光柔和，通风适宜，地面防滑；纸巾柔软，取放便利；根据幼儿自己设计的各种图标进行环境诱导。

（二）幼儿活动

(1)我会自理：在一日生活中，幼儿可以自主决定如厕时间；如厕时取用自己需要的纸巾数量；便后自觉冲水，洗手；知道正确的擦屁股方法；小班幼儿如厕后教师帮助整理衣裤，中、大班幼儿同伴之间互相检查。

(2)轻松如厕：小班幼儿学习自己慢慢脱裤子——顺利蹲在便池上——按需排便——正确擦屁股——提裤子——冲水——洗手，中、大班幼儿能根据自己的需要如厕。

(3)我会观察：知道小便和大便的不同颜色、不同次数代表不同的身体健康状况；在如厕过程中如果发现大小便情况异常，会主动告知教师。

(4)我来设计：小班幼儿在讨论如何如厕、如厕需要做些什么事情的基础上，对如厕过程图片排序；中、大班幼儿可以根据需要自己设计如厕情况登记表。

（三）教师工作

(1)灵活安排：教师要结合幼儿年龄特点、个体生理差异、特殊身体需求和在家如厕习惯等灵活安排如厕。

(2)分区站位：教师和保育员要分别站在教室和盥洗室，以保证每个幼儿都在视线范围内，都能在幼儿需要帮助时及时伸出双手。

(3)引导要点：男女性别不同，如厕方式也不同，教师要教育幼儿正确的如厕方法和便后擦拭方法；引导幼儿及时如厕；教育幼儿根据自己的大小便情况，判断身体状况；教育幼儿文明如厕，便后及时冲水、洗手，不浪费纸巾。

(4)尊重隐私：护理方式精细，幼儿的自尊和隐私得到较好的保护。

（四）保育员工作

按照要求，将手纸准备好，方便幼儿取放；做好厕所内的通风与冲洗，保持地面干净，做到无异味，不潮湿；协助教师做好幼儿如厕的管理工作，站位与教师做好协调，目光要落到每一个幼儿；帮助个别能力较弱的幼儿如厕。

对于中、大班幼儿，教师和保育员要引导幼儿根据自己的大小便情况，判断身体状况；对于小班幼儿，教师和保育员还应关注幼儿大小便情况，以便及时了解幼儿身体状况，并和家长做好沟通。

典型案例

　　孩子们户外活动结束回教室了，原来陪孩子玩也是一件挺累的事情。孩子们吃完点心准备开始进行音乐活动，因为是集体活动，所以我可以忙里偷闲休息会儿了。屁股还没坐下呢，保育老师对我招招手，让我去帮洗手间里面的孩子擦屁股。这不是第一次了，不是让我"伺候"呕吐的孩子，就是让我擦桌子、扫地、拖地板，我做幼儿园老师难道是来帮小朋友擦屁股的吗？我是教书育人的，好吗？即使心里万分不满，我还是去洗手间帮小朋友擦了屁股。刚想冲马桶时，保育老师叫住我："等一等，看看他的大便有形状吗？稀不稀？"我低头一看，刚才根本没注意，这孩子的大便完全没有形状，马桶里散落着像蛋花一样的大便。我有点恶心，向保育老师汇报。"看来他还是有些拉肚子，记得下午的点心时间不要让他喝牛奶了。"保育老师一边搓着手里的毛巾，一边好似自言自语，又好似在对我说。我有点不好意思了，如果保育老师没有叫住我的话，我就直接冲掉了，那就不知道孩子肚子不舒服了。

（某实习教师的实习感受）

五、喝水环节 >>>>>>>>>>>>>>>>>>>>>>>>>>>>>>>>>>>>>>

幼儿在园能否主动喝水，每天的喝水量是否适宜，都会影响他们的身体健康。同时，通过喝水活动，幼儿可以习得以下经验：知道喝水对身体健康的重要性，习得喝水的基本常识，喜欢喝白开水；能逐渐做到根据自己身体需要主动喝水，适量喝水；能逐步养成良好的喝水习惯，安静、有序、及时喝水。

（一）环境诱导

(1)喝水量的记录表：和幼儿共同制定喝水时间表；根据幼儿每天需要的饮水量，和幼儿共同讨论制定喝水记录表，并挂在醒目的地方。

(2)饮水设施设备：幼儿人手水杯一个；有条件的幼儿园可以提供直饮机，但要建立检查表，规范消毒登记。

（二）幼儿活动

(1)寻找喝水好榜样：让幼儿寻找班级喝水表现好的小朋友，将他喝水的例子分享给同伴。

(2)讨论喝水的重要性：同伴间相互交流喝水的体会；幼儿在回家查找资料的基础上，和班级同伴讨论喝水的重要性。

(3)饮水习惯常保持：接水时不推不挤；安静坐在座位上喝水，慢慢喝，喝温开水；水洒出来及时擦干；喝完水将水杯清洗，放在固定的位置。

(4)喝水喝出健康来：知道水对身体健康的重要性；活动后或口渴时，能主动喝水，并根据自己的需求喝一定量的水；喝水时间要适宜，吃饭时和剧烈运动后不宜喝水；水温要适宜；保证足够喝水量，每天多次喝水，每次少喝，慢慢喝；特殊情况下用吸管喝水。

(5)喝水相关迁移活动：让幼儿根据喝水的体会，自己创编喝水儿歌；知道动物和植物都需要喝水。

(6)喝水自我监督：记录自己每日喝水情况，督促自己多喝水。

（三）教师工作

(1)指导幼儿科学喝水，如随渴随喝，适宜的喝水速度，不喝生水，慢慢喝水，掌握饮水量；饮水时注意安全，避免热水烫伤自己等。

(2)教授幼儿倒水方法：教育幼儿自主倒水时要一手提水壶，一手按住壶盖；提醒幼儿先倒半杯水，喝完之后，有需要再倒；相互谦让，轮流倒水。

(3)关注幼儿喝水情况，帮助幼儿养成喝水习惯。例如，提醒幼儿依次取放水杯；坐在位置上安静、适量喝水；主动拿自己的杯子去喝水，并能够通过适宜的方式记录；不要将水洒到衣服或者桌子、地面上，如果将水洒出来，请及时用桌上小毛巾擦拭；喝完水的杯子要清洗并放在指定的杯架上等。

（四）保育员工作

活动前，在水壶中倒入足量的温度适宜的水，并将水杯提前准备好，放置在固定位置，供幼儿活动后或口渴时自主喝水；提醒幼儿多喝水有益健康；督促中大班幼儿喝完水后，将水杯清洗干净，放在指定的杯架上；每次喝完水后，及时将小班幼儿的水杯清洗干净，并及时更换水壶里已经凉了的开水；每周对饮水器进行清洗和消毒，做好消毒记录。

六、进餐环节 >>>>>>>>>>>>>>>>>>>>>>>>>>>>>>>>>

食物为幼儿身体发育提供了充足的营养，是幼儿健康成长的基础。加强进餐环节的组织和指导，能够培养幼儿良好的用餐习惯，提升幼儿自理能力，促进幼儿身心健康。此环节幼儿可以习得以下经验：进餐时保持愉快的心情，有独立进餐的意识和能力；喜欢多种食物，不挑食，饭量适中；逐步养成安静进餐、细嚼慢咽、餐后有序整理等良好的进餐习惯。

微课
进餐环节管理

（一）餐前准备

1. 环境诱导

(1)餐桌：桌子清洁消毒，供幼儿进餐使用。

(2)餐具：尺寸符合幼儿使用，有利于幼儿独立使用；材料环保，质量好，保温性能适宜；清洁卫生。

2. 幼儿活动

(1)餐前谈话：餐前20分钟，师幼之间可以就上午半日活动出现的问题进行交流，也可以对中餐的食物营养进行介绍。同伴之间还可以利用这段时间轻声交谈。

(2)争当小小值日生。幼儿自荐参加餐前管理劳动，与保育员一起分发餐具、毛巾。

(3)餐前自觉洗手。

(4)盥洗结束后，有序地根据自己的饭量自主盛饭(小班幼儿在教师和保育员的协助下进行)。

3. 教师工作

(1)饭菜介绍。介绍午餐菜品名称和营养，激发幼儿进餐欲望。

(2)主班教师组织幼儿进行安静游戏或谈话，然后分批邀请幼儿摆好椅子位置——盥洗——用餐(有意识地请吃饭慢的幼儿先去)。

(3)配班教师进盥洗室关注、指导幼儿盥洗情况。

4. 保育员工作

(1)指导值日生做好服务工作。

(2)在分菜的过程中，戴好口罩保持清洁卫生。

(3)根据幼儿个别差异为幼儿分发适量的饭菜(中大班自主盛饭)，分饭菜顺序为：菜——饭——汤。

(4)餐前桌面消毒顺序为：清水——消毒水——蒸煮过的毛巾擦拭。

5. 重点关注

餐前准备为三位一体保育工作管理模式：两位教师一位保育员同时进班，分区域做好餐前准备工作(主班教师——教室，配班教师——盥洗室，保育员——分餐区)，中、大班值日生可以帮助教师分餐具。

（二）午餐

1. 环境诱导

(1)营造轻松、愉悦的进餐环境：幼儿推选自己喜欢的音乐，以一周为单位，轮流播放，促进幼儿愉快进餐。

(2)饭菜适口：提供口味多样、营养丰富的饭菜，让幼儿吃得健康。

(3)墙面提示语：师幼共同设计墙面提示语，提醒幼儿养成进餐好习惯。

(4)心理氛围：营造温馨的心理氛围，让幼儿愉快进餐。

2. 幼儿活动

(1)幼儿愉快、安静就餐，正确使用、收拾餐具。

(2)不偏食，细嚼慢咽，爱惜食物。

(3)把骨头等食物残渣放在规定的碗里；尽量不把饭菜撒在桌子上；不剩饭菜。

(4)餐后检查自己的饭碗、桌面和地面是否干净；自行擦嘴，用温开水漱口，并整理好自己的餐具，放回指定位置。

3. 教师工作

(1)进餐前半小时应结束游戏活动，让幼儿收拾玩具，如厕，洗手。创设安静、愉快的进餐环境，按时组织幼儿进餐。

(2)指导幼儿正确使用餐具，观察幼儿进食量。

(3)培养幼儿不挑食，不撒饭菜，安静、独立进餐等习惯，保证每个幼儿吃饱，吃好。

(4)特殊幼儿的特殊食谱需要保健医生把关，并对特殊幼儿进行照顾与指导。

(5)就餐前和就餐时不应处理幼儿的行为问题，不批评幼儿。

(6)餐后提醒幼儿擦嘴、漱口、整理餐具。

4. 保育员工作

(1)保育员先去食堂吃饭，用餐结束后回来照顾个别幼儿用餐，提醒幼儿饭后擦嘴，用温开水漱口等。

(2)待全部幼儿进餐结束后再清扫桌面、地面。

（三）餐后活动

1. 环境诱导

开放班级部分或全部区域：提醒幼儿根据上午区域活动的情况，选择自己未完成的内容；已完成的幼儿，根据自己的喜好选择餐后开放的区域，进行自主活动。

2. 幼儿活动

(1)自选区角活动：吃完中餐的幼儿，在整理好餐桌和自己的碗筷之后，可以根据自己的喜好或者还未完成的任务情况，自由选择区角活动。

(2)值日：轮到值日的幼儿，完成劳动后，方可参加区角活动。

(3)散步：在教师带领下，在操场或走廊内愉快、缓慢地散步，可以欣赏周围的景色，也可以边走边与同伴轻声交流。

3. 教师工作

带幼儿在操场或走廊内散步，注意走路的节奏放慢，并提醒幼儿要跟好队伍，也可引导幼儿观察周围的景色；或者引导幼儿阅读，玩桌面游戏，与同伴轻声交谈等，避免让幼儿剧烈运动。

4. 保育员工作

整理餐具，打扫教室卫生。

七、午睡环节 >>>>>>>>>>>>>>>>>>>>>>>>>>>>>>>>>>>>>

　　幼儿神经细胞脆弱，容易疲劳，因此在幼儿园的一日生活中，午睡是非常必要的。午睡时间安排符合大多数幼儿的生理节律。通过午睡活动幼儿可以习得以下经验：对幼儿园、教师、同伴产生亲近感；感受到午睡后精神饱满、精力充沛给身体带来的舒适和愉悦感；学会穿脱衣服，整理仪表和床铺，习得午睡过程中基本的自我服务技能，养成自我服务和互助服务的意识；知道安静入睡，保持良好的睡姿，逐步养成良好的午睡习惯。

（一）午睡

1. 环境诱导

　　营造温馨、舒适的午睡环境，帮助幼儿睡眠。例如，午睡室色彩淡雅，光线柔和，播放轻柔的摇篮曲，午睡室空气保持流通等。

2. 幼儿活动

　　(1)自我安全检查。师幼共同讨论有关午睡的安全事宜，了解安全午睡的相关信息；入睡前幼儿能自己检查并发现口袋、床铺等处存在的安全隐患。

　　(2)做好入睡准备，安静入睡。自己脱鞋子并摆放整齐，自己脱衣服并叠放整齐；找到自己的床铺，打开被褥，安静上床；睡觉姿势正确，不趴着睡觉，不蒙着头睡觉。

　　(3)按需如厕。午睡过程中不憋尿，有小便及时如厕；起床小便时要穿好拖鞋，增添衣服，以免着凉；如厕过程中注意安全，防止滑倒。

3. 教师工作

　　(1)让幼儿渐渐进入午睡状态；饭后进行散步活动，有助于食物的消化和吸收，更有助于幼儿舒缓身心，利于睡眠；睡前播放温馨的故事，帮助幼儿进入睡眠。

　　(2)做好午睡期间的管理工作。随时观察幼儿入睡情况，盖被子情况；对于有特殊需要的幼儿给予特别关注；及时做好午睡登记工作。

（二）起床环节

1. 环境诱导

　　打开午睡室的灯光和窗帘，播放轻柔的音乐，帮助幼儿缓缓醒来。

2. 幼儿活动

　　(1)唤醒身体：做起床操唤醒身体；轻声唤醒身边还没有醒来的同伴。

　　(2)自我服务：自己穿衣裤、鞋袜，叠被，整理床铺；愿意帮助身边的同伴；有秩序地离开午睡室。

3. 教师工作

　　(1)引导幼儿学会自理：根据不同年龄段幼儿的特点，组织幼儿讨论起床时需要做些什么，起床操可以怎么做，整理活动如何开展等，并付诸实践。

　　(2)关注幼儿个体差异：幼儿个别化、特殊化的需求，如不睡觉的、晚睡的或早起的幼儿等，应得到妥善处理。

学习笔记

八、离园环节 >>>>>>>>>>>>>>>>>>>>>>>>>>>>>>>>>>>>

离园是幼儿一日生活的结束环节，是幼儿身心放松和整理的阶段，包括情绪的整理、仪容仪表的整理和离园物品的整理等。从中幼儿可以习得以下经验：有序整理离园物品、仪容仪表，提高自我服务技能和生活能力；感受一日生活结束的轻松愉悦和对亲人的期盼，萌发愉悦感和幸福感；自主选择同伴和游戏；回味和留恋幼儿园一天的美好生活，同时对第二天的幼儿园生活产生期待，生发对班级的归属感和珍惜幼儿园美好生活的情感。

（一）环境诱导

开放班级区域活动，提供各种操作材料和工具等，供未被家长接走的幼儿玩耍。

（二）幼儿活动

(1)活动回顾。回顾一日生活的各个环节，并和同伴及家长分享。

(2)记录任务。将教师在活动中布置的任务，同伴间协商的任务等，用画画等方式记录下来。

(3)自主阅读和游戏。未被家长接走的幼儿，能自由自主地阅读、交流、游戏等，耐心等待家长的到来。

(4)将小椅子、玩具等物品放在指定的地方，并拿好自己的用品。

(5)能主动和老师、小朋友说再见。

(6)按时离园，不跟陌生人走。

（三）教师工作

(1)提醒幼儿将自己的玩具、衣物、材料等整理好，带好自己的物品。

(2)离园要与家长当面做好交接工作，遇未成年人或不熟悉的成年人来接幼儿必须要核实情况。

(3)与家长简单交流，及时告知幼儿当日的有关情况，做好家长工作。

(4)及时整理当日的活动材料并做好第二天各项活动的准备。

（四）保育员工作

(1)引导幼儿整理离园的物品。

(2)协助教师做好家长接待和幼儿离园相关工作。

(3)幼儿离园后，开始打扫班级卫生，清洗杯子并消毒。

(4)关好门窗、水电，整理用具、玩具等。

九、幼儿园班级常规管理的方法 >>>>>>>>>>>>>>>>>>>>>>>>

在进入幼儿园之前，幼儿会在各自家庭生活中经历过或多或少的规则方面的教育，但远不及幼儿园常规要求得这样全面、细致。因此，了解、遵守、内化幼儿园一日生活各环节常规，不仅是幼儿适应集体生活的一个难题，也是幼儿教师一项分量不轻的工作。这里将介绍一些常规管理的方法。

（一）发挥故事、儿歌、音乐、游戏等的作用：根据幼儿身心发展特点，灵活采用多种方式引导幼儿主动遵守规则

幼儿具有好奇、好动、好游戏、好模仿、思维具体形象、情绪作用大等特点，教师在进行常规管理时，应在理解和尊重幼儿身心特点的基础上，灵活采用故事、儿歌、音乐、游戏等多种方式引导幼儿主动遵守规则，而非被动接受管理。

典型案例

我来当爸爸，我来当妈妈

午睡一直是幼儿园比较难管理的环节之一，尤其是小班的幼儿，自理能力比较差。当教师照顾某些幼儿时，就关注不了全体，这时往往会出现比较混乱的场面：幼儿嘻嘻哈哈，打打闹闹；教师一边忙着帮幼儿脱衣服，一边不停地提醒幼儿……顾此失彼。如何让幼儿摆放好自己的衣服、鞋袜并安静地躺进小被窝就成了亟待解决的问题。

一次角色游戏时间，幼儿争先恐后地要当娃娃家的爸爸妈妈，并忘情地扮演着各自的角色。"爸爸"烧好饭菜，"妈妈"一边吹凉，一边一口一口地喂自己的娃娃吃饭："乖！不烫了，妈妈喂你吃！慢慢吃，小心点！"一旁的"爸爸"也不闲着，见"妈妈"一人既要喂饭又要抱娃娃，就从"妈妈"手里接过孩子，两人一起喂孩子，好一幅温馨的画面。孩子们的这一幕给了教师启发，于是在这天的午睡管理中，教师以游戏的方式引入："昨天中午，我听到衣服、裤子、鞋子、袜子在地上哭！"幼儿的注意力马上被吸引住了。有人问："为什么？"教师说："它们说自己的小主人不喜欢自己了，把它们乱扔在地上，弄得它们浑身痛，而且身上也很脏，它们怎么能不哭呢？"见到孩子们的情绪被此影响，教师就以提建议的方式说道："咱们今天来当自己衣服、裤子、鞋子、拖鞋的爸爸妈妈，让我们的孩子和我们一起午睡好吗？"这一来，马上引起了大家的共鸣，幼儿睁大了眼，期待着下文。见到孩子们对此表示出这么大的兴趣，教师的信心大增："小朋友们中午休息时要好好地照顾自己的孩子！对啦，我想知道衣服、裤子、鞋子、拖鞋应该住在哪里？"这一下子孩子们的兴趣来了："衣服、裤子住在小椅子上！""鞋子住在床底下！"教师说："那你们住在哪里？"孩子们异口同声地说："自己的小被窝里！"教师借着孩子们的热情说："那好！咱们今天就来照顾自己的衣服、裤子、鞋子娃娃，把它们送到自己的家里，并和它们进行睡觉比赛，看谁的娃娃最整齐，看谁最快睡着。"在这一情境的感染下，幼儿轻手轻脚地整理、摆放自己的物品，并静悄悄地钻进自己的被窝，这一天的午睡管理就在有趣的情境中轻松地开展了。第二天，孩子们主动地提出："老师，我们今天再来当爸爸当妈妈吧！"

（引自虞莉莉：《幼儿园教育案例专题研究》，82～83页，杭州，浙江大学出版社，2005。）

在上述案例中，教师借助幼儿爱模仿爸爸妈妈行为的特点进行午睡管理，引起了幼儿情感上的共鸣，从而达到了事半功倍的效果。

（二）发挥榜样的作用：根据幼儿好模仿的特点，利用榜样带动常规落实

模仿是幼儿社会行为学习的特点，教师要善于利用榜样向幼儿示范可取的行为和可取的情感态度。成人、同伴和故事等中的榜样人物都是有效的榜样。（榜样示范法将在专题四展开论述。）

（三）发挥环境的作用：创设"会说话"的环境，让环境潜移默化地引导幼儿

环境是重要的教育资源，幼儿每日都要生活、学习于其中，教师要善于通过创设环境，发挥环境潜移默化的常规管理作用。（具体将在幼儿园班级环境创设部分展开论述。）

（四）发挥幼儿主体作用：和幼儿一起讨论班级规则，引导幼儿自我管理

《指南》描述到：5～6岁的幼儿具有"理解规则的意义，能与同伴协商制定游戏和活动规则"的典型表现。因此可以让中大班的幼儿与同伴讨论，共同参与规则的制定与修改。

将建构主义理论系统运用于教育实践的德弗里斯认为，通过讨论让幼儿参与班级常规的制定有三个好处：一是可以促使幼儿认识到常规的必要性；二是提升幼儿对教室内常规程序和决策上的归属感；三是强化幼儿对班上开展的事务的责任感。的确，通过讨论能加深幼儿对规则的理解，从而认识到为什么需要制定这些常规和为什么需要遵守常规。另外，参与制定常规的讨论和决策的过程后，幼儿成了规则的主人，其与规则之间的关系就发生了变化——由原来的"老师让我遵守"的规则变为"我要自己遵守"的规则，这种变化就是幼儿责任心的萌发。一旦有了责任心，幼儿就会很自然地将遵守常规视作自己的分内事，更加积极自觉地去遵守这些规则，甚至是主动地成为规则执行的"监督者"[1]。

（五）发挥家庭的作用：家园合力持之以恒地培养常规

《纲要》明确指出："与家长配合，根据幼儿的需要建立科学的生活常规。培养幼儿良好的饮食、睡眠、盥洗、排泄等生活习惯和生活自理能力。"家园配合，能使幼儿在幼儿园获得的规则意识和经验得以在家庭中延续、巩固甚至发展。无论幼儿在在园的5天里取得多大的进步，在家的两天一旦松懈，效果很可能就会大打折扣，由此可见家园合作的重要性。陈鹤琴提出："良好习惯之养成与否，家庭教育应负重要的责任。"教师要及时了解幼儿的家庭情况，并针对不同家庭提出指导意见，让幼儿在家中也能保持好习惯。

当然，一日生活常规的管理方法远不止以上五种，教师应根据班级的实际情况和幼儿的内在需求灵活采取多种方法。

思考与练习

1. 请评价这个案例中教师的做法。

与往常一样，又到了做早操的时间。广播里响起了动听的音乐，提示孩子们到操场上做早操。此时孩子们正在兴致勃勃地看蚂蚁搬家。音乐一起，教师便立刻说："快来排队吧！"幼儿发出了一声叹息，"怎么又要做早操了！"孩子们不情愿地站了起来，三三两两地开始排队。这时，奇奇嘀咕着说："王老师，为什么一定要现在做早操呢？我们的蚂蚁搬家还没有完啊？"教师也觉得有些可惜，这是早上

---

① 叶小红：《幼儿自控能力发展与培养的研究》，博士学位论文，华东师范大学，2007。

孩子们刚刚生成的活动，正是他们兴致最浓的时候，可是……教师想了想，只好回答说："现在是做早操的时间啊。"教师便这样搪塞过去了，但一直到晚上，教师的心中仍然想着这个问题，这个回答能够让孩子们满意吗？

第二天，教师想了一个好办法，对孩子们说："小朋友们，我想到一个好办法，请小朋友们来安排今天一天的活动好吗？""好！"孩子们高兴地跳了起来。大家开始七嘴八舌地讨论接下来的活动，有的说要听故事，有的说要画画。教师和他们商量了规则，除了吃饭睡觉，其他的活动都可以请小朋友们自己来安排，但必须通过讨论，少数服从多数，师生一起设计一张一日生活表，用记号或图画来标明今天活动的内容和时间。比如，如果商量好的规则是到户外活动一次为 30 分钟，时间到了，必须回到教室，谁也不能违反规则。一天下来，教师发现今天孩子们特别听话，每一项活动都开展得很顺利，孩子们兴趣也特别高，教师也很开心。

2. 思考：哪个时间表更合理？

开学了，中二班的黄老师和姚老师准备重新编排幼儿的一日生活时间表。黄老师说："其实时间没必要排得那么细，把几点干什么写太细反而禁锢了老师。我们班在搞主题活动，很多活动时间应视内容和孩子的兴趣来定，而不是根据我们固有的时间表定。"姚老师马上反对，说："那怎么行，不写清楚什么时候干什么，老师就没参照，根本无法组织活动。"两人争执不下，于是各写了一份时间表交给园长，由园长裁决。

黄老师时间表（上午）：

上午 8：00—11：00

1 小时户外活动，可以是 8：00—9：00，也可以是 10：00—11：00。其余时间是教学活动、游戏活动和生活活动。

姚老师时间表（上午）：

8：00—8：55 户外晨间活动；

8：55—9：05 盥洗、喝水；

9：05—10：05 区域活动；

10：05—10：25 早操；

10：25—10：55 集体教学活动；

10：55—11：00 餐前准备。

（引自虞莉莉：《幼儿园教育案例专题研究》，2 页，杭州，浙江大学出版社，2005。）

如果你是园长，你会如何裁决呢？

3. 观察一位教师的半日活动，分析其对时间资源的利用情况。如果出现浪费现象，请分析原因，并给出合理的解决对策。

4. 实习时，连续 5 天记录在你带班的过程中，你主动发起的活动，和孩子主动发起的活动。列一个以 30 分钟为单位的时间轴，每隔 30 分钟看一下在这段时间里，是谁在主动发起活动。连续记录 5 天，看看你发现了什么。如果一直是你在发起活动，那么你就要反思和警醒了。你可能有些高控，你可能剥夺了孩子主动发展的机会，如果全都是孩子发起的活动，那么你也要反思了，你的领导力可能没有发挥，你可能需要有更加主动的观察和指导措施。

5. 思考：你还有哪些合适的想法，可以将过渡环节转换为建设性的学习时间？

6. 写出 3 个从活跃环节到安静环节的转换策略；写出从 3 个安静环节到活跃环节的转换策略。

7. 案例分析。想一想：这位教师（加西亚女士）做了些什么，可以让她的班级运行得如此顺畅？

案例：

在加西亚女士的班级里，孩子们正在学习认识昆虫。早先时候，他们参观学校外面的蝴蝶园，并在科学观察日记中进行绘画。现在孩子们聚在一起看图画书，到了休息的时间，老师轻声说："如果你能够听到我说的话，请摸一摸你的鼻子。如果你能够听到我说的话，请摸一摸你的耳朵。"孩子们立刻抬起头来。"5 分钟后我们要到户外活动。现在该收起日记本，放到科学盒子里啦。"孩子们小心翼翼地将日记本放到了科学盒子中。纳特收好铅笔，杰瑞德放好了放大镜。

加西亚女士按照"如果你感到快乐"的调子唱道："如果你准备好了户外活动，请拍拍你的手。"孩子们知道这是排队的信号，于是他们向右移到门处。两个女孩互相抱着，微笑着，另外两个朝衣橱走去，拿出来装球的袋子，准备把球拿到操场上去玩。不需要给出进一步的提示，孩子们就准备好了和老师一起走出去。

教师所准备的户外活动可以让孩子们从教室流畅地过渡。加西亚女士一整年中都和她的班级一起实践着这种一日生活常规。她很高兴看到孩子们互相分享和帮助，很高兴看到孩子们越来越表现出对自己负责，对班级负责。

（引自［美］凯瑟琳 C. 柯西、［美］玛丽 L. 马斯特森：《积极指导儿童的 101 条原则：塑造回应型教师》，黄爽、高宏钰、周彬等译，21 页，北京，机械工业出版社，2015。）

8. 观察你见习或实习的班级，并和同学交流：教师在一日生活中是如何组织幼儿多次饮水的？幼儿离园前适宜的活动有哪些？不适宜的活动有哪些？

专题三
幼儿行为管理的目标、模式及特征

学习目标

1. 理解幼儿行为管理长远目标的含义和意义，并能在幼儿行为管理实践中秉持长远目标。

2. 对比教师中心和幼儿本位的行为管理模式在目标、方法和结果上的不同，理解为何要采取幼儿本位的行为管理模式。

3. 掌握幼儿本位行为管理模式的关键特征，并能在幼儿行为管理实践中将其付诸实践。

4. 能够在仔细观察后，分析某个行为问题产生的原因。

思维导图

```
                          ┌─ 幼儿行为管理的目标 ──┬─ 什么是幼儿行为管理的长远目标
                          │                      └─ 为何要秉持行为管理的长远目标
                          │
  幼儿行为管理的          │                      ┌─ 两种行为管理模式的目标
  目标、模式及特征 ───────┼─ 幼儿行为管理的模式 ──┼─ 两种行为管理模式的方法
                          │                      └─ 两种行为管理模式的结果
                          │
                          │                      ┌─ 建立亲密与相互尊重的关系
                          │  "以幼儿为本"行为      ├─ 帮助幼儿理解
                          └─ 管理模式的特征 ──────┼─ 指导幼儿自主解决问题和做决定
                                                 └─ 找出行为背后的原因
```

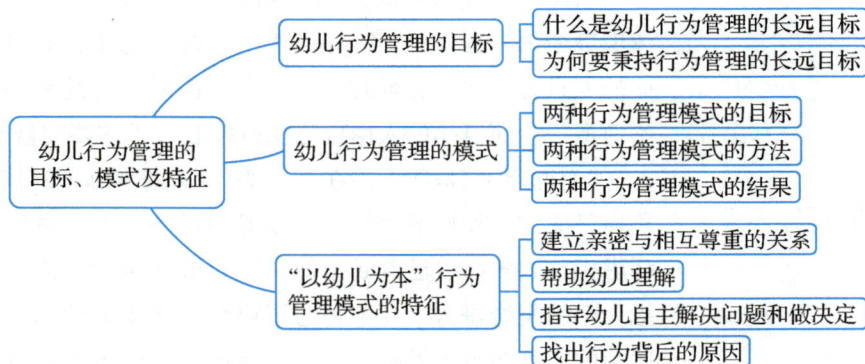

　　如前所述，常规管理包含三块内容：一是一日生活时间的安排与管理，二是一日生活各环节的组织与管理，三是幼儿行为管理。专题二讨论了一日生活的组织和管理，本专题将讨论幼儿行为管理。《纲要》指出，要在共同的生活和活动中，以多种方式引导幼儿认识、体验并理解基本的社会行为规则，学习自律和尊重他人。本专题将介绍如何帮助幼儿达到这些目标。

微课
行为管理的目标

主题 1
幼儿行为管理的目标

一、什么是幼儿行为管理的长远目标 >>>>>>>>>>>>>>>>>>>

行为管理是新手教师最担心的工作，因为他们害怕幼儿不按照他们所说的去做，害怕情况失控。所以在讨论行为管理问题的时候，通常浮现在他们脑海中的是"如何让幼儿按照我说的去做"。虽然让幼儿按照教师所说的去做是行为管理不可否认的一部分，但是它是否是行为管理的全部呢？这就涉及行为管理的目标。

如果说行为管理的当下目标是维持班级秩序，那么行为管理的长远目标是什么呢？美国幼教专家玛乔丽·菲尔茨（Marjorie V. Fields）、帕特里夏·梅里特（Patricia P. Merritt）和德博拉·菲尔茨（Deborah M. Fields）在他们合著的《0－8岁儿童纪律教育》一书中指出，纪律教育的长远目标是在提高幼儿自尊的同时培养幼儿自律和道德自主的能力。这也是我们对幼儿进行行为管理的长远目标。

自尊这个概念我们很熟悉。什么是自尊？自尊是个体对自己的一种态度，认为自己有价值感、重要感，因而接纳自己、喜欢自己。[①] 自尊感强表示肯定自己、信任自己、尊重自己；自尊感弱表示否定自己、轻视自己、不尊重自己。[②] 自尊感强的人具有较强的自信心，自尊感弱的人容易产生自卑感。

自律是一种内在的自我控制和调节能力，是一种自觉、自主、负责的行为，体现着个体的主体性。[③] 与自律相反的是他律，即自己受他人的管理或控制。他律的人只有当他人在场时，才体验到控制。当没有外部控制时，其行为就有可能不负责任。而自律的人由自己执行控制，不需要监督也能正确行事。

"道德自主"是皮亚杰在其代表作《儿童的道德判断》中提出的一个概念，是指用自己的信念和理解来管理和指导自己的行为，也指有能力不受奖惩影响，通过考虑相关因素而自己判断出对错。孔融让梨就是道德自主的一个典型例子。孔融把大个的梨给哥哥，并不是为了得到表扬或害怕批评，而是受内心"长幼有序"道德观的驱动而自主做出的决定。因此，道德自主是自己通过考虑相关因素而做出的判断，这比仅仅被动遵守一系列行为规则要重要得多。

比起简单的"纪律约束"，我们更想帮助幼儿学习对"自己应该做什么"做出明智的选择。当然这并不是说教师应该坐视不管，而让幼儿随心所欲地做自己想做

① 张春兴：《张氏心理学辞典》，587页，上海，上海辞书出版社，1992。
② 参见林传鼎、陈舒永、张厚粲：《心理学词典》，南昌，江西科学技术出版社，1986。
③ 李季湄、冯晓霞：《〈3～6岁儿童学习与发展指南〉解读》，68页，北京，人民教育出版社，2013。

的事。我们提倡的是帮助幼儿理解为什么某些行为比其他行为好，帮助幼儿在成人不在场"督促"时，也能自主选择社会所期望的行为方式。

二、为何要秉持行为管理的长远目标 >>>>>>>>>>>>>>>>>>>

我们的行为管理要能同时实现长远目标和当下目标。也就是说，不仅要让幼儿表现出适宜的行为，从而保证班级活动有序进行，同时也要帮助幼儿形成良好的自尊，培养幼儿自律和道德自主的能力。看到这里，有人不禁要说："教师既要维护幼儿的安全与班级秩序，又要帮助他们发展积极的自尊、自律和道德自主，这个要求也太高了吧！不要忘了教师还要备课、教学、布置环境、开展家长工作、写观察记录、做教研呢！"而且那些不了解幼儿的领导或家长，还可能会将"班级常规"作为评价班级管理工作一个重要方面。这又将是教师面临的一个压力。因此，在实践中，采用简单的纪律约束以实现当下目标的做法十分普遍。但我们有理由拒绝简单的纪律约束，帮助幼儿学习自律和道德自主。

一位母亲说："我 4 岁的女儿很喜欢吃糖，她爸爸提议把糖藏起来，但是我主张把糖放在她能看见的地方。她想吃的时候，我就跟她讨论吃糖的坏处，然后让她自己判断能不能吃。女儿小的时候，我能够亲自监督她，但是当我不在她身边的时候，她能够自我控制吗？未来在很多事情上都是需要自我控制的。"这位母亲知道，当她不能陪伴时，内部控制能陪伴她的女儿。因此，她重视那些能形成内部控制而不是强迫女儿服从的行为管理方法。然而也有很多父母有时因过于疲惫和不堪压力，忽视长期效果，采取速效解决办法。

那教师是否值得花费时间和精力来培养幼儿的自律和道德自主呢？证据表明，我们必须这样做。斯坦福大学的一项追踪研究表明，自律是一个人成功的关键。如果我们只是对幼儿的行为进行控制，而没有帮助幼儿学会自我管理，那么从长远来看，对幼儿是不会有帮助的。

而且，对大脑的研究表明，生命的头几年是幼儿学习情绪和行为控制的关键期。很多教师反映，许多幼儿都缺乏控制冲动的能力，他们也没有能力管理沮丧与愤怒的情绪。因此，行为管理成为他们面临的最大挑战。如果我们在幼儿遇到困难、无法管理自己时，一味采用管教的方法，就忽视了幼儿所处的发展阶段，同时也剥夺了他们练习如何控制自己行为的大好机会。

幸运的是，许多教师出于对幼儿的真正关心，没有采取速效解决的方法，而是做出了更积极的选择。他们将班级生活中的各种冲突当作幼儿学习的机会和教育的契机。在这些乐于奉献的教师的指导下，幼儿能从经验中学会做出明智的决定，在此过程中，他们也能发展出积极的自尊和道德自主，而这正是成为有能力的、关心他人的、充满爱且值得他人爱的人所必需的重要品质。同时，帮助幼儿"现在表现出适宜的行为，和谐有序地生活"与"养成自律和道德自主，为未来做准备"从根本上来说也是一致的。

主题 2
幼儿行为管理模式

一位新教师说，她开始很"温柔"，直到她无法忍受幼儿转而采用相反的方法，对幼儿"严厉"管教，最后她无法忍受自己。这位教师刚开始采取的是容许模式，继而转向专制模式。因为我们习惯了非此即彼的思维模式，所以很多教师会在专制模式和容许模式中选择一个。我们提倡的是幼儿本位的行为管理模式。它不是专制模式和容许模式的"中间地带"；相反，它是一种完全不同的看待行为管理的观点。为了便于比较，我们把专制模式又称为教师中心的模式。下面我们重点来比较教师中心的行为管理模式和幼儿本位的行为管理模式(见表3-1)。

微课
行为管理模式对比

表3-1 两种行为管理模式

行为管理模式	目标	方式	结果
以教师为中心	服从	依靠成人权力、奖惩实施规则塑造行为。	自尊心受到伤害； 内部动机遭到破坏； 自律和独立性受到限制； 影响道德自主和责任心的发展； 关系遭到破坏； 问题的原因被忽视，无法从根本上改善问题行为。
以幼儿为本	逐渐发展出自尊、自律和道德自主	采用一种关心和尊重的方式进行管理；指导幼儿从经验和对经验的反思中学习。	建立起亲密的师幼关系； 培养出独立性强、善于自我控制和解决问题、自尊感和自信心较强、喜欢与人交往、对人友好以及道德自主的人。

学习笔记

一、两种行为管理模式的目标 >>>>>>>>>>>>>>>>>>>>>>>>>>>>

两种行为管理模式有着截然不同的目标(见表3-1)。在教师中心的模式下，教师通过简单的纪律约束来处理问题行为，维持班级秩序。这种模式追求的是幼儿对教师权威的服从，它没有给予幼儿相关的解释或体验，让幼儿利用这些信息构建出关于正确和错误的观念。而幼儿本位的行为管理的目标不是让幼儿服从，它所追求的东西远远超出了服从的范围。教师尊重幼儿，相信幼儿有自我管理和解决问题的能力，因此教师帮助幼儿从他们的经验中学习，从对这些经验的思考中学习。通过这一过程，幼儿在形成良好自尊的同时，也获得了越来越复杂的理解水平，并逐渐发展出一种能力，就是前面我们提到过的"通过考虑相关因素，自己判断出对错"，这正是道德自主的概念。"逐渐"一词非常重要，因为幼儿本位的行为管理尊重幼儿身心发展的规律，在进行行为管理时既接纳和理解幼儿当前的思维发展水平，同时也为他们达到更高的理解水平搭建桥梁。

二、两种行为管理模式的方法 >>>>>>>>>>>>>>>>>>>>>>>>>

　　自然地，两种模式使用各不相同的行为管理方法。由于与幼儿相比较而言，成人处于社会结构的中心，他们掌握着权威和标准的尺度，因此在常规管理中教师往往自觉或不自觉地带有教师中心的倾向。一些教师在进行常规管理的时候，不考虑幼儿身心发展特点，简单动用各种权力性手段如表扬、奖励、批评、压制、惩罚等方式迫使幼儿服从管理，导致幼儿的主动性逐渐丧失，教师也背上了沉重的管理包袱，常规管理失去了其原本的教育目的和意义。

　　幼儿本位的教师仍然要进行管理，要制定必要的、明确的规则以维护班级秩序和幼儿安全。但不同的是，一方面，幼儿本位的教师采用一种关心和尊重的方式进行管理，成人与幼儿之间的相互关爱和尊重的关系会鼓励幼儿思考自己的行为对他人的影响；另一方面，幼儿本位的教师在进行行为管理时非常注重指导幼儿从经验和对经验的反思中学习。他们认为，幼儿所生活的世界是非常复杂的，每个幼儿都必须发展出自主思考的能力来适应这个世界。因此，在幼儿面临两难情境时，教师不会立即插手解决幼儿的问题或是告诉幼儿现成的答案，而是引导幼儿自己思考可取的行为和不可取的行为，这样能够帮助幼儿发展出自主思考的能力，让幼儿成为更自主、更理性的人。

三、两种行为管理模式的结果 >>>>>>>>>>>>>>>>>>>>>>>>>

　　教师如何回应幼儿的问题行为，如何对幼儿进行行为管理，不但影响着幼儿当下的行为，也会对幼儿今后的发展产生持续的影响。

（一）教师中心的行为管理结果

　　这样的教师关注服从，所以他们不是设法了解幼儿个体不当行为所特有的原因，而倾向于用一种速效的方法解决所有问题。控制、奖励和惩罚的确能获得暂时的效果，但是伴随而来的是长期的负面结果。

1. 自尊心受到伤害

　　幼儿自尊的发展，以他们在成长过程中能力感与价值感的获得为基础。能力感是指个体有能力获得成功，是自尊形成的基础；价值感是指个体的能力发挥是否符合社会化评价标准[①]，是自尊形成的最终决定条件。幼儿在成功和失败的经历中产生不同的情绪体验，形成能力感（"我是能干的"）。另外，幼儿在与父母、教师、同伴等的社会交往中习得是非对错等社会评价标准，并在外界反馈中获得价值感（"大家喜欢我"）。而惩罚可能会让幼儿觉得自己"不能干"或"大家不喜欢我"，进而伤害幼儿的自尊心，导致他们表现出更加不可取的行为。

学习笔记

----

① 刘双、张向葵：《婴幼儿自尊的前兆与形成》，载《学前教育研究》，2008(10)。

2. 内部动机遭破坏

内部动机是指做某事是出于自己的目的。其行为的价值在于行为本身，其奖励在于做某事后获得的自豪感、成就感、满足感、效能感等，即奖励存在于个体的内部。例如，把图书摆得整整齐齐让你感到很开心，这种开心就是内部奖励。

外部动机则相反。它意味着做某事是为了得到奖励。行为的价值不在于行为本身，而在于通过行为自己得到了什么。例如，做某事是为了拿到贴纸，这时候我们关注的不是事情本身，而是贴纸。很显然，教师中心的行为管理模式依靠的是外部动机。

尽管外部动机和内部动机的关系复杂，但有形的奖励会削弱幼儿的内在动机则是公认的结论，这可以从"折扣定律"和"注意分配假说"来解释。从"折扣定律"的观点看，幼儿在活动中并不清楚自己的行为动机。当成人给予奖品等外在奖励时，他们得出的活动理由就会局限在奖品上，而忽略自己的兴趣等内在动机。这是对复杂动机的窄化，因此被称为"折扣定律"。"注意分配假说"认为动机最重要的作用是管理注意力。当幼儿对某个活动充满兴趣而全神贯注时，对环境中的其他刺激是忽略的，甚至是漠视的。但是，如果教师经常用奖品等外在刺激"激励"他们，就会诱使他们从关注活动的过程转为关注活动的结果，导致外在动机削弱内在动机。传统教育历来注重通过外在奖励规范幼儿的行为，如给幼儿发"小红花""贴纸""奖状""奖章"等，督促幼儿按照社会要求行事，成为缺乏天性和个性的"好孩子"。幼儿期实质是幼儿内在动机最为强烈的阶段，好奇、好动、好探索是他们的基本特点，他们本身就有着强大的主动学习的内在动力，但是教师注重奖励的管理行为会不同程度地削弱这种内在动力，不能不说是一种遗憾。[①] 当然并不是说就绝对不可以用奖励，只是在使用奖励时要注意其合理范围。

> **小资料** ❄
>
> **奖励**
>
> 奖励可分为三种类型：有形的奖励、表扬和特权。有形的奖励包括贴纸、玩具和美食等。表扬可以是语言的，也可以是非语言的，如竖大拇指、拥抱等。特权是指当完成某项任务或完成某个目标后，可以让幼儿做自己喜欢的事，如当值日班长、出去玩等。由于年长的幼儿更能够延迟满足，所以特权奖励对他们更起作用。

3. 自律和独立性受到限制

教师中心的行为管理模式主要由教师对幼儿的行为进行控制。当教师向幼儿强加外部控制时，幼儿就失去了发展内部控制的机会，而且依赖外部控制会成为一种习惯。一直处于成人控制之下的幼儿，当他们长大到需要独立做决定时，常常会有困难。因此这种管理方法强化了幼儿对教师的依赖，不利于其独立性的发展。

---

① 叶平枝、司秀月：《专家型与新手型幼儿园教师日常评价行为的比较》，载《学前教育研究》，2017(8)。

4. 影响道德自主和责任心的发展

道德自主意味着一个人根据内部建构的关于对错的信念来做决定。一个道德自主的人无论是否有权威在旁监督，都会做正确的事。道德和智力的自主性要求一个人有思考问题和得出个人结论的能力。这种能力需要练习。而教师中心的行为管理模式剥夺了让幼儿通过经验以及对经验的反思进行学习的机会。在这样的管理下，幼儿的思考主要围绕着怎样得到奖励或怎样避免惩罚，而不是思考在某种情境中什么是正确的，因此会影响幼儿道德自主的发展。而且由教师控制，幼儿就很难有机会去为自己的行为负责，因此这样会影响幼儿责任心的发展。

5. 关系遭到破坏

在教师中心的管理模式中，教师不尊重幼儿，不是充满关爱的、富有同情心的保护者，而是让幼儿感到害怕的权威人物。教师一味使用奖惩的方式管理幼儿，没有给予幼儿自我决定、自我管理的权利和机会，这些都意味着教师认为幼儿是没有能力的、不能承担责任的，是需要被管理的。也就是说，这样的教师不信任幼儿，也不尊重幼儿。有研究者认为，如果幼儿得不到信任和尊重，那么他也不会发展出对他人的信任和尊重。由此，这种信任和尊重的缺失是双向的。而且这样的教师往往不能让幼儿感到亲近，而是让幼儿感到有隔阂，有距离，甚至害怕。

6. 问题的原因被忽视，无法从根本上改善问题行为

如果一个幼儿因缺乏社会技能而出现不当的行为，取消他的贴纸有用吗？如果一个幼儿因需要未被满足而做出某种行为，那让他暂停活动有用吗？因为每个问题行为都有不同的原因，所以改变行为的长久方法必须是寻找问题行为的原因，并在原因上下功夫。

但是教师中心的管理模式关注服从，因此教师不是设法去了解为什么会产生不当行为，幼儿为什么会表现出这样或那样的问题行为，而是把奖励和惩罚作为一种快速阻止幼儿不当行为的方式。因为问题行为的原因仍在，所以任何改变行为的努力都只能是表面的、短暂的，问题行为不久后还会出现。

（二）幼儿本位的行为管理结果

幼儿本位的行为管理结果与教师中心的行为管理结果恰恰相反。幼儿本位的行为管理以尊重和关心幼儿的方式进行，因此能发展出亲密的师幼关系。幼儿本位的行为管理帮助幼儿在经验中学习，在对经验的反思中学习，因此幼儿在教师的帮助下能获得越来越高的自主思考的能力，幼儿逐渐学会与他人协商解决问题，学会解决他们自己的矛盾。总之，幼儿本位的行为管理方式会培养出独立性强、善于自我控制和解决问题、自尊感和自信心较强、喜欢与人交往、对人友好以及道德自主的人。

（三）反思与转变

一些教师不加质疑就简单使用教师中心的行为管理方法，部分原因是他们在接受从幼儿园到大学的教育时也是这样经历的，还有部分原因是他们在实习期间或教学实践中曾目睹过这种方法。这些教师都没有做到智力自主。在选择任何行为管理方法之前，很重要的一点是要问自己这样一些问题：

✎ 学习笔记

这个方法是幼儿本位的吗？

这个方法是否立足于行为管理的长远目标？

这个方法是否能帮助幼儿成长为独立的个体和集体中的一员？

这个方法能教会幼儿自我控制、利他、情感、正义以及公平吗？

这个方法会提高班级幼儿的生活质量吗？

这个方法能帮助营造温馨和谐、互尊互爱的班级氛围吗？

这个方法能让幼儿从中学习与他人建立积极的关系吗？

这个方法是否立足于行为的原因？

这个方法是否容易觉察出幼儿的发展、身体及情感需要？

从促进幼儿自律和道德自主能力发展的目标出发，教师需要在行为管理观念和方法上有一定突破——实现从教师中心的行为管理向幼儿本位的行为管理转变。

小资料

　　早在 20 世纪初，蒙台梭利就阐明了"以儿童为主体"的纪律观。她认为自由和纪律是相互依存的关系。一方面，纪律是自由的外壳。"孩子们的自由，就其限度而言，应在维护集体利益范围之内"。[1] 任何损害集体利益的行为都是不被允许的；孩子的自由，"就其行为方式而言，应具有我们一般所认为的良好教养"。[2] 任何冒犯或干扰他人、对他人不礼貌或粗野的行为都应该加以制止；儿童的各种活动，无论用什么方式表现出来，都必须在教师的观察范围内。观察的目的就在于帮助儿童纠正不当行为。另一方面，自由为纪律的内涵。蒙台梭利认为真正的纪律绝不是静止不动、被动、屈从和强制的。她反对以说教、强制、奖惩的手段培养纪律，因为这样只能培养出反应迟钝、智力低下、奴性十足的人，即使开始建立了纪律，也是表面的、肤浅的，不能持久。纪律必须通过自由来获得。"要在自由的活动中使儿童理解纪律，在理解的基础上接受和遵守集体的规则，这样儿童才会是主动的，在需要他们守规则时能控制自己。""纪律是一种积极的状态，是建立在自由的基础之上的。一个人如果像哑巴那样安静，像瘫痪的人那样不动，不能算是有纪律的。积极的纪律包括了自由，它和强制而产生的'不动'是不同的。"[3]

　　她主张在特定的环境下给孩子们最多的自由，让他们自然而然地受到纪律的教育和训练。当孩子逐渐能够区分好与坏，懂得教室秩序井然是件好事，理解遵守集体秩序的必要性的时候，他的行动就会从最初的无序状态逐步过渡到自发的有序状态。然后，通过不断地重复练习，儿童的专注、宁静、自主、服从就会显露出来，而这些都是内在纪律的充分体现，是在意志与自由的结合下而产生的真正的自律。

　　常规教育的出发点和归宿是儿童的发展，符合儿童发展需要的常规与常规教育，应该是与儿童发展的客观规律一致的。教师只有了解儿童身心发展的特点，从儿童的实际需要出发，给儿童创造真正能自由发展的空间，以培养儿童的内在纪律为出发点，才能帮助和引导儿童养成持久的、正确的纪律观念。

　　其实蒙台梭利强调的"儿童的纪律是建立在自由的基础之上的"，也正是在强调"理解"的重要性，因为只有通过自由的活动，儿童才能更好地理解纪律的作用，进而自发地遵守纪律。

---

① ［意］蒙台梭利：《蒙台梭利幼儿科学教育方法》，任代文等译，112 页，北京，人民教育出版社，2001。
② ［意］蒙台梭利：《蒙台梭利幼儿科学教育方法》，任代文等译，112 页，北京，人民教育出版社，2001。
③ ［意］蒙台梭利：《蒙台梭利幼儿科学教育方法》，任代文等译，306 页，北京，人民教育出版社，2001。

主题 3
幼儿本位行为管理模式的特征

微课
尊重和关爱幼儿

一、建立亲密与相互尊重的关系 >>>>>>>>>>>>>>>>>>>>>>

思考：想想看，如果在一个对你很重要的情境下你需要寻求帮助，你会选择谁？这个人要拥有哪些特质？大多数人会选择与自己最亲密的人，这个人应该是值得信赖的、有爱心的、理解人的。这同样也是幼儿喜欢的教师，这样的教师能够与幼儿建立起亲密的关系。

（一）与每个幼儿建立起亲密的关系

1. 与每个幼儿建立起亲密关系的意义

（1）与每个幼儿建立起亲密的关系，是行为管理得以成功的坚实基础。

教师与幼儿的关系是教师最强的资本，也是行为管理得以成功的坚实基础。只有当幼儿感受到教师的爱，他才更有可能减少消极的抵制和违抗，并以积极的方式回应教师的请求。只有当幼儿感受到来自教师的关心，他才更愿意遵从教师所要求的社会规范和道德准则。所以如果想要在幼儿发生问题行为时进行有效教育，教师首先要和幼儿建立良好的关系。

（2）与每个幼儿建立起亲密的关系，是发展幼儿信任和关心他人能力的前提。

研究表明，依恋关系对幼儿的道德和良知发展至关重要。当幼儿与养育者建立起依恋关系时，幼儿会秉承养育者所遵守的社会规范和道德准则。一旦依恋关系建立起来，幼儿就会感觉到足够安全，从而开始考虑身边的其他人，而不是仅考虑自己。如果依恋的基本需求在幼儿早期得不到满足，幼儿信任和关心他人的能力发展也会受到阻碍。[1]

（3）与每个幼儿建立起亲密的关系，对幼儿社会性和学业发展具有促进作用。

研究证明，如果幼儿得到教师的鼓励越多，并与教师建立起良好的关系，那么他越有可能在社会性和学业方面获得良好的发展。研究还指出，教师对幼儿的认可对幼儿积极的自我概念发展具有促进作用，而积极的自我概念对幼儿的学习具有促进作用。

2. 与每个幼儿建立起亲密关系的策略

在与幼儿建立依恋关系的过程中，给予积极关注尤为重要。卡尔·罗杰斯认为，幼儿有被积极关注的需要，即对诸如温暖、爱、关怀以及获得别人的积极回应、认可等要求；只有在受到积极关注的前提下，幼儿才会去关注他人。具体来说，教师一方面要向幼儿表达积极情感和期望，另一方面要敏锐地感应到不同幼

相关链接

幼儿本位行为管理模式的特征如下。

第一，建立亲密与相互尊重的关系。

第二，帮助幼儿理解。

第三，指导幼儿自主解决问题和做决定。

第四，找出行为背后的原因。

学习笔记

---

[1] ［美］帕特丽夏·韦斯曼、［美］乔安妮·亨德里克：《幼儿全人教育》，钟欣颖、张瑞瑞、杜丹译，294 页，南京，南京师范大学出版社，2015。

儿的情感需要，给予情感回应，提供安慰和帮助。

需要注意的是，同那些聪明伶俐的幼儿建立关系往往是容易的，但是那些反应较慢、调皮捣蛋的幼儿更需要得到教师的积极关注。

（二）与每个幼儿建立起相互尊重的关系

1. 与每个幼儿建立起相互尊重关系的意义

(1)相互尊重的关系，是发展幼儿自律和道德自主的前提。

皮亚杰把相互尊重的关系看作道德发展的基础。皮亚杰认为儿童道德水平的发展既受制于认知发展水平，同时也必须以情感的发展为前提。皮亚杰认为，学前儿童最初与成人的关系是一种"支配型人际关系"，即成人直接命令幼儿该做什么或不该做什么，幼儿单方面地尊重成人，幼儿的行为基本上受外在的要求和诱因支配，而非出于内在的价值观。此时幼儿的道德水平为他律道德。

随着幼儿认知能力和思维水平的发展，以及不断增长的独立性要求，他们开始与成人建立一种新的"合作型人际关系"和互敬互惠的道德情感，这种情感在一定程度上导致幼儿达到道德自主。

由此可见，要让幼儿走向真正自律，成人应随着幼儿认知能力和思维水平的发展，逐渐放弃一些不必要的权威，尊重幼儿的意愿，为幼儿自律能力的发展创造相互尊重的情感氛围。只有个人的兴趣、意愿得到充分尊重并且在有行动自由的前提下，他才会去尊重他人，并去约束自己，为自己的行为负责。

(2)尊重幼儿是高质量行为管理过程的关键和前提。

《纲要》指出，教师的态度和管理方式应有助于形成安全、温馨的心理环境。幼儿能够敏锐地感受到教师是否尊重他；幼儿能够敏锐地感受到教师的表情或语气中流露出来的厌恶和不耐烦。因此当我们对幼儿加以管理和教育的时候，要特别注意自己的态度是如何表现出来的。例如，我们是否在传播一连串的命令和批评？我们使用的语言是否伤害到幼儿的自尊？我们的表情或语气中是否流露出愤怒或厌恶的态度？我们说话的语气和态度是否会让幼儿产生情绪上的抵抗？如果幼儿得不到尊重，那么他们也不会遵从教师提出的要求；如果幼儿得不到尊重，那么他们也不会发展出对他人的尊重。

典型案例

害羞的甜甜

有一次，A老师请小班的孩子过来让老师检查衣服。小姑娘甜甜一反常态，没有主动过来。A老师就走过去观察，原来她尿裤子了，裤子上有小便的印记。小姑娘比较要面子，没有说。基于这样的情况，A老师没有当着小朋友的面给甜甜换裤子，而是让保育员带她到午睡室去换裤子。事情就这样过去了。上小学的时候，甜甜和她妈妈来看A老师，还提到这件微不足道的事情。对孩子自尊心的尊重，一直让孩子记得。试想，如果A老师当着全班幼儿的面批评甜甜，会给她带来什么样的感受？教师和甜甜之间的关系又会受到怎样的影响呢？

2. 与每个幼儿建立起相互尊重关系的策略

与每个幼儿建立起相互尊重关系的策略主要包括使用"我信息"、"印证式倾听"、鼓励并赞同幼儿的想法等。"我信息"和"印证式倾听"的具体步骤将在下一专题介绍。

二、帮助幼儿理解 >>>>>>>>>>>>>>>>>>>>>>>>>>>>>>>>>

（一）为什么要帮助幼儿理解规则背后的原因

其实在很多情况下，幼儿违反规则并不是有意的，而是因为他们对那些由教师制定的规则并不十分理解。对教师而言，某种行为为什么合适或不合适，是很明显的，但是幼儿缺乏相关经验，他们也不会自动知道对教师来说明摆着的道理。因此教师如果在制定和实施规则时，不考虑幼儿的理解情况，那么幼儿不遵守规则就是不可避免的了。但是如果幼儿理解了规则或要求背后的原因，让他们做某事就更容易。比如，教师要求幼儿吃饭的时候一手拿勺，一手扶碗，双脚并拢。但很多幼儿的手就是不扶着碗，脚也总是伸到过道里去。如果教师只是提醒手扶碗，脚并拢，幼儿是比较难做到的。但是如果他们理解了手扶着碗是怕碗滑到地上，脚并拢是怕过路的小朋友绊倒撞到桌椅，那么他们就比较容易做到了。再比如，教师要求幼儿上下楼梯靠右行，但是很多幼儿还是会自顾自地走在中间。后来教师解释了，大家都走在中间的话，容易撞上迎面而来的小朋友。如果每个人都靠右走，就不会了。幼儿理解后，上下楼梯就能比较自觉地靠右了。

当然教师的反复要求和强化可能让幼儿表现出符合规则的行为，但"只知其然而不知其所以然"是不利于幼儿形成自觉性和主动性的。因此，理解规则背后的原因是非常有必要的。

（二）如何帮助幼儿理解规则背后的原因：解释＋体验＋讨论

有时口头解释能帮助幼儿理解规则背后的原因，但有时只靠口头解释是不够的，幼儿还需要一些体验来帮助他们理解规则背后的原因。来看一个案例。①

班里新开了一个活动区，里边放了一些以前没有的玩具。孩子们都被吸引了过来，一下子挤进十几个人。不一会儿，争吵声、告状声就传了出来。

"老师，您看看吧！里边人太多了，都没法玩了！"

"那怎么办呢?"老师问。

"不能一下子进来那么多人！这里边最多只能进五个人！"

"先来的先玩，后来的得有人出去了才能进来！"

"我们做几个挂牌放在活动区门口，谁先来就拿一个挂在脖子上，没有牌子的就不能再进来了！"

案例中幼儿体验到没有规则的不方便之处，理解了规则的必要性，于是，在教师的启发下讨论制定了规则并自觉地遵守。

《指南》指出，儿童是通过直接感知、实际操作和亲身体验的方式来进行学习的。对于规则的学习，"体验"更是一种必要而且有效的学习方式。蒙台梭利指出，

---

① 李季湄、冯晓霞：《〈3～6岁儿童学习与发展指南〉解读》，98～99页，北京，人民教育出版社，2013。

纪律的培养既不能靠强制，如把儿童限制在固定位置的、专用的板凳上不能活动，也不能靠宣传和说教；要在自由的活动中使儿童理解纪律，在理解的基础上接受和遵守集体的规则，这样儿童才会是主动的，在需要他们守规则时能控制自己。因此，教师应利用生活让幼儿体验规则的必要性。

但是光有体验还不够，教师还应帮助幼儿对他们体验到的东西进行思考，而引导幼儿讨论就是一个非常有效的帮助幼儿思考的途径。讨论对幼儿来说具有重要的价值。

首先，就像其他复杂的技巧一样，思考的技巧也需要练习。幼儿的思考能力有限，但是当我们鼓励幼儿讨论他们的不同观点时，幼儿的思考力会越来越强，思维水平会越来越高。其次，在与不同发展水平的幼儿讨论的过程中，幼儿能够逐渐理解他人的需要和期望与自己的需要和期望并不相同，从而在做决定时，逐步学会考虑他人的观点，而这正是学习道德自主的一部分。另外，不同发展水平的幼儿表达出的不同观点，也暗示着各种可能的解决办法。

思考一个问题：如果在班级中，有幼儿排斥其他幼儿，不与其他幼儿一起玩，你怎么办？薇薇安·佩利老师在她的《孩子国的新约——不可以说："你不能玩!"》中讲述了她的解决之道。佩利老师发现教室里经常有"你不能玩"的声音，她能感受到那些被拒绝的幼儿很伤心。她也知道小班孩子以自我为中心，占有和嫉妒是他们的特点。但幼儿园是他们第一次接触到公共领域的地方，孩子们需要与别人分享空间、设施和老师。她想把握这个机会，培养孩子们"开放"的观念，让孩子们在这个公共的地方，不仅有亲密的友谊，也有平等参与活动的机会。于是她想在教室里实施一个新规定："不可以说'你不能玩'"。然而她并没有一厢情愿地要求孩子们遵守这项规定，她和孩子们讨论这件事情，孩子们的反应不相同，而且夹杂着强烈的情绪。下面是她和孩子们的讨论片段：①

师：小朋友是不是可以不准别人加入他们的游戏？那样公平吗？因为教室是大家的，不像家是自己的地方？

幼1：你只要哭一哭，他们就会让你玩了。

师：那如果这个人很伤心，又不想用哭的办法，老师是不是可以强迫别人让他玩？

幼2：第三个人加进来，游戏就不好玩了。

师：真的会破坏游戏吗？

幼2：可是让我和不喜欢的人玩，我会更难过。

师：你们觉得哪边的人比较难过？是不受欢迎的人，还是拒绝人家的人？

幼3：我就只想和辛迪娅玩。

师：难道玩的目的是要寻找一个好朋友然后紧紧地抓住她不放吗？

……

除了与自己班上的孩子讨论，佩利老师还向高年级的孩子征询意见。她问了一年级到五年级的孩子，孩子们的讨论热烈而深入。佩利老师把这些不同的意见带回给班上的孩子们。就在这样反反复复的、持续的讨论过程中，我们前面提到

---

① [美]薇薇安·嘉辛·佩利：《孩子国的新约——不可以说："你不能玩!"》，游淑芬译，134～135页，昆明，晨光出版社，2018。

的讨论的价值都得到了实现。孩子们的思考力越来越强；孩子们逐步学会了感受别人的感受，考虑别人的意见；孩子们提出了各种可能的解决办法，并且理解了公平和接纳。另外，由于建立在理解的基础上，这个规定一经实施，教室就变成了一个和平的地方，我们几乎再也听不到"你不能玩"这句话。孩子们发现打开心门接纳别人并不难，从孩子们的嘴里开始冒出"我们"这样的词……

佩利老师的这本书为我们提供了如何与孩子讨论规则的优秀范例。那佩利老师为什么能这样平等地跟孩子们讨论规则呢？是因为她视每个孩子为有情感的、有能力的生命，充分尊重和信任他们。在她的班级里，没有专家，没有权威，人人都是班级的主人。其实这又回到了儿童观的问题，即在你内心深处是如何看待儿童的。

三、指导幼儿自主解决问题和做决定 >>>>>>>>>>>>>>>>>>>>>

（一）指导幼儿自主做决定

幼儿本位的行为管理模式鼓励幼儿尽可能多地自己做出决定和选择。这有助于幼儿从他们的成功和错误中学习。换句话说，教师的工作就是帮助幼儿学习怎样做出明智的选择，怎样解决问题，而不是替他们做所有的选择，解决所有的问题。在学习规范自身行为的过程中，幼儿既可能为自己做出好的选择，也可能为自己做出不好的选择。听任幼儿做出拙劣的选择是艰难的，但同时也是必要的。为幼儿提供适合年龄的选择并支持他们自行解决问题，这也是尊重幼儿和帮助幼儿思考并理解行为规则的一种方式。

常言道：吃一堑，长一智。其实不管是幼儿还是成人，人们学到的最好课程都是从自己的经验中得来的，特别是从分析自己的错误中学习的。反思我们自己犯的错误：也许我们的老师或长辈都曾提醒过我们，但我们听不进去，要自己栽了跟头才会印象深刻，才真正明白，不是吗？所以让幼儿自己做出决定和选择有助于幼儿从自己的经验中学习并深刻理解行为规则。

而且我们生活的世界是复杂的，每个幼儿都必须发展出自主思考的能力来适应这个世界。在幼儿面临两难情境时，我们让幼儿自己思考可取的行为和不可取的行为，而不是告诉幼儿现成的答案。这样能帮助幼儿发展出更好的思考能力，成为更理性的人。

当然，教师必须监督幼儿的选择。不是所有的行为都是安全的或是合适的。例如，教师不能让幼儿尝试把手指插入插座中来体验电击，但是可以让他们通过体验被同伴拒绝游戏的滋味来理解如何与同伴合作游戏。

（二）指导幼儿自主解决问题或冲突

小班的淘淘和妞妞正在抢同一张娃娃床，两个都嚷着："我先拿到的！"如果你是老师，你会怎么做？

以下是很多教师惯用的方法：一是过来拿走玩具，或者说"如果你们不能好好玩，我就把它收走"；二是询问哪个孩子先拿到的，以便于教师做出公正的判决；三是拿出另外一个同样的娃娃床，以解决他们的争抢；四是对幼儿说"两个娃娃想一起睡在这张床上"。

如果教师的目标只是满足于解决当前的问题，且所用的又是教师中心的行为

微课
指导幼儿做决定
和解决冲突

🖊 学习笔记

📝 学习笔记

管理方法时，他们经常采取这样的"中止策略"，包括取走玩具，把有冲突的幼儿分开，或者由教师来判定谁是对的或者给出解决的方法等。在这些相似的情形当中，教师负责解决冲突，幼儿则不被包含在整个过程当中。而在幼儿本位的行为管理模式中，教师不会代替幼儿思考和行动，也不会立即插手解决幼儿的冲突和问题，而是将冲突和问题视为幼儿潜在的学习契机。

皮亚杰把儿童描述成自我中心的，即他们从自己的角度看这个世界。跳出以自我为中心的视角，考虑别人的需要、欲望，这会是一个漫长且艰难的过程。

皮亚杰还指出，只有通过与他人的交流，更多的是通过与他人的冲突，儿童才能面对他人的观点，从而对自己的自我中心性提出挑战。认识并尊重他人的视角是道德发展的基础，也是我们试图培养的积极社会行为的基础。因此教师应尽可能地让幼儿自己解决冲突。[①]

当然这并不是说教师就任由幼儿解决冲突。教师会在幼儿需要帮助的时候提供有意义的指导，如帮助幼儿表达自己的感受，倾听他人，找出问题所在，通过开展头脑风暴想出办法，并试图就某个解决方式达成一致。具体步骤如下。

小资料

在教室中解决冲突的步骤

1. 建立冷静的气氛。

有的时候这可能意味着直接介入，如把幼儿分开或是拿走一个玩具。但教师直接介入只是为了达到冷却的目的，而不是惩罚，这样才能让讨论和协调得以进行。

2. 明确问题。

帮助幼儿阐述冲突是什么，并让他们意识到整个事件所包含的不仅仅是他们自己的感受。鼓励幼儿用语言表达自己的感受，并且相互倾听。

3. 询问解决办法，通过开展头脑风暴思考解决办法。

让幼儿考虑每个人的意见，并找出可能的方式，以不吵架的方式解决问题。这个过程要确保每个幼儿都想出自己的解决办法，确保任何想法都不会遭到拒绝。

4. 评估解决办法并做出选择，引导幼儿走向一致。

评价这些建议：哪个建议没有可行性或让某些人完全无法接受？立刻把它划掉。现在还剩下什么？是不是剩下的每一个都是好主意？讨论还得继续，直到每个人都同意尝试某一种方法或某几个解决方法的组合时为止。值得注意的是，投票不包括在整个过程中，需要所有人都同意尝试某种解决方法，没有人会因"少数服从多数"的方法而被迫接受。

5. 帮助幼儿把想出的解决办法付诸实践。

6. 评估解决方案或讨论解决方案是如何奏效的。

（引自［美］帕特丽夏·韦斯曼、［美］乔安妮·亨德里克：《幼儿全人教育》，钟欣颖、张瑞瑞、杜丹译，298页，南京，南京师范大学出版社，2015。）

---

① ［美］帕特丽夏·韦斯曼、［美］乔安妮·亨德里克：《幼儿全人教育》，钟欣颖、张瑞瑞、杜丹译，301页，南京，南京师范大学出版社，2016。

如果解决方案不起作用怎么办？不起作用的原因有很多，如果你发现方案不起作用，这并不表明你无法驾驭，只是意味着大家需要再次努力寻找可行的解决方案。如果解决方案奏效，那么确保事后与幼儿讨论"解决方案是如何奏效的"。这帮助他们认识到错误是可以发生的，他们可以越来越好地解决自身冲突。同时要指出他们是如何为了建立一个"安全而充满关怀的班集体"而做出贡献的。

在这个过程中，教师要做一名很好的倾听者，能够倾听幼儿，能够接纳幼儿的想法，能够认识到幼儿的主体地位。教师也要练习提有价值的问题，让幼儿在这一过程中解决他们自己的问题。这种策略的主要特征是可以避免独断专行，无论是幼儿还是成人，都不能把自己的意见强加到其他人身上。因此，在实施这个策略时，相互尊重是关键。

除了在处理真实的班级冲突时教授这些步骤，教师还可以通过集体教学活动教幼儿协商解决问题。如果教师与个别幼儿或者在集体活动中重复练习同样的冲突解决步骤，那么他们就会习以为常。克莱依德勒将协商简化成 ABCD 版本，这也许是最便于幼儿记忆的：

A(Ask)：问题是什么？

B(Brainstorm)：通过开展头脑风暴思考解决方法。

C(Choose)：选择最佳办法。

D(Do)：实施。[①]

花一些时间和精力教幼儿解决冲突的方法是值得的。如果你教会了幼儿，那么他们不会再不断地跑到你面前争吵或相互告状。更重要的是，幼儿获得了这项技能会终身受益，也有利于班级的和平。只要幼儿能被持续地鼓励使用这种冲突解决程序，幼儿解决冲突的能力就会得到提高并且表现出超乎成人想象的水平，而且幼儿也越来越能意识到自己的行为会对他人造成怎样的影响。

四、找出行为背后的原因 >>>>>>>>>>>>>>>>>>>>>>>>>>>>>>

微课
找出行为背后的原因

典型案例

永不凋谢的玫瑰花

在苏联的一所学校，校园的花房里开出了美丽的玫瑰花，每天都有很多同学前来观看，但都没有人去采摘。因为学校规定不许摘花。一天清晨，一个就读于该校幼儿园的四岁的小女孩进入花房，摘下了一朵最大、最漂亮的玫瑰花。当她拿着花走出花房时，迎面走来了该校的校长。

校长十分想知道小女孩为什么要摘花，便弯下腰亲切地问："孩子，你可以告诉我你摘下的花是送给谁的吗？""送给奶奶的。奶奶生了重病，我告诉她学校里有一朵很大的玫瑰，奶奶不信，我这就摘下来送给她看，希望她早点好起来，等奶奶看完了之后我会把花送回来。"

听完小女孩的回答，校长的心颤动了。他牵着小女孩的手，从花房里又摘下了两朵大玫瑰花，说道："这一朵是奖给你的，你是一个懂事的孩子；这一朵是送给你奶奶的，感谢她养育了你这样的好

① ［美］菲尔茨等：《0—8岁儿童纪律教育：给教师和家长的心理学建议》(第六版)，蔡菡译，225页，北京，中国轻工业出版社，2015。

孩子。"这位校长是谁呢？他就是苏联的教育家苏霍姆林斯基。

苏霍姆林斯基在面对小女孩的违规行为时并没有简单地批评或制止，而是找出孩子行为背后的原因，并采取针对性的措施。但是很多教师在面对幼儿的不当行为时，并没有将行为管理方法与行为背后的原因相匹配，而是倾向于用一些简单的方法来快速阻止幼儿的不当行为。因此教师会发现，幼儿的不当行为依然会反复出现。

幼儿的行为常常是其对周围环境和人的反应，背后一定有自己的原因。所以，教师首先应该搞清楚引发幼儿不当行为的原因，然后对症下药，这样才能有效帮助幼儿解决问题。切记，有效的指导和纪律教育并不简单，如果用一种方法解决所有问题，那就太简单化了。

［引自［美］菲尔茨等：《0—8岁儿童纪律教育：给教师和家长的心理学建议》（第六版）蔡菡译，250页，北京，中国轻工业出版社，2015。］

✎ 学习笔记

比如有哪些原因可以用来解释小班的淘淘不好好吃午饭呢？

也许他早上吃得很饱，现在吃不下。

也许他身体不舒服，没有胃口吃饭。

也许今天的菜都是他不喜欢吃的。

也许他处于入园焦虑期，没办法安心吃饭。

也许他习惯了大人喂饭，正在等待老师过来帮忙。

也许他是故意不好好吃饭，想引起老师注意。

也许他小肌肉协调能力发展不成熟，还不能熟练使用勺子。

也许是他从来没有尝过挨饿的滋味。

淘淘不好好吃饭的原因有多种可能，但是如果一概用批评的方法将如何影响他对吃饭的感受呢？

如果不好好吃饭是由于他早上吃得很饱，那么即便批评后淘淘勉强吃了，对淘淘的健康有益吗？在幼儿园就曾经发生过一起不幸事故，孩子吃得太饱后入睡，食物倒流，阻塞气管，窒息身亡。

如果不好好吃饭是由于淘淘身体不舒服，那么批评会给淘淘带来什么感受呢？

如果不好好吃饭是由于都是淘淘不喜欢的菜，那么批评将如何影响他对吃饭的感受呢？

如果不好好吃饭是由于内心的焦虑，那么批评是否会加重淘淘内心的焦虑呢？

如果不好好吃饭是由于习惯了依赖成人，那么批评会怎样影响他对教师的感受呢？

如果不好好吃饭是想引起教师的注意，那么批评能让淘淘好好吃饭吗？

如果不好好吃饭是因为淘淘小肌肉动作不协调引起的，那么批评将如何影响他的自我感觉或自尊呢？

幼儿产生不当行为的原因可能有哪些呢？表3-2为我们提供了幼儿产生不当行为的可能原因，它对我们找到某个不当行为的原因非常有用。不过要记住，一个幼儿表现出的不当行为往往是由一些不同的原因相互作用造成的，所以不要把幼儿不当行为的原因局限在某个答案上。

表 3-2　探究不当行为的原因①

探究不当行为的原因

问自己以下问题，可以引导你发现某个不当行为的原因：（可能会有若干个"正确"的答案。）

环境是否能满足幼儿的需要？

足够的运动？

足够的隐私？

足够的空间？

充足的材料？

课程计划是否能满足幼儿的需要？

适度的挑战？

个人兴趣？

有意义吗？

行为期待是否适合这个幼儿？

发展上？

文化上？

性格上？

幼儿是否有未满足的生理需要？

饿吗？

累吗？

身体不舒服吗？

幼儿是否有未满足的心理需要？

友谊？

信任？

自尊？

个人权利？

关注？

幼儿是否缺乏一些社会技能？

观点采择的能力？

参与游戏的能力？

交往的能力？如协商。

行为是不是由一个不当的角色模型引起的？

媒体？

所崇拜的人？

所钦佩的同伴？

幼儿是否知道为什么这个行为很重要？

对后果缺乏经验？

幼儿是否已经习得了错误的满足需要的方式？

用不当的行为引起注意？

---

① ［美］菲尔茨等：《0—8岁儿童纪律教育：给教师和家长的心理学建议》（第六版），蔡菡译，21页，北京，中国轻工业出版社，2015。

第一，环境是否满足了幼儿的需要？比如，教师所创设的环境是否能让幼儿进行足够的运动，满足幼儿每日的大肌肉活动需要？是否为幼儿提供了足够的私密空间，满足幼儿的隐私需求？是否有足够的空间、充足的材料供幼儿活动？

第二，幼儿产生不当行为是不是因为活动没有满足幼儿的需要？比如，活动没有基于幼儿的已有经验，并落在幼儿的最近发展区，内容不符合幼儿的兴趣和需要，等等。

第三，幼儿产生不当行为是不是因为教师的行为期待就不适合这个幼儿？从发展水平的角度来说，如果让幼儿做超出其目前发展水平的事，将导致沮丧的情绪和挫败感，消极的行为也会随之而来。而将期望与幼儿的能力相匹配能避免一些潜在的问题行为。另外，从个性的角度来说，教师对幼儿的期待是否符合幼儿的气质和性格特点？

第四，幼儿是否有未满足的生理需要？当幼儿对充足的休息和营养的需要、排泄的需要没有得到满足时，他们往往不能进行新的任务。

第五，幼儿是否有未满足的心理需要？美国的心理学家鲁道夫·德瑞克斯认为，幼儿的所有不适宜行为都起源于四种潜在的心理需要：想引起他人的注意，为了个人权利和成人抗争，想"报复"他人，寻求独立的愿望。埃里克森认为，3～6岁幼儿正努力获得主动感，需要去探索、去尝试新事物以满足自己的好奇心，同时，不用担心因为自己的行为而遭到成人过度的指责和批评。否则，他们将衍生出内疚感。遗憾的是有些教师和家长不了解幼儿的这种需要，把幼儿的交往、探索和尝试行为当作不当行为。因此教师要考虑幼儿的心理需要，这样有助于教师更好地理解和更合理地看待幼儿的行为。

第六，幼儿产生不当行为是不是因为他们缺乏一些社会技能？如缺乏观点采择的能力，也就是幼儿不具备设身处地理解他人的思想、愿望、情感等的能力。或者是不是幼儿缺乏参与游戏的能力呢？也就是幼儿不会用恰当的方式加入其他幼儿的游戏中。

第七，幼儿的不当行为是不是由一个不良榜样引起的？这些不良榜样可能来自媒体、幼儿所崇拜的人或所钦佩的同伴等。

第八，幼儿的不当行为是不是由于师幼之间的不恰当沟通引起的？如教师没有耐心倾听并理解幼儿，或是教师一味发出"你信息"，如"你又插嘴了""你又调皮了"等。

第九，幼儿是否已经习得了错误的满足需要的方式？有些幼儿表现出不当行为是想用不当的行为引起成人的注意。

第十，有些幼儿表现出不当行为是因为对行为后果缺乏经验，他不知道这个行为会带来什么结果。

典型案例

面对幼儿的冲突，不同专业水平的教师会如何处理？

户外自由活动时，中班幼儿宝宝跑到老师面前告状说："小莉霸着三轮车骑了好久，不让我骑。"面对这一突发的生活事件，专业水平高的教师首先的反应是："我能利用这个机会让幼儿学习什么？"而专业水平低的教师的反应则是："发生了什么事情？"并只想尽快地结束纠纷了事。

在具体的做法上，专业水平高的教师可以迅速地甚至像是直觉反应似的做出判断，利用这个机会帮助幼儿学习交往技能与知识（如轮流、协调、遵守基本的规则、克服挫折感、社会认知、学习解决冲突等），语言技巧（用清晰有效的语句表达自己的需求，用明确的词语、对话技巧来表达自己的需求），情感与品质（如同情心、助人、尝试的勇气、公平意识等），等等。比如，教师利用这一情境发展幼儿的社会认知，培养其在交往中的"协调"技能，鼓励宝宝想一想小莉对什么事情感兴趣，然后教宝宝去跟小莉说："如果你让我骑三轮车，你要荡秋千时，我就帮你推。"于是给宝宝示范了如何用口头方式与别人协调的技巧。再如，当宝宝向小莉表达了换骑三轮车的愿望失败时，为了帮助双方幼儿学习公平的观念，知道人人都要遵守规则，于是教师对小莉说："小莉，现在轮到宝宝了！"但同时又告诉小莉："你去玩别的，如果有困难，我也会帮你的。"这让小莉虽然停止了骑三轮车，却并不感到老师偏袒宝宝，而是意识到只要遵守规则，老师对谁都是一样的。

而专业水平低的教师却往往采取转移宝宝的注意力或大声呵止的方法："你看那边的东西多好玩，咱们到那边去玩，不骑三轮车了"；或将三轮车锁起来谁都不准骑，快速平息纠纷了事，而不考虑如何帮助幼儿从冲突中学习。

思考与练习

1. 思考：小班的淘淘和妞妞正在抢同一张娃娃床，两个都嚷着："我先拿到的！"如果教师的行为管理目标是长期的，他的行为管理方法是幼儿本位的。他想帮助幼儿学会思考自己的行为，并发展自己解决冲突的技能。他会怎样做呢？

2. 思考：阅读下面的故事，用"折扣定律"和"注意分配假说"来解释故事中老爷爷的做法和孩子们的表现。

从前有位老人生活在一个娴静的村庄里。老人很喜欢恬静的独处时间。但不知何时起，他家门前的空地开始喧闹起来。空地中央有一块向日葵田地，村里的孩子们都喜欢拿向日葵玩耍。于是，那里就变成了孩子们的游乐场。

为此，老人发过火，撵过孩子们，但每每只能得来一时的清静，没过多久，孩子们又聚众嬉闹起来。百般无奈的老人左思右想终于想出来一个好主意。老人把玩耍的孩子们招呼过来，向他们提出一个建议："看到你们玩得这么开心，我也很高兴。以后你们每来玩一次，我都给你们每人发一块钱。"

孩子们听到高兴得不得了，每天都来空地里玩。几天后，老人又向在院子里玩耍的孩子们说了这样一句话："孩子们，我手头的钱不多了，以后每天只能给每人发五毛钱。"又过了几日，老人又跟孩子们说："以后每天只能给每人发一毛钱。"

这样一来，孩子们都一脸不高兴地说："一毛钱？我们才不会为那点钱来这里玩呢！"从此以后，孩子们再也没到空地里玩，老人也得以怡然自得地安享晚年。

3. 花一天时间在幼儿园观察，你观察到的教师对待幼儿的方式中，哪种方式体现了对幼儿的尊重，哪种方式体现了对幼儿的不尊重？

4. 花一天时间在幼儿园观察，描述班上两位教师使用的不同的行为管理方法（如果不同的话），说出两种行为管理方法的区别，说说你认为哪种最有效以及为什么。

5. 结合自己的经历或在幼儿园见习的经历，思考：你能不能想出哪一次，由于教师的不当安排导致某个幼儿的不当行为？你能不能想出哪一次，你看到一个幼儿因不够成熟，无法达到教师的要求而受到了批评？这对你有何启示？

6. 跟幼儿谈论他们因学业成绩而得到的贴纸。幼儿是关注学习还是关注奖赏？你认为，得到奖励是如何影响幼儿的学习及学习态度的？

专题四
幼儿行为管理的方法

学习目标

1. 理解为什么榜样示范法是一种有效的行为管理方法，知道运用榜样示范法时，教师需要向幼儿示范什么以及如何示范。

2. 了解并能判断常见的师幼沟通障碍，理解"问题归属原则""我信息"和"印证式倾听"的含义，能够判断何时使用"我信息"，何时使用"印证式倾听"，并能够运用"我信息"和"印证式倾听"与幼儿有效沟通。

3. 理解什么是强化法、忽视法，并能在幼儿行为管理中恰当使用。

4. 理解什么是自然后果法，自然后果法的好处，如何运用自然后果法以及使用自然后果法时需要注意的问题。

5. 理解什么是相关后果法，相关后果法的类型，使用相关后果法要注意什么。

6. 理解自然后果法、相关后果法和惩罚之间的区别，并能在幼儿行为管理中正确使用自然后果法和相关后果法。

思维导图

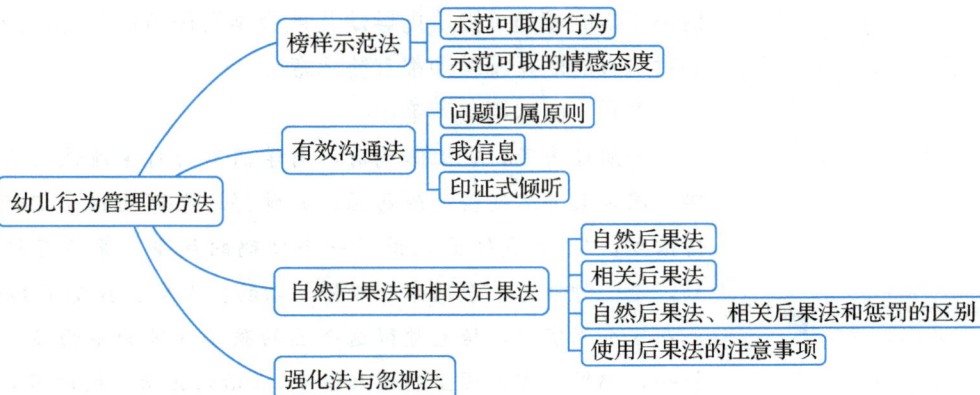

找出不当行为的原因后，我们就需要"对症下药"，即针对原因，采取适宜的行为管理方法。行为管理方法有很多，如创设能预防行为问题的环境（将在专题九介绍），设计可以预防行为问题的课程，满足幼儿的生理和心理需要，教给幼儿适宜的社会技能等。本专题将重点介绍"榜样示范法""有效沟通法""自然后果法""相关后果法"以及"强化法"和"忽视法"。

主题 1
榜样示范法

请看下面这个根据一位家长的讲述撰写成的小故事。

在家人眼里，小雅虽然只有 3 岁半，但已经像个小大人了。开学了，小雅上了一所条件不错的幼儿园。不到两个月，小雅做了一件让妈妈大吃一惊的事。

星期六下午，妈妈正在把一些用过的塑料袋折叠成小三角，准备收好再用。这时，小雅走过来，先把自己的三个娃娃摆在沙发上坐好，然后对妈妈说："妈妈！我们来玩上课的游戏吧！你也坐到沙发上当小朋友吧！"妈妈边答应，边走到沙发边坐下，但手里还在折着最后一个塑料袋。

"你是怎么回事！没听见我说上课了吗？"突然一个凶巴巴的声音传过来，妈妈吓了一跳，抬头一看，小雅正瞪着眼睛看着自己。她不由自主地赶快把塑料袋放到一边。

"你！请把嘴闭上！"小雅的脸转向一个娃娃。

"没听见啊！说他就不是说你啊！"

"小雅这是怎么啦？这都从哪儿学的啊？"妈妈真是弄不明白。

（引自李季湄、冯晓霞：《〈3～6 岁儿童学习与发展指南〉解读》，95 页，北京，人民教育出版社，2013。）

其实，这没有什么不明白的，只是这位妈妈碍于情面不愿意把自己的想法直接说出来而已。这是一个典型的模仿学习的实例。遗憾的是，为幼儿提供了这种模仿榜样的却是承担着指导幼儿社会学习任务的教师。或许这只是个别现象，但却对所有的幼儿园教师都有警示意义。

再看下面这篇实习笔记。

一周过去了，晚上睡觉前，同学们不由自主地谈起自己的实习感受。小慧的实习园是某著名高校的附属园，她觉得这个园的孩子们好像都很聪明，知道的事情很多，"今天我给他们讲了一个仙鹤的故事，竟然有孩子告诉我仙鹤就是丹顶鹤，是一种涉禽，是国家一级保护动物！天哪！我都不知道，真是汗颜啊"。萌萌也在这个园实习，她也觉得这个园的孩子知道的东西多，因为这个园的老师和家长知识都很丰富，园里的图书很多，"活动区活动的时候，老有孩子拿着一本书让我给他们读"。

我的感受和他们不太一样。我实习的幼儿园给我最深的感受是热情、亲切。第一天进班，我是骑自行车去的，因为天气热，出汗了。刚进教室，宋老师就递过来一条毛巾让我擦擦汗，还说："先歇歇，不着急，孩子们还没来呢!"第一次组织活动，我还是有点紧张，但孩子们都很配合。集体活动结束后，有一个孩子还端来一杯水让我喝，我太感动了! 这个园的老师和孩子们太体贴了，每天走进这个园都像回家一样! 我把自己的感受讲给她们几个听，她们还挺羡慕，因为她们实习的园"比较理性，有点小傲气，老师和小朋友都这样"。

看来，每个园都有自己的特色啊!

不同班级的幼儿在不同班风的熏陶下，也逐渐有了不同的风格，这就是环境的同化作用。我们常说"环境会塑造一个人"，个体在什么样的环境中生存，他就会形成与该环境相匹配的人格特质。教师回应幼儿的方式可以影响幼儿反过来回应教师的方式! 如果幼儿得不到尊重，那么他们也不会发展出对他人的尊重。当教师存在于幼儿的世界里——观察他们，积极回应他们，对他们微笑，倾听他们，与他们分享并且尊重他们——幼儿反过来也将学会观察、回应、微笑、倾听、分享和尊重。

可见，模仿和同化是幼儿社会学习的特点。因此，教师的榜样就是有效的行为管理的方法。教师在示范适当的行为和情绪表达上花的时间越多，他们在行为问题的管理上花费的时间就会随着时间的推移而越来越少。

🔅 小资料

模仿

　　自觉或不自觉地重复他人(榜样)的行为是幼儿社会学习的基本方式之一。榜样就是幼儿通过观察模仿而学习的"行为模式"。可模仿的行为模式可以是行动类的，也可以是态度类的; 可模仿的榜样可以是现实生活中的真人真事，也可以是电视、图书、故事中的虚构形象。

　　(引自李季湄、冯晓霞:《〈3~6岁儿童学习与发展指南〉解读》，95~96页，北京，人民教育出版社，2013。)

同化

　　社会学领域的同化，是指个体的态度和行为受周围其他人的影响而逐渐变得与其相似的现象，即所谓"近朱者赤，近墨者黑"。同化效应是个体在潜移默化中对外部环境的一种不自觉的调适，如周围的人都彬彬有礼，幼儿自然也就会礼貌待人。同化中含有模仿的因素，但更强调的是团体行为和情感态度的感染与熏陶。

　　(引自李季湄、冯晓霞:《〈3~6岁儿童学习与发展指南〉解读》，96~97页，北京，人民教育出版社，2013。)

一、示范可取的行为 >>>>>>>>>>>>>>>>>>>>>>>>>>>>>>>>

我们常说"身教重于言传"。要求幼儿做到的教师自己首先要做到，哪怕只是轻拿轻放椅子这样的小细节，这样教师在幼儿眼里才更有信服力。因此榜样示范法首先就可以向幼儿示范一些可取的行为。

（一）示范整理

幼儿需要有人教他们怎样收拾，对于他们来说，最好的学习方法是向他们展示整理意味着什么。换言之，就是和他们一起干。教师帮忙整理，也会给幼儿传递一个清晰的信息，即整理是一件值得做的事。

典型案例

在积木区里，一堆积木乱七八糟地散落一地，刚才一直在积木铺成的路面上行驶的小玩具汽车和卡车也散置在这里，孩子们无助地站在这片混乱当中。教师来到孩子们身边，为他们提供帮助。她先收拾积木，将长长的矩形积木递给欢欢，让她放到架子上；把小小的正方形积木递给天天，让他放好。她相信，孩子们能将积木和画在架子上的用来标示放哪种积木的简图匹配起来。在和他们一起工作时，她让孩子们注意尺寸和形状的差别……随后，孩子们开始按形状收拾积木，任务很快完成了。欢欢和天天对自己的努力工作感到满意，同时他们也获得了有组织地收拾积木区的技能。未来他们在整理积木时，可能仅仅需要一些口头提示。

（引自[美]玛乔丽·菲尔茨等：《0—8岁儿童纪律教育：给教师和家长的心理学建议》（第六版），蔡菡译，50～51页，北京，中国轻工业出版社，2015。）

（二）示范爱护物品

在 A 老师的班级里，幼儿能够负责任地使用物品。因为 A 老师曾花时间用示范的方式教会他们如何使用和爱护班级的物品。同时 A 老师在使用班级物品时，也会遵守班级的行为准则。因为她知道，如果不这么做，她之前的教育就会白费。

（三）示范信守承诺

信赖感与幼儿的健康发展、在校的自我调整、友谊的形成以及学业能力相关。因此，对于幼儿而言，拥有一个良好的、值得信任的成人榜样是很重要的。对于教师来说，与幼儿建立信赖关系最容易的方法之一是信守承诺。履行计划或诺言对建立信任和责任心非常重要。

为了保证"说到做到"，教师应注意以下两点：第一，慎重允诺，在允诺幼儿之前要先考虑清楚客观条件是否允许，在客观条件能被保证的前提下，在自己能做到的能力范围之内，允诺幼儿，且允诺之后尽量不要改变；第二，记在心上，答应幼儿的事情一定要记牢，可以随身备个小本做简单记录，以免因过于忙碌而疏忽了对幼儿的要求。

（四）示范遵守规则

其实幼儿非常关注教师是否遵守规则，不管他有没有说出来。因此对幼儿的要求自己也同样要做到，哪怕只是轻拿轻放椅子这样的小细节，这样的教师在孩子眼里才更有信服力。

教师还可以通过如下示范帮助幼儿学会遵守规则。例如，教师一边等待，一边自言自语："我想要一个蛋糕，但我会等待，因为它还没有发给我们。"递给幼儿剪刀时，一边把剪刀尖握在手里，一边说："这样就不会伤到别人了。"不用椅子时，一边将椅子推到桌子下面，一边说："这样我就不用担心你们被我的椅子绊倒

学习笔记

了。"这种行动和语言相结合的示范可能更有效。

二、示范可取的情感态度 >>>>>>>>>>>>>>>>>>>>>>>>>>

除此之外，教师还应向幼儿示范可取的情感态度。我们往往比较注重行为示范，却忽略了情感态度的示范。前面实习生的实习笔记让我们很好地感受到了教师行为对班级幼儿的感染和熏陶。的确，走进一些教室时，你会有热情友好的感觉，而另外一些教室则会弥漫着紧张感。为什么有如此不同的基调？这一切源于教师。幼儿反映着师幼互动的风格。一个一贯以温和与尊重的语调跟幼儿讲话的教师，其班级的幼儿也更可能温和、尊重地对别人说话。相反，使用讽刺和强制来控制幼儿的教师，其班级的幼儿之间也必定会出现这种互动风格。

我们可以向幼儿示范哪些可取的情感态度，又应如何示范？教师可以向幼儿示范关爱他人、示范识别和认可情绪、示范恰当表达和处理情绪。

（一）示范关爱他人

示范关爱他人，具体包括示范接纳他人和示范关心他人。

1. 示范接纳他人

有一次我去实习，走进一间教室，蹲下来和一个小男孩聊天，一会儿，一个小女孩跑过来跟我说："这个小孩不好。"不一会儿，又一个小男孩过来跟我说："这个小孩打人。"一位实习生反映，实习第一天，幼儿园老师就当着实习生和全班幼儿的面介绍说："这个小孩很调皮，你们不用管他的。"

幼儿会模仿教师不论是暗示的还是明显表现的偏见。越是这些"有问题"的幼儿，越难以吸引同伴，因此他们是最需要教师接纳的人。教师的接纳在很大程度上会影响同伴对他的接纳。①

2. 示范关心他人

小一班的午餐时间，甜甜吃到一半突然吐了，教室顿时不安静了，有些幼儿赶忙跑去告诉老师，有些幼儿大声喊："好恶心啊，老师!"有些幼儿捏着鼻子说："好臭!"有些幼儿则跑去拿纸巾给甜甜，表示关心。

对于别人的痛苦，有些幼儿表示关心，有些幼儿则漠不关心。幼儿这种行为多数都是向榜样学来的。由于教师在幼儿心目中是权威的榜样，所以教师的榜样具有很大的影响力。如果教师示范了关心行为并提醒要关注他人的感受，那么幼儿就会学着考虑他们的言行对别人的影响。

（二）示范恰当表达和处理情绪

1. 示范恰当表达感受

关于情绪情感的集体教学活动当然有用，但班杜拉认为观察教师真实地处理某种情绪状况，更有可能帮助幼儿学习。当教师谈论自己的情绪并通过面部表情、肢体语言和语音语调将其表现出来时，幼儿学到的最多。通过倾听和观察，幼儿开始理解什么是情绪，在什么情况下可能会产生这种情绪以及如何恰当表达和处

---

① ［美］薇薇安·嘉辛·佩利：《孩子国的新约——不可以说："你不能玩!"》，游淑芬译，14 页，昆明，晨光出版社，2018。

理情绪。因此会表达和处理自己情绪的教师，能够为幼儿提供有益的榜样。而遗憾的是很多成人都不善于表达和处理自己的情绪。

其实幼儿园一日生活充分提供了示范恰当表达和处理情绪的机会。但正如海森所说："早期教育工作者不应满足于把这一过程完全交付于偶然。乐于接受挑战并善于思考的专业人士会有意识地决定他们应该示范哪些情感以及与情感相关的行为。"教师要善于通过一些机会示范不同情绪的适宜表达方式，尤其是消极情绪（如愤怒、悲伤、害羞）的表达。因为一些幼儿几乎没见过适宜地表达消极情绪的方式，在他们的经验中消极情绪经常被否定。一些成人常常试图用食物或活动来分散幼儿的注意力，让坏情绪消失。回应幼儿不开心的一个常见方式是说："别哭了，我们去玩积木吧。"一些成人则在幼儿情绪反应强烈时制止他们。例如，"不许再叫，再叫就出去！"这些回应不能帮助幼儿学会有效地处理他们的情绪。相反，他们可能认为自己的情绪是错误的并因此而感到自责。这种负罪感加上受压抑的情感，很可能导致一些消极行为。由于很多家长在家中并没有向孩子示范恰当的表达情绪的方式，因此教师应该示范更好的方式，这一点非常重要。

教师可以在日常生活中借机表达一些情绪。例如，对坏了的订书机感到沮丧时，教师可以将自己的感受告诉周围的幼儿。教师也可以借集体活动来处理一些复杂的情感或问题，如使用木偶来讨论被同伴拒绝的感受。在恰当地表达自己的情绪时，教师就向幼儿说明了情绪没有对错之分，只有好的表达方式和坏的表达方式。

典型案例

一天，班里几个孩子的捣乱行为终于使老师的忍耐达到了极限。老师对幼儿说话的声音很大："小朋友们，我需要你们的帮助。我现在太沮丧了，所以我无法帮助任何人。我要找个安静的地方待两分钟，调整一下呼吸。在我平静之后，我会和你们当中需要我的人谈谈。"在孩子们惊奇的目光中，老师走到窗边，闭上眼睛做了几个深呼吸。她提醒自己，她有责任管理好这个班级，而且周末也快到了，她可以休息一下了。于是她慢慢地睁开眼睛，让注意力又回到班上。这时，她对班里孩子说话的声音比刚才温和了许多，"现在我比较平静了，接下来在和你们当中需要我帮助的人说话时，我会努力保持这种状态。"当孩子们轮流跟老师交流时，她平和的情绪感染了所有的孩子，风暴开始平息。

在多年的教学中，老师知道什么时候达到了她的极限。这一次，她可以说已经达到了耐心的极限。她知道休息一下对她会有好处，而且对孩子们也是一个模范榜样。在离开混乱，做了几次深呼吸之后，她真的感觉好多了。

［引自［美］菲尔茨等：《0—8岁儿童纪律教育：给教师和家长的心理学建议》（第六版），蔡菡译，278页，北京，中国轻工业出版社，2015。］

当教师感到压力过大而选择暂时离开时，幼儿将会从两方面受益：一段时间的冷静能帮助教师更理智地对待幼儿的行为，同时教师的榜样行为也向幼儿示范了一种有效缓解自身压力的方法。这仅仅是许多通过成人的榜样来教导的诸多社交技能中的一个。在决定示范哪种情感和行为时，教师需要考虑班里幼儿的个体需要和发展阶段。当你向幼儿示范这些可取的情感态度时，他们便会形成这些情感态度。教室就会成为一个友爱、和平的地方。

2. 示范道歉

有时即使是很优秀的教师，也会因某种原因而失去控制。但是我们表达自己愤怒的方式会产生破坏性生气和建设性生气的差异。破坏性生气是指教师只是对幼儿生气，没有道歉和解释，幼儿除了因感到害怕而停止当下的行为外，没有任何受益，反而还学习了不恰当的表达情绪的方式。建设性生气是指教师因生气而向幼儿道歉，并向幼儿解释教师当时的感受，然后师幼共同努力解决问题。因此幼儿能从教师的生气中学习考虑他人的感受，从教师的道歉中学习道歉的方式、道歉的目的以及道歉所传递的情绪。因此建设性的生气也是一种教育，譬如下面的例子。

A 老师平时并不介意孩子们出现不可避免的混乱，但校长提醒他，要为今晚的开放日做些"布置"，这一提醒让他陷入窘境。好像映入他眼帘的所有地方都很糟糕。当弗朗西斯卡因想够着布告板旁边的书架而不小心扯掉了 A 老师正在做的布告板的边时，A 老师把弗朗西斯卡大骂了一通。他又指责杰克逊把沙箱里的沙子撒到了外面。然后，A 老师看到了前面倾斜的画架，蓝紫色、绿色和红色的颜料喷得附近的积木区到处都是。他不由得大叫了一声："嗨！"声音是如此之大，以至于整个教室立刻安静了下来。刚刚从画板上踩过的梅根蜷缩着，似乎对惩罚充满了恐惧。

A 老师做了几次深呼吸，恢复了沉着并微笑着安慰了受惊的女孩。然后，他对全班孩子说："哦，今晚是开放日，所有人都会来我们的教室，我真的很担心。当我看到颜料洒出来时，我很烦躁。很抱歉我刚才大喊大叫。但是，一整天的脏乱让我非常生气，因为我希望当你们的家人今晚来参观时，我们的教室会看起来很漂亮。我相信你们也希望教室看起来很漂亮。我们应该怎么做才能解决这一问题呢？"孩子们热切地帮忙，立即开始忙着清理颜料。

［引自［美］菲尔茨等：《0—8 岁儿童纪律教育：给教师和家长的心理学建议》（第六版），蔡菡译，296 页，北京，中国轻工业出版社，2015。］

（三）示范识别和认可情绪

我们不应该试图让幼儿的坏情绪消失，除了通过教师亲身示范帮助幼儿学习接受和表达他们的感受，识别和认可幼儿的情绪也是教幼儿用健康的方式处理其情感的关键之一。

如果一幼儿说"讨厌你"，教师首先需要用适宜的语言来帮助幼儿澄清感受："我知道你生气了。"然后帮他找到明确表达他为什么难过的词语，"你正玩得开心，可是要回教室了，所以你不开心。"然后，教给他合理表达需求的方式："你可以说，老师，我还想再玩一会，可以吗？"通过让幼儿体验这一类情绪并帮助他们给他们的感受命名，你能教给他们有价值的、受用一生的技能。当然在这过程中教师必须表现出对他的感受的认可和接纳："我能感受到，你为你必须回教室而感到不开心。"认可幼儿的感受而不命令他们去做什么，就表明教师接纳了他们及他们的感受。这常常是所有幼儿都需要的，然后他们就会用心自己解决问题。

此外，教师如果喜欢在学习新技能上冒险，并乐于尝试新的想法，那么这将有助于幼儿更勇敢地尝试他们的新技能和新想法。

教师做的每一件事情无形中都在影响幼儿。因此你想让幼儿养成什么样的行为或态度，你就要表现出什么样的行为或态度。比起说教，树立一个负责任的榜样形象才是最佳的管理方式。

主题 2
有效沟通法

皮亚杰指出，社会交流引起一个逐渐结构化或社会化的过程。它从幼儿自己的观点与其他幼儿的观点较少协调或合作的状态过渡到使幼儿间的观点彼此协调及幼儿间的动作和交往相互协调的状态。[①] 叶小红的实验也证明了同伴之间有效交流的重要性。在幼儿的有效交流中，那些社会经验丰富、道德和社会规则内化水平高的幼儿就能为其他幼儿对规则的内化与理解提供鹰架。[②] 的确，当幼儿拥有可以从不同观点和角度去看待问题的能力时，也就更有可能做到对行为的自控。

然而，由于成人与幼儿事实上的差异，在交流中两者很难做到平等。成人不仅很少给幼儿发表自己看法的机会，也很少倾听幼儿的想法。在教师中心的常规管理方式下，教师多是对幼儿进行批评与说教或者向幼儿发布命令。师幼之间的交流成为一种无效交流，表现在以下几方面。

一是完全单向的"交流"。只有言说者而没有倾听者，严格意义上是称不上交流的。例如，当幼儿专注于自己感兴趣的事情时，教师却频繁地对他们进行所谓提醒和指点，此时幼儿对教师提供的信息往往充耳不闻，因此交流的效果几乎等于零。

二是不对称的"交流"。交流过程中信息流向的不对等，即一方"言说多，倾听少"，另一方"倾听多，而言说少"，其实这也不是真正意义上的交流。例如，教师过于彰显自己的权威地位，表现出"话语霸权"，急于把自己的想法灌输给幼儿，而不愿意或者没有耐心去倾听幼儿，使幼儿只能被动接受成人的说教和命令而没有或很少有表达想法的机会。

三是有障碍的"交流"。在没有倾听或没有完全理解对方话语意义的情况下，交流的一方就按照自己一厢情愿的想法给出回应，从而打断或终止对方的倾诉，使交流起不到理解和沟通的作用。[③]

这样的无效交流导致常规教育效果不理想，事实上有时幼儿所表现出的一些不听话、违抗或叛逆等缺乏自控的行为，可能就与上述这些无效交流有关。因此，要提高常规教育的有效性，使之真正能够促进幼儿自律能力的发展，教

① ［瑞士］皮亚杰、［瑞士］英海尔德：《儿童心理学》，吴福元译，97 页，北京，商务印书馆，1980。
② 叶小红：《幼儿自控能力发展与培养的研究》，博士学位论文，华东师范大学，2007。
③ 叶小红：《幼儿自控能力发展与培养的研究》，博士学位论文，华东师范大学，2007。

师不仅要为幼儿创设同伴之间开展有效交流的机会，同时也要改变自己与幼儿交流的方式。

一、问题归属原则 >>>>>>>>>>>>>>>>>>>>>>>>>>>>>>>

本节将介绍两个沟通策略：一是"我信息"；二是"印证式倾听"。在我们判断到底使用"我信息"还是"印证式倾听"时，我们必须先区分问题是属于幼儿还是属于教师。当教师拥有问题时，要使用"我信息"策略；当幼儿拥有问题时，要使用"印证式倾听"策略。这就是非常重要的"问题归属原则"。特别要注意的是，"问题"在这里不是指谁做错了什么，谁出现问题；而是指谁的内在需求没有得到满足，谁受到困扰。谁的内在需求没有得到满足，谁受到困扰，那么谁就拥有问题，问题就归属于他。

教师拥有问题是指幼儿的行为给教师带来问题，幼儿的行为妨碍教师满足自身需求，或者让教师感到沮丧、心烦意乱、愤怒、暴躁等。比如，幼儿在上课的时候跟旁边的小朋友说话，这样的行为干扰了教师的教学，所以是教师拥有这个问题。

幼儿拥有问题是指幼儿正在经历的问题，对他自身造成影响，但是没有给教师造成具体而实质的影响。比如，一个幼儿因心爱的玩具摔坏了，哭着来找老师，或者一个幼儿对老师诉说她被同伴拒绝后的沮丧，这个幼儿正在经历的问题来自他的生活，这个问题没有给老师造成具体而实质的影响，它影响到的是幼儿，所以是幼儿拥有这个问题。

如果幼儿的行为既没有给教师造成问题，也没有给自己造成问题，此时就处在"无问题区"。比如，一个幼儿正在区角里专注地游戏，这个行为就处在"无问题区"，因为这个幼儿的需求得到了满足，同时也没有给教师带来问题。当处在"无问题区"时，教师能专心地教，幼儿能专心地学，这是教与学的最佳状态。因此我们把"无问题区"又称为"教与学区"。我们的目标就是扩大"无问题区"的面积，增加教与学的时间，让教师和幼儿都获得更大的满足感与成就感。要娴熟地判断问题归属，正确使用有效沟通的策略，教师还需要在与幼儿的沟通中不断练习。

二、我信息 >>>>>>>>>>>>>>>>>>>>>>>>>>>>>>>>>>>>>>>

（一）为什么孩子不听

教师和父母常常抱怨孩子们不听他们说话，但是又不知道为什么孩子们不听。比如在下面的情境中：

吃饭时，淘淘不小心把汤洒在桌子上。你看了很烦躁。这时候你会对淘淘说什么？下面这些话是不是很耳熟呢？

（1）你怎么搞的，这么不小心，又把汤洒到桌子上了！

（2）你看看你，吃个饭把桌子搞得这么脏，连小班小朋友都不如。

（3）都大班了还把汤洒出来，你是故意的吧！

这三句话都是在评判孩子，孩子听了会有什么样的感受呢？对，孩子听了会觉得不舒服，觉得自己没用，甚至自尊心会受伤害。戈登博士把这样的话叫作"贬低型信息"。

教师把频繁的提醒和纠正看成一种教育，我们经常听到大人们说"都是为了你好"。然而，当孩子们不听那些唠叨时，许多教师和父母就会表达他们的沮丧："怎么这么不听话！"其实孩子们听不进去，就说明这种沟通方式是无效的。

思考一下，如果你处于下面的情境中会有什么感受：

这是一个糟糕的早晨，你上班迟到了。因为闹钟没有响，而且你到车站时，公交车刚刚开走。当你来到上班的地方时，你的领导指出，你上个月也迟到了一次，并且说你有些自由散漫，无视规则。最后，他向你说教了一番守时的重要性。

领导的这番话会带给你什么样的感受？你会接受他所说的这一切吗？你那天对工作的态度会受到怎样的影响？大多数人会感到沮丧，并会因此度过更糟糕的一天。

是的，没有人喜欢听到别人说他们有多么差。可是，很多教师却总是以这种方式对幼儿说话，并期望得到的结果是行为的改善。幸运的是，幼儿常常会过滤掉这些信息，因为它们太伤自尊了。

研究表明，经常使用"贬低型信息"，会让幼儿感到自己笨，不被人接受，没尊严，没价值，有些幼儿会变得自私、懒惰、不体贴人。

同样是刚才的情境：

吃饭时，淘淘不小心把汤洒在桌子上。你看了很烦躁。这时候你会对淘淘说什么？

(1)赶紧拿毛巾把桌子上的汤擦了！

(2)再把汤洒出来就不要吃了！

(3)汤洒了多可惜，你应该用手把碗扶好！

这三句话是对孩子的行为提出改变的要求，或是就孩子的问题提供了一个解决方案，戈登博士把这种交流方式称为"解决型信息"。

"贬低型信息"会让孩子感到不舒服很容易理解，但是我们可能没有想过，其实孩子也不愿意总是被告知"要做什么"和"该怎么做"，因为这些教导表达出的是对孩子想法和能力的不尊重。

其实当我们告诉孩子在一个情境中必须要做的每件事时，我们也向孩子传递了这样的信息：我认为他们不知道该怎么做。当我们向孩子传递了这种不尊重时，回报我们的是：你也得不到多少合作。相反，我们更可能引起孩子对我们教导的抵制。这样的不尊重不仅伤害了孩子们的自尊，而且也阻碍了孩子们朝着自主的方向成长。当我们替孩子们解决问题时，孩子们就学会了不相信自己的解决方法。我们正在建立一种不健康的依赖关系。

研究表明，长期使用"解决型信息"，会导致孩子的防范、抗拒、敌视，孩子会感觉受到压制，没有面子，变得没有责任感，有些孩子以后可能会屈从别人，希望别人给他提供解决问题的方法。

"贬低型信息"和"解决型信息"都是无效的应对方式。这两种无效的应对方式在形式上都以"你"字开头或含有"你"字。例如，"你立马停止！""你怎么一点都坐不住！""你这孩子真不懂事！""你应该好好看书！""你再这样我就禁止你……"这些以"你"为导向，矛头指向孩子，充满了不满和贬低的信息，我们称为"你信息"。

很少有教师或父母用"你信息"对朋友或熟人说话，而他们却常常以这样的方式对孩子说话。想一想，如果你把常用于孩子的、不尊重的词汇用在成人身上，听起来是不是很荒唐呢？

（二）怎么说孩子才肯听

在常规管理中，教师要与幼儿发生真正的有效交流，就要从改变某些不良的说话和倾听习惯开始。一方面，要求交流的双方或多方互为主体，交流者要彼此承认和尊重对方的地位和权利，反对强制和压迫；另一方面，在交流过程中，主体之间必须具有交互性。这就是说，作为交流的主体，幼儿和成人同时拥有言说的权利和倾听的义务，通过交流达到共同理解和视阈融合。①

托马斯·戈登认为，教师应该用"我信息"，即"我认为"而不是"你怎么样""你应该怎么样"来表述问题的情形和自己的感受，以减少交流的障碍。一个完整的"我信息"包括三个要素：

(1)具体说明什么是你不能接受的行为；

(2)表达你的感受；

(3)这个行为对自己的具体影响。

我们又增加了一个要素：

(4)表达了以上三点后，到此为止。②

很多人往往开始时都能很好地使用"我信息"，但表达完以上三点后，接着就会告诉孩子他应该怎么做，或加以评判或对孩子轻蔑地进行评论，而这会将先前的努力毁于一旦。当我们告诉孩子应该怎么做时就传递了一个"解决型信息"，而这又是交流的一个障碍。幼儿本位的常规管理模式强调"指导幼儿自己做选择，尝试自己解决问题"。所以如果我们在表达了以上三点后还不停地说，那么孩子就会在听到这些改进建议后，倾向于做出消极反馈。在交流了你的问题的实质之后就退出，让幼儿自己改正，这更尊重他们，也更有效。

我们可以用下面的案例比较一下"我信息"与"你信息"可能对听者产生的不同影响。

吃饭时，一名幼儿不小心把汤洒在桌子上。

教师A说："你怎么搞的，这么不小心，又把汤洒到桌子上了！"（你信息）

教师B说："我担心汤洒到桌子会很难擦掉，而且这样我们的保育老师又要花很多时间去清理桌子了。"（我信息）

不难发现，"你信息"以一种权威的姿态居高临下地去评判幼儿的过错，带有明显的指责或贬低的意思，因此可能会引起幼儿的不悦和反感，进而可能对教师的指责进行辩解。相反，"我信息"并没有责骂幼儿，只是表达了自己的感想，教师以一种讨论的方式帮助幼儿意识到他的行为会产生的后果。这种通过分析、讨论来揭示"某一行为为什么不能被接受"的有效交流方式，不仅让幼儿感到在交流中的平等，更能让幼儿理解其行为可能会造成的影响，从而更乐于接受和改正自

微课
我信息（下）
——怎么说孩子才肯听

✏ 学习笔记

---

① 叶小红：《幼儿自控能力发展与培养的研究》，博士学位论文，华东师范大学，2007。

② ［美］菲尔茨等：《0—8岁儿童纪律教育：给教师和家长的心理学建议》(第六版)，蔡菡译，197页，北京，中国轻工业出版社，2015。

己的行为。总之，"我信息"是一种更尊重幼儿的有效交流方式，因此也更能增进幼儿对常规要求的接受和理解。

至关重要的一点是，"我信息"的前提是听自己说话的人确实关心自己的感受。如果我们和孩子之间没有建立起互相关爱的关系，我们就不能指望在告诉他我们有麻烦时他会关注我们。我们又一次提及了亲密关系和相互尊重的核心作用。皮亚杰把互相尊重的关系看作道德发展的基础。为了让指导和行为管理变得有效，教师必须与班上的幼儿建立关系。

另外，根据柯温和门得勒的观点，"我信息"因以下四种原因才会有效：

(1)它们表达我们对某个幼儿正在做或没有做的事情的感受；

(2)它们给出了该行为之所以有问题的原因；

(3)它们从不批评或指责幼儿；

(4)它们让幼儿去解决问题。

"我信息"有很多好处："我信息"不太容易激起幼儿的抵抗。只要教师不责备，真诚地如实相告，幼儿一般都会尊重教师的要求；"我信息"使幼儿考虑教师的要求，让幼儿承担起改变自己行为的责任。因此，这在培养幼儿的责任感和独立性方面又前进了一步。

教师真诚、坦率地表达自己的感受，有利于促进教师与幼儿之间的亲密关系。

总之，"我信息"是一种更尊重幼儿的有效沟通方法，因此也更能增进幼儿对教师提出要求的理解和接受。

三、印证式倾听 >>>>>>>>>>>>>>>>>>>>>>>>>>>>>>>>>>>>>>>

（一）你会听幼儿说话吗

有些成人，在幼儿有负面情绪的时候，不仅不认可和不倾听，还讲一堆大道理。幼儿嫉妒刚出生的弟弟或妹妹是常见问题，成人经常说："你成了大姐姐是多么幸运啊！要爱小弟弟哦！"此时我们是在试着说服她放弃她的感受，这不仅毫无用处，还会让孩子嫉妒的情绪更强烈。下面案例中的老师为安妮提供了一个安全的地方，在这里，安妮可以感受自己的嫉妒，并逐渐战胜它。

……老师对安妮说："我也是个大姐姐。我记得，当我妈妈总是抱着还是婴儿的弟弟时，我对妈妈充满了愤怒。我有时也很伤心。"安妮似乎十分惊讶，问道："你喜欢你弟弟吗？"老师想了一想，然后说："我小时候不怎么喜欢他，因为他总是把妈妈从我身边夺走。"安妮似乎放松了一些，她同意这一点，并且笑了起来。老师本来想告诉安妮，有一天她也会喜欢她的妹妹的，但她没这么做。她知道，安妮已经听够了这些。过了一会儿，安妮主动说妈妈会来接她，然后带她到公园玩，而且只带她一个人！老师为安妮感到高兴，两个人一起走到绘画的桌子前，安妮决定在这里为妈妈画一张画。

安妮需要能够理解她并让她安全地表达情绪的人。如果老师没有分享类似的经历，这也许会变得非常困难。不管怎样，老师花时间去了解安妮的感受并给她更多的时间去体会，而不是试着说服她放弃自己的感受。

（二）怎么听幼儿说话

1. 印证式倾听的步骤

有时仅仅认可幼儿不好的感受并认真倾听就能帮助他们。倾听，是我们可以为幼儿提供的最有力的社会性支持来源。倾听幼儿谈论他们的感受而不命令他们去做什么，就表明你接纳了他们以及他们的感受。

但由于经验不同，有时我们所理解的意思和幼儿想表达的意思相去甚远。因此需要"印证式倾听"。心理学家罗杰斯认为印证式倾听包括聚精会神地倾听，对个体不加以判断，然后用你自己的话向他重复你认为他们对你说的内容。这一策略说明你接纳和关心诉说者，鼓励更多的充分表达。有了印证式倾听，说话者个人想要传达的内容就得到了真正的理解。印证式倾听是有效交流的基础。下面列出了印证式倾听的步骤：

(1)停止说话——聚精会神地倾听来自幼儿视角的问题；

(2)不要急于做判断——找出幼儿的想法或感受；

(3)重申你所听到的——用你自己的话，直到幼儿确认你的理解是对的；

(4)验证幼儿所关心的及其感受——表现你的关心。①

下面具体介绍印证式倾听的步骤。

(1)停止说话——聚精会神地倾听来自幼儿视角的问题。

当幼儿向教师倾诉时，有时教师仅仅认真倾听，接纳幼儿不好的感受就能帮助他们。

教师安静地、认真地听幼儿说话，再加上简短应答就能鼓励幼儿不停地说下去。简短应答可以是有声语言(如啊? 哦! 我明白了)，或体态语(如频频点头、身体前倾、微笑、皱眉)，这些都在告诉幼儿，教师在专心倾听。

有些时候，幼儿需要教师的鼓励，使他进一步表达自己的困扰。这时候，教师使用的回应方式被称为"敲门砖"。例如，"你是怎么看这个的?""给我讲讲吧，我想听!""很有意思，你能再继续讲讲吗?"这些回应体现了教师对幼儿想法的接纳与尊重。

可是，有些教师似乎无法安静一段时间来听幼儿在说什么。所以印证式倾听的第一步就是停止说话。

(2)不要急于做判断——找出幼儿的想法或感受。

印证式倾听的第二步是解码信息，找出感受。当幼儿表述问题后，教师不要急于做判断，而是要根据幼儿传递的信息，客观地推测他经历了什么事情，此时他内心有什么样的情绪、什么样的感受。这个过程就是解码。

如果教师不能理解幼儿的本意，这也就意味着教师帮不上幼儿，因为他不知道幼儿不良情绪产生的真正原因是什么。所以这种解码非常重要。

(3)重申你所听到的——用你自己的话，直到幼儿确认你的理解是对的。

由于经验不同，有时我们所理解的意思和幼儿想表达的意思相去甚远，因此，还需要进行印证。印证式倾听的第三步是反馈信息，印证感受。

微课
怎么听幼儿说话

✎ 学习笔记

---

① [美]菲尔茨等：《0—8岁儿童纪律教育：给教师和家长的心理学建议》(第六版)，蔡菡译，203页，北京，中国轻工业出版社，2015。

反馈信息就是用自己的话重复幼儿所说的内容，也就是把解码的信息反馈给对方。这里要注意两点：一是不要简单重复幼儿的话，让幼儿觉得你在敷衍他，要用自己的话来说；二是反馈的内容不多也不少，直到幼儿确认你的理解是对的。

印证感受就是用简洁的词语把对方的感受表达出来，来印证你是否明白幼儿内心的真实感受。最后可以用"是吗"等语词，等待对方的回应。

由于成人在知识、经验方面比幼儿丰富，因此往往不自觉地对幼儿做出判断，因此在这里特别提醒大家，反馈时不要对幼儿加以判断，包括评价、建议、推论、分析或质疑等。

例如，幼儿对教师说："我讨厌他，他抢我的位置！"

教师没有说"这么点事儿别计较了"或者"哎呀，没关系，你可以坐其他的位置呀"，而是回应："他抢了你的位置，你不喜欢他的做法，是吗？"

再比如幼儿对教师说："艾米撕坏了我的画。"

教师没有说"没事，我们再画一幅"，而是说："对于失去你的画，你很失望，艾米撕坏了它，你很生艾米的气。"

（4）验证幼儿所关心的以及其感受——表现你的关心。

当以这种方式努力理解幼儿时，同时也是在向这个幼儿传递你对他的关心，你也更有可能发现到底发生了什么。当与更小的幼儿一起使用印证式倾听时，你需要问他们更多的问题才能澄清他们的问题，并帮助他们用语言表达需要。

2. 印证式倾听需要具体的基本态度

第一，教师必须想要听到幼儿要说的东西。刚开始，你可能会觉得印证式倾听的过程很做作，但是如果你确实在努力理解幼儿所说的话，那么你的诚意会让你获得成功。

第二，教师必须真诚地想要帮助幼儿解决问题，并且为此专门安排出时间。

第三，教师必须能够真诚地接纳幼儿所表达的情绪。不管这些情绪是什么，也不管它们与教师认为的一个幼儿"应该"产生的情绪有多么不同。当幼儿能公开表达他的感受，释放情绪时，他往往无形中就摆脱了情绪的困扰。

第四，教师必须认识到这些情绪是暂时的，不是永久性的，沮丧很快会被希望代替。因此，教师不要害怕情绪的表达，因为它们不会永远存在于幼儿的心中。

第五，教师必须深深地信任幼儿有处理自己情绪的能力，并有最终解决自己问题的能力。

第六，教师必须把幼儿看作独立的个体，"允许"幼儿拥有自己的情绪，拥有自己感知世界的方式。教师需要在幼儿面临问题时与幼儿在一起，而不是介入其中。

第七，要注意当问题属于幼儿时，使用印证式倾听才有效。而对于教师自己的问题，要使用"我信息"。因为当问题属于幼儿时，最好的解决办法是幼儿自己的办法。

3. 印证式倾听的好处

印证式倾听的价值无法估量。首先，它让说话的幼儿和倾听的教师共同努力，这样幼儿想要传达的内容就得到了真正的理解；而当教师以这种方式努力理解幼儿时，就向这个幼儿表示了教师的关心。进一步，当幼儿感受到他们得到了尊重、理解和接纳，他们的情绪得到了宣泄时，不良情绪就会平息。只有当幼儿平静下来，他才能够开始思考他遇到的真正问题，并主动找出他们自己的解决方法。所以印证式倾听的实质是让幼儿的情绪在受到理解和接纳的过程中找到出口，得到处理，进而教师才能够引导幼儿不停留在问题的表面，而去发现更深层次的问题及解决办法。而且，印证式倾听还能使师幼关系更亲密。得到教师倾听的幼儿能体验到被重视的感觉，幼儿会感到温暖。同样，教师也感到温暖。因为教师具有同理心的倾听使他们以幼儿的眼光看问题，更理解幼儿。最后，教师的榜样示范将帮助幼儿在未来更好地倾听他人，为幼儿将来的良好沟通打下基础。

主题 3
自然后果法和相关后果法

一、自然后果法 >>>>>>>>>>>>>>>>>>>>>>>>>>>>>>>>

（一）自然后果法的界定

所谓自然后果法，就是让幼儿体验到自己的选择所产生的自然而然的后果，用直接的体验取代说教或者惩罚，让幼儿从中吸取教训。比如，幼儿撕破了衣服，不给他换新衣服，就让他穿破的，他下次就不会再撕破衣服了。

（二）自然后果法的好处

(1)自然后果法能有效地纠正幼儿的不当行为。

假如不用自然后果法，而是批评，比如，幼儿把玩具毁坏了，家长批评一顿，马上又给买新的；衣服撕破了，批评一顿，马上又换套新的。这样即使是给予再严厉的批评，也不会收到良好的效果。因为虽然幼儿的不当行为带来了后果，但是他却不需要承担这个后果，也就难以有效地纠正不当行为。

(2)避免和幼儿的正面冲突。自然后果是幼儿的不当行为引起的，不是教师或家长另外给予的，因此不容易让幼儿产生对抗情绪；而且客观、公正，不是"罚不当罪"，而是"罚该当罪"，幼儿比较容易接受，不会觉得冤枉。

(3)培养幼儿自主思考的能力。通过自己做决定，并且承担自己的决定带来的自然后果，幼儿就会从中总结出哪些决定是适宜的，以后再做决定时就会慎重思考。这样能帮助幼儿发展出更好的思考能力，成为更理性的人。

(4)自己承担自己行为的后果，还能培养幼儿的责任感。

（三）如何使用自然后果法

1. 给幼儿选择的机会让幼儿参与制定决策

让幼儿自己决定要做什么，可以让幼儿更愿意为自己的言行负责，而且通常，因为是自己的决定，幼儿会更容易实施。

例如，午饭时间快到了，但是嘟嘟正在玩积木，不想吃午饭。于是，我（嘟嘟

微课
自然后果法

✎ 学习笔记

的妈妈)很认真地和嘟嘟商量："你可以选择吃或者不吃，但是下午没有零食，必须要等到吃晚饭。"嘟嘟说："好的。"这就是给孩子选择的机会。

2. 清楚地告知界限

我们必须清楚自己的规则和期望是什么，同时也必须让幼儿明确地了解。只有这样，当幼儿违反规则时，才能坚定地执行。

做好了饭，我叫嘟嘟："洗手吃饭了！"嘟嘟头都没抬："我还不太饿，我要把高楼搭完。"我说："好吧，我们5分钟以后吃饭。我们约好了的，现在不吃饭就要等到晚上哦。你没忘吧？""知道！"5分钟后，我再次提醒他。这就是清楚地告知界限。

3. 让幼儿体验自己的选择所带来的自然结果

通过让幼儿选择，让他自由地行动，然后亲身体验自己的选择和行为所带来的自然后果，可以有效地帮助幼儿发展自控能力和责任感。

40分钟后，嘟嘟玩够了，才发觉肚子饿得咕咕叫，他想要吃饭，可是午饭已经收起来了。嘟嘟去零食柜找饼干，可是饼干也被我收走了。"妈妈，我饿了，我要吃东西。""哦，宝贝，午饭时间已经过了，下午也没零食，我们约好的。"我说。这就是"让幼儿体验自己的选择所带来的自然结果"。

4. 保持界限的一致性

在不同的时间、地点和情境中，我们对幼儿的要求，以及对同一种行为的反应应该是一致的，这样才能强化适宜的行为，抑制不适宜的行为，幼儿才能逐渐接受规则，形成自觉的、良好的习惯。

嘟嘟"哇"地一下哭了，"我饿，我饿，我要吃……"嘟嘟知道我把零食放在高柜子上了，他爬上椅子，想上去拿，我把他抱下来，他又上。两个人就这样对峙着。我看着哭得满脸都是泪的嘟嘟，很心疼。但我知道，如果放弃，嘟嘟很难养成按时吃饭的习惯。这就是"保持界限的一致性"。

5. 设限，但不撤回爱

要求幼儿遵守规则，不能以撤回爱来作为威胁或惩罚手段。我们可以通过倾听，接纳他的不良情绪，理解他的感受和需要；耐心地陪伴，给他情感支持。

最后嘟嘟哭累了，我抱着他，"妈妈知道饿肚子的滋味不好受，妈妈爱你，也不想你饿肚子，但是我们已经约定好了。你是想让妈妈陪你睡一会儿，还是想玩游戏呢？""我要睡觉，睡着了就不饿了。""好！"我给嘟嘟读完一个故事，嘟嘟安静地睡着了。

6. 和幼儿一起讨论如何避免自然后果再次发生

等嘟嘟睡好午觉，又说自己肚子饿了。我问他："那你觉得应该怎么办呢？"嘟嘟说："妈妈，我们晚上早点吃饭好不好，我一定会好好吃的！"我比平时早1小时做了晚饭，嘟嘟早就等不及，自己洗了手，坐在餐桌旁等着。饭菜上桌，嘟嘟美美地吃起来，说："妈妈做的饭真好吃，我以后一定要好好吃饭。"

以上就是正确使用自然后果法的一个范例。

（四）使用自然后果法的注意事项

第一，注意不要借题发挥。如果刚才妈妈在幼儿肚子饿的时候，加以说教："让你吃饭你不吃，现在饿了吧？"实际上就是把责难、羞辱或痛苦的情绪附加到幼儿原本能够自然而然地获得的体验上，让幼儿把注意力转移到了应对成人的情绪上，阻断了幼儿体验自然后果的过程以及之后的自我修正。

第二，避免中途放弃。当幼儿饿得大哭，开始闹情绪的时候，如果中途放弃约定，给幼儿加餐，那么幼儿就很难养成按时吃饭的好习惯。不遵守约定，让幼儿无法体验到自然后果，自然也无法去了解自己行为是否得当。相反，他会学到每到事情解决不了时就使劲磨大人。

第三，要注意在一些情况下是不适合使用自然后果法的。比如，当幼儿处于危险中的时候，就要加以制止，杜绝危险的发生。再如，幼儿出现朝别人扔石头、扬沙子，推打别的小朋友等行为，影响到其他人时，也要立刻制止。还有，当幼儿的行为结果，在幼儿看来不是什么问题时，如不洗澡、不刷牙，或者吃垃圾食品，也没办法体验不好的后果，所以也不适合用自然后果法。

二、相关后果法　>>

（一）相关后果法的含义和类型

有时，自然后果法在幼儿园会不太容易施行。比如，对不好好吃饭的孩子，家长可以让他饿一顿，体验下饿肚子的滋味，但是教师就很难这样做。这时教师就可以运用相关后果法来帮助幼儿学习他们的行为所带来的后果。相关后果法是指由教师施加的但与幼儿的行为相关联的后果。例如，幼儿把蜡笔画在桌子上，教师让幼儿用抹布把桌子擦干净。相关后果法有以下四种类型。[1]

1. 回报性后果

回报性后果可以教会幼儿某个行为是如何破坏信任或关系纽带的。例如，淘淘向小丽借玩具，小丽不借给他，因为上次淘淘没有把玩具借给小丽。淘淘去找教师帮忙，教师为了帮助淘淘从这一经验中学习，提出问题让淘淘自己思考："小丽为什么不把玩具借给你呢？""小丽上次跟你借玩具，你借给她了吗？"

2. 补偿

比如，让幼儿帮助因为其行为而受伤的人；偿还、赔偿损坏或丢失的物件；打扫自己制造的脏乱，这些都是补偿。做出补偿能帮助幼儿把自己看成有用的人。例如，淘淘把图书撕破了，那么比起被教师责骂，让淘淘修补图书，可以更好地帮助淘淘养成爱护图书的习惯，同时也能提升淘淘的价值感。然而，如果是故意破坏且毫无悔意，那么这种方法就不管用了。

3. 剥夺

如果淘淘不断撞倒其他幼儿的积木建筑，教师可以向淘淘解释："除非你准备好了，可以不破坏别人的建筑，否则就不能玩积木。"这就是剥夺。

4. 自我控制时间策略

有时候，教师需要帮助某个幼儿远离纷扰的活动和嘈杂的教室，来使他重新控制自己的行为和情绪。自我控制时间策略不同于传统上用得比较多的"暂停"策略。自我控制时间策略不是完全由教师来控制，它强调幼儿自己对局势的控制，

---

[1]　[美]菲尔茨等：《0—8岁儿童纪律教育：给教师和家长心理学建议》（第六版），蔡菡译，228～232页，北京，中国轻工业出版社，2015。

它允许幼儿在冷静下来后重新回到他之前参与的活动中去。而"暂停"策略常常被当作一种惩罚手段。来看一个案例。

在午餐前的讲故事时间里，难免有孩子注意力不集中，或者与坐在旁边的孩子发生争吵。如果他们的不和睦逐渐升级打扰到了讲故事，老师就会告诉那些孩子："你们吵吵闹闹，我就没办法讲故事了。现在你们需要坐在椅子上安静下来，等到你们安静下来，觉得准备好回来听故事时，就可以回来。"

这个案例中教师使用的就是自我控制时间策略。首先，教师将暂停作为一种"冷静"，安排暂停是为了解决问题而不是惩罚幼儿；其次，虽然教师也对幼儿施加了限制，但这个后果是与幼儿的行为直接相关的，目的是让幼儿理解他的行为对别人造成的影响；最后，教师也赋予了幼儿权力，让幼儿自己决定什么时候重新加入集体。让幼儿决定自己什么时候准备好回去，向幼儿传递了这样一个信息：我相信你有能力对自己的行为做出必要的调整。

自我控制时间策略常常被用来制止幼儿的攻击性行为。不过使用这个策略要注意：一是通常是在一个幼儿的攻击性行为超过两次，并且沟通无效后，才使用这个策略；二是在决定运用自我控制时间策略之前，班上的三位教师应该就如何使用这个策略达成一致意见，例如要讨论好在幼儿发生哪些不当行为时应该运用这个策略，这个策略要在哪个地方运用，以及如何运用。①

教师可以根据以下步骤来运用自我控制时间策略。②

(1)冷静地把这名爱攻击他人的幼儿带到自我控制区域。坚定而平静地对这名幼儿说："我不能允许你伤害其他小朋友。请你待在这里直到你准备好再次回到小朋友们中间，和小朋友友好相处。"

(2)教师走开。在幼儿自我控制的时间里，教师一定不要和他交谈，也不要看他。语言和目光的接触都可能成为这名幼儿不当行为的强化剂。

(3)假如另一名幼儿试图接近这名幼儿，教师应该很快叫那名幼儿离开，并向他解释："淘淘需要自己一个人待会儿，你可以等他回到你们中间时再和他说话。"

(4)当幼儿感到自己准备好了以后，他可以再次参加活动。教师千万不要批评他。他知道自己被隔离的原因。教师可以建议这名幼儿参与一项正在开展的活动，当他一旦表现出与小朋友友好相处的行为时，教师就要表扬他，强化他的这种行为，这一点很重要。

(5)假如这名幼儿在回到集体中后又表现出不当行为，那么教师可以对他说："我猜，你还没有准备好参与我们的活动。"然后，带着他重新回到自我控制区域，再次让他自己决定，他什么时候准备好就什么时候重新加入集体活动。

自我控制时间策略并不是一种惩罚，而是给幼儿提供一个时间和区域让他们平静下来，重新控制自己。有时候，幼儿的攻击性行为是他们生气、焦虑、不安等不良情绪的一种反应，给幼儿时间远离教室里的刺激有助于他们平静下来。

---

① [美]帕特丽夏·韦斯曼、[美]乔安妮·亨德里克：《幼儿全人教育》，钟欣颖、张瑞瑞、杜丹译，312 页，南京，南京师范大学出版社，2016。

② [美]埃萨(Eva Essa)：《幼儿问题行为的识别与应对：教师篇》(第 6 版)，王玲艳、张凤、刘昊译，49~50 页，北京，中国轻工业出版社，2011。

（二）运用相关后果法的注意事项

（1）要注意所设置的后果一定要能够帮助幼儿思考：为什么某些行为不能被接受？为什么有些行为可以被接受？有些人把完全不相干的结果施加在幼儿行为上。比如，因为在桌子上画画而取消去户外玩的资格。他们没有意识到，行为和后果之间没有了联系，就不会有学习了，这样的后果只能是惩罚。所以教师决定用相关后果法来解决问题时，需要花时间设置一个有意义的相关后果，这对教师而言是一种挑战。

（2）所设置的后果也要有助于幼儿把自己看成有能力且乐于解决问题的人。

微课
自然后果法、相关
后果法和惩罚

三、自然后果法、相关后果法和惩罚的区别 >>>>>>>>>>>

自然后果法、相关结果法和惩罚的区别，如表 4-1 所示。

表 4-1　自然后果法、相关后果法和惩罚的区别

自然后果法	相关后果法	惩罚
自然后果的发生不需要外力的介入，它们常常就是有力的教师，帮助幼儿从经验中学习。 但在幼儿园刻意使用自然后果法比较难，因为教师对幼儿的安全负有责任，因此有时没办法将一些体验作为学习的机会。	相关后果法的施加不能带有愤怒情绪。 相关后果与行为相关，因而能帮助幼儿思考：为什么有些行为可以被接受，有些却不可以被接受？ 相关后果法的目的在于让幼儿努力自我控制，并且所设置的后果也要有助于幼儿把自己看成有能力且乐于解决问题的人。	惩罚的施加带有愤怒的情绪。 惩罚与不良行为之间缺乏联系，而且幼儿在害怕的情绪下没办法思考自己的行为。 惩罚使幼儿的自尊心受到伤害，认为自己是不好的，无法解决问题的。

表 4-1 对比了自然后果法、相关后果法和惩罚的区别，从这样的对比中我们可以看出，不论是自然后果法还是相关后果法，都不是仅仅强迫幼儿按照教师要求的那样去做，而是帮助幼儿通过体验来学习哪些言行是应该的，哪些言行是不应该的。通过这些体验，幼儿逐渐懂得为什么某些行为比其他行为更好。当然，仅仅体验本身对学习还是不够的，教师还必须为幼儿提供机会，让他们反思经验并努力理解经验的意义。思考经验的过程就会产生学习。

而且，与他人强加的行为规范不同，幼儿主动构建的行为规范最令他们信服。所以，他们自己构建的价值观在将来的情境中，也最有可能引导他们的行为。因此，自然后果法和相关后果法不仅帮助幼儿对自己当下的行为负责，而且也促进了终身自主行为的发展。

📝 **学习笔记**

四、使用后果法的注意事项 >>>>>>>>>>>>>>>>>>>>>>>>>>>>

值得注意的是，自然后果法和相关后果法使用不慎就会变成惩罚，那么在使用后果法时要注意哪些问题呢？

第一，后果法不是首选方法，如果将后果法作为主要的行为管理方法，会很危险，因为教师会忽视行为问题的真正原因并过度使用教师的权力。要记住，忽视引发问题原因的行为管理基本上是无效的。因此，当幼儿发生行为问题时首先要做的事就是判断行为的原因，是环境布置引发了行为，还是不恰当的活动设计

引发了行为？该行为是这个发展阶段中的典型行为吗？在幼儿的生活中有没有不恰当的榜样？幼儿是否掌握了有效的沟通技巧或社会交往技巧？将后果法作为行为管理工具的目的是为了让幼儿理解行为的重要性。因此，只有当幼儿是因为对行为的后果缺乏了解而做出不可取的行为时，将后果作为行为管理的工具才是最好的。

第二，后果法不适合那些还不能把原因和结果联系起来的幼儿。

第三，后果的施加不能带愤怒的情绪，否则就会变成惩罚。因为感受到教师愤怒的情绪时，幼儿内心是害怕的，此时他们无法思考自己的行为。

第四，要综合运用多种行为管理方法。幼儿的问题行为是复杂的，没有哪种行为管理方法是特效药。教师必须综合运用多种方法，才能获得理想的教育效果。例如，可以将"引导式对话"的方法与后果法一起使用。通过自我控制时间策略制止攻击性行为，那么在幼儿冷静下来以后，教师可以和幼儿一起努力学习使用语言而不是打人的方式来表达需要。但是不要尝试在幼儿烦心的时候进行这样的教育，因为那时他们并不能很好地接受。

主题 4
强化法与忽视法

微课
强化法与忽视法

幼儿自尊的发展，是以他们在成长过程中能力感与价值感的获得为基础的。遗憾的是，很多幼儿只有在做错事情的时候才能得到关注，总是被教师指责、数落，这种与教师之间持续性的消极关系无法提升幼儿的价值感。特别是当其他幼儿开始给这种幼儿贴上"坏孩子"的标签的时候，这种幼儿的自尊深深地被伤害了。但是请记住，世界上没有真正的"坏孩子"，每个孩子一天中的大部分时间都在进行可以被接受的行为，问题是教师有没有关注到。

所以，如果想要幼儿的自尊不受到伤害，积极强化他们适宜的行为是至关重要的。每种不被人接受的行为都有它相反的方面，即那些能被别人接受的行为，而幼儿的这些积极行为就需要教师通过积极强化和鼓励来培养。例如，如果一名幼儿常常打人，那么教师就应该在这名幼儿能用适宜方式和同伴进行互动时，对其进行强化；如果一名幼儿喜欢扰乱集体活动，那么教师就应该在这名幼儿能积极参与集体活动时，对其进行肯定。教师应该牢记：在改变幼儿某种不当行为的过程中，对幼儿表现出来的这种不当行为，不要再像之前那样给予关注。

但是教师要注意，在使用语言进行强化的时候，语言要有意义，语气要真诚。有些教师喜欢说："你真棒！"这种表扬很空洞，因为幼儿不清楚自己到底棒在哪里。教师应该具体指出幼儿的哪个行为是值得肯定的，如"你玩具整理得真整齐！""你除了自己穿好衣服，还帮其他小朋友穿衣服，真能干！"另外有些教师对幼儿的表扬只是一种敷衍。其实教师的这种态度幼儿是能够感受得到的，这种表扬不能传达给幼儿积极的信息。

　　另外，语言并不是教师进行强化的唯一方式。教师可以通过很多种方式不经意间向幼儿表达自己对他们行为的认可。一个微笑、一个爱抚、一个眼神交流或者一个拥抱同样可以告诉幼儿，他们的行为是值得赞赏的。这些非言语的强化方式可以起到跟语言强化一样的效果。事实上，当教师在不想打断幼儿活动的前提下对幼儿进行表扬的时候，就可以使用这些非言语的强化方式。

　　如果某个幼儿表现出不当行为是为了引起教师的注意，那么这时候忽视将会是一种特别有效的方法。如果教师发现，某个幼儿在表现出不当行为之前四处张望，看有谁在关注他，那么很明显，他之所以表现出不当行为是因为他渴望获得别人的关注。

　　幼儿的不当行为发生时，教师完全忽略是很困难的，但是也是非常有必要的。因为皱眉、叹气、不经意间看一眼或者其他一些非言语的信号很容易被这类幼儿注意到，让他们了解到教师正在关注他们的行为，从而导致忽视法无效。尽管这种方法有助于消除幼儿那些让人生气的或者调皮捣蛋的行为，但是教师要记住：要适时使用强化适宜行为的方法来代替这种忽视法。

　　注意这两个方法要结合使用，一方面强化适宜行为，另一方面忽视不当行为，这样才能逐渐减少幼儿的不当行为，增加适宜行为。

思考与练习

　　一、榜样示范法的相关练习

　　1. 观察幼儿以及每天与他们相处的成人。记下幼儿模仿成人的方式。

　　2. 观察教师只是要求幼儿整理的班级，和教师与幼儿一起整理、向幼儿示范有用的整理方法的班级，找出它们的不同之处。

　　3. 分析在个人生活中你对情感的表达。你能向信任的朋友或家人表达害怕或孤独吗？你有用表达愤怒来掩盖其他消极情感的习惯吗？你需要提高自己有效表达情感的能力，以便为幼儿树立榜样吗？

　　4. 每位教师在面对幼儿的问题行为的时候都有自己的"爆破点"。比如说，有的人受不了幼儿的态度张狂，有的人受不了幼儿对其他幼儿造成伤害。与同学讨论，什么是他们不能忍受的"爆破点"，他们可以做些什么帮助自己在面临"爆破点"的时候克制情绪？

　　二、有效沟通法的相关练习

　　1. 问题归属练习：清晰地判断谁拥有问题，是沟通策略选择的重要依据。因此教师必须具备区分问题属于哪一方的能力。请判断下面这些情景中，谁拥有问题？应该使用什么沟通策略？

　　其他的小朋友不让淘淘玩"过家家"的游戏，淘淘哭着来找你。此时是谁拥有问题呢？

　　淘淘午睡的时候和他旁边的小朋友讲话讲个不停，老师很生气。此时是谁拥有问题呢？

　　淘淘用蜡笔在沙发上、墙壁上快乐地涂画，妈妈看了很生气。此时是谁拥有问题呢？

学习笔记

2."我信息"练习：要娴熟地使用"我信息"并不容易，需要刻意练习，但是相信经过练习，你能够更自然地表达自己的期望而不是评判他人的行为。你会发现当你这样说话的时候，不仅是幼儿，任何年龄的人都会对你所说的话报以积极的回应。下面的情况包含了"你信息"，请把它改成积极的"我信息"。

（1）淘淘妈妈送孩子又来晚了，这似乎已成惯例，并总是会打扰上午的集体活动。你希望这位妈妈能准时送孩子来幼儿园。于是，你对这位妈妈说："下次一定要准时送淘淘来幼儿园哦！"

（2）老师正弯腰帮助硕硕穿鞋子，淘淘从后面跑来，用手臂紧绕住老师的脖子，爬到了老师的背上。老师差点向后摔倒，但他明白淘淘是在表达情感，他并没有恶意。

（3）淘淘在兴致勃勃地画画时，不小心把颜料洒到了地毯上。

三、自然后果法和相关后果法的相关练习

1. 观察一个幼儿园的一日活动，找出幼儿通过自然后果法体验自己行为结果的频率以及教师不让他们体验这些结果的频率。描述这些情境，判断教师是阻碍了幼儿学习，还是在进行必要的保护。

2. 列出你观察到的幼儿在一日生活中的 3～4 种不当行为。描述你将如何使用自然后果法或相关后果法，来帮助幼儿将其行为和后果联系起来。说明你选择这些后果法的原因。

中篇　班级环境创设

专题五
幼儿园班级环境

学习目标

1. 理解幼儿园班级环境的概念和重要性。

2. 掌握幼儿园班级环境的维度，并能够运用这七个维度分析幼儿园班级环境。

3. 理解不同教育模式的环境观，能够积极吸收各种观点并将其运用在班级环境创设实践中。

思维导图

```
                              ┌─ 幼儿园班级环境的概念
        幼儿园班级环境的概念和作用 ─┤
                              └─ 幼儿园班级环境的作用

                              ┌─ 柔软度与硬度
                              ├─ 开放与封闭
                              ├─ 简单与复杂
幼儿园      幼儿园班级环境的维度 ─┤─ 融入与隔离
班级环境                        ├─ 高活动性与低活动性
                              ├─ 冒险与安全
                              └─ 集体与个体
                                           ┌─ 蒙台梭利教育的环境观
                                           ├─ 瑞吉欧教育的环境观
        幼儿园班级环境创设的教育学依据 ─────┤
                                           ├─ 华德福教育的环境观
                                           └─ 陈鹤琴"活教育"的环境观
```

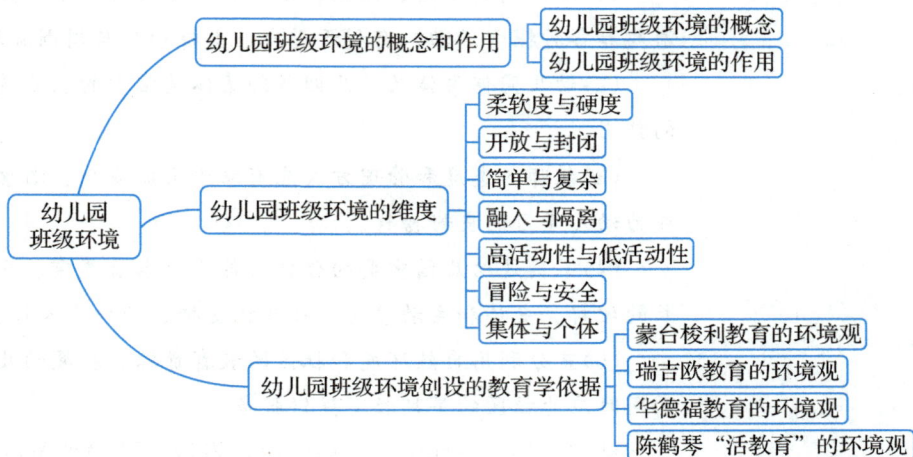

《纲要》指出，环境是重要的教育资源，应通过环境的创设和利用，有效地促进幼儿的发展。那什么是幼儿园班级环境？它对幼儿的发展有什么作用？可以从哪些维度来分析一个班级的环境？不同教育模式中的环境观是怎样的，能给我们的班级环境创设带来哪些启发？本专题将带大家了解这些问题。

主题 1
幼儿园班级环境的概念和作用

一、幼儿园班级环境的概念 >>>>>>>>>>>>>>>>>>>>>>>>>>>>>>>>

班级环境的创设与管理是幼儿园班级管理工作的一项重要内容。英国把班级管理的重点放在环境创设上。目前可查的资料显示，早在 1980 年，菲尔德(T. M. Field)就在《儿童研究》杂志著文，提出了教师空间管理对教学效果的影响。1986 年，琼斯等人(V. F. Jones & L. S. Jones)在《教室综合管理：建立积极的学习环境》一书中明确提出，在教师的教育技能中，最重要的就是对教学环境的组织和管理。美国幼儿园班级管理的重点也是创设班级环境。蒙台梭利提出的"有准备的环境"(the prepared environment)的教育思想深深影响着美国的学前教育。他们认为幼儿是在与环境的互动中获得经验的，环境的作用非常重要，因此室内活动的区域不能由教师想当然地随意设计，而是应该科学地计划，系统地设计。

幼儿园班级环境是指在幼儿园班级空间范围内，影响幼儿身心发展的一切物质环境和精神环境的总和。《幼儿园教育指导纲要(试行)》第三部分第八条指出：环境是重要的教育资源，应通过环境的创设和利用，有效地促进幼儿的发展。第八条下面又包括 5 点：

(1)幼儿园的空间、设施、活动材料和常规要求等应有利于引发、支持幼儿的游戏和各种探索活动，有利于引发、支持幼儿与周围环境之间积极的相互作用。

(2)幼儿同伴群体及幼儿园教师集体是宝贵的教育资源，应充分发挥这一资源的作用。

(3)教师的态度和管理方式应有助于形成安全、温馨的心理环境；言行举止应成为幼儿学习的良好榜样。

(4)家庭是幼儿园重要的合作伙伴。应本着尊重、平等、合作的原则，争取家长的理解、支持和主动参与，并积极支持、帮助家长提高教育能力。

(5)充分利用自然环境和社区的教育资源，扩展幼儿生活和学习的空间。幼儿园同时应为社区的早期教育提供服务。

从《纲要》有关环境的论述中我们发现，环境涉及的内容是非常广的，幼儿园的空间、设施、活动材料和常规要求，幼儿同伴群体及幼儿园教师集体，教师的态度和管理方式、家庭、自然环境和社区的教育资源等都属于环境。其中，空间、设施和活动材料等属于物质环境，常规要求、幼儿同伴群体、幼儿园教师集体、教师的态度和管理方式等属于心理环境。物质环境和心理环境的范畴虽然不一样，但它们并不是截然割裂的，而是相互依存、相互作用的。心理环境在"幼儿园班级常规管理"中已阐述，本专题重点论述物质环境。

微课
幼儿园班级环境的
概念

✎ 学习笔记

二、幼儿园班级环境的作用 >>>>>>>>>>>>>>>>>>>>>>>>>>>>>>

幼儿期是幼儿大脑快速发展的时期。美国科学理事会儿童发展协会比较了人的大脑发展后指出，正如正确材料的缺乏会导致蓝图的改变，适宜的经历也会引起基因计划的变更。他们还进一步描述，在一个薄弱的大脑结构的基础上发展更加先进的认知、社会和情感技能，比在一开始就让每件事正确发展，要困难得多且更加低效。因为儿童的经历受制于他们的周围环境，我们为儿童提供的环境对他们大脑的发展有至关重要的影响。皮亚杰认为，幼儿的认知发展不是一种数量上的简单累积的过程，而是认知图式不断建构的过程。个体与环境的交互作用是认识的来源，所以个体必须对物体做出动作，即个体是在与环境的相互作用中得到发展的。苏联教育家苏霍姆林斯基曾说，孩子在他周围……在学校的墙壁上，在教室里，在活动室里，经常看到的一切，对于他精神面貌的形成有重大意义。杜威认为，要想改变一个人，必先改变他的环境，环境改变了，他自然也就会改变。

建构主义认为学习不是被动的知识传授的过程，而是主体依靠自己现在和过去的知识建构新的思想和概念的过程。它是一种动态的平衡过程。学习者总是基于自己与世界相互作用的独特经验去建构自己的知识，并赋予经验以意义。学习离不开特定的情境，情境是与某一事件相关的整个情景、背景或环境，是众多因素的集合。促进学习的基本条件是真实、复杂、丰富的支撑性情境。人本主义认为，环境是儿童认知发展和个性发展的要素。环境布置要给予幼儿参与的权利。环境是最佳的记录方式之一，人和环境是互动的，同时人又对环境产生作用。环境布置要考虑到幼儿的身心发展特点。环境又是课程设计与实施的要素。行为主义认为，人的所有行为都是对环境刺激的反应。人是环境之子，有什么样的环境就有什么的人，环境的质量决定人的质量。福禄贝尔指出，人生的最初几年需要丰富的环境刺激，只有把幼儿放到适合其年龄与经验的有趣环境中，才能促进其潜能的发展；他要求把幼儿园办成花园和乐园，其氛围就像生活在家庭中一样。

幼儿经验的获得与自身和周围环境相互作用有密切的关系，环境对幼儿的发展有潜移默化的影响。幼儿园班级环境，对幼儿的成长和发展来说，究竟扮演着怎样的角色，又发挥着怎样的作用呢？

（一）生活的空间

与中小学不同，幼儿园首先是儿童的生活空间和交往空间，其次才是学习空间。

作为与家庭不同的另一个生活场所，幼儿园需要兼顾集体的生活与个体的生活。过去，往往是优先考虑社会集体性，而忽略了幼儿的个体性。要想有效地支持每一名幼儿的生活，就必须从仔细观察幼儿的生活方式入手。例如，有的幼儿将自己完成的作品一个劲儿地往橱柜里藏。橱柜对于幼儿来说，不仅限于收纳物品，还具有家的含义，是幼儿个人的隐私空间。教师应正确理解幼儿行为的意义，并给予适当的支持与指导，如与幼儿一起协商桌椅、乐器、玩具、鞋箱、橱柜等的存放位置与使用方法。①

---

① ［日］高杉自子：《幼儿教育的原点》，王小英译，50～51 页，上海，华东师范大学出版社，2014。

为了让幼儿更好地在班级生活，教师不能忽视环境中的每一个细节。例如，为了让幼儿安心午睡，需营造温馨的睡室：一是光线要用暖光；二是光源要选择从四周柔和洒下的散光；三是床和床品的色彩要选择原木色等淡雅色，切忌选用重色或花色。同时，为了消除幼儿如厕的恐惧心理，需在洗手间的明亮度、色彩、结构等方面加以设计。

（二）心灵的港湾

幼儿园是类家庭化、半制度化的场所，特别需要一种宽松、温暖、自由、自主的氛围。完全敞开的户外空间或室内空间设计容易使幼儿感觉焦虑，幼儿需要走进半开放、半结构化的空间，给自己的心灵一个独处的机会。[1] 幼儿不断地寻求让自己有安全感的物理空间，如房间的角落、钢琴后面的空间、走廊的尽头等。因为物理的空间也是心灵的港湾。因此，在户外给幼儿提供一些小屋，在室内给幼儿提供一些隐私角都是不错的选择。

（三）释放身心的天地

美国作家理查德·洛夫（Richard Louv）在其著作《林间最后的小孩》中提出"自然缺失症"，即儿童在大自然中度过的时间越来越少，从而导致了一系列行为和心理上的问题。现在，居住在高层住宅里的幼儿日益增多，他们迫切需要能够解放其身心的场所，而幼儿园应该成为这样的地方。因此幼儿园不要给幼儿提供一个过度加工的精致环境，要尽可能保持原生态的自然环境。譬如，户外以草地、木屑、沙土、泥巴等来代替水泥地、塑胶地等，以土坡、竹林、泥塘、沙地、植物迷宫等来代替过度结构化的塑料攀登架、蹦蹦床等，以砖头、石头、草绳等来代替塑料制品。同样，室内也可以有蚯蚓、蜗牛、乌龟、蚕和石头、树枝、木棍、贝壳、果实等自然材料。

（四）探索性的游戏场所

喜欢新鲜感、富有好奇心的幼儿对一切事物都饶有兴趣。幼儿园里的所有事物都是他们探索求知的对象。教师要综合考虑幼儿的年龄特点、兴趣愿望、同伴关系等多种因素，对活动材料的种类、数量以及投放时机做出恰当的选择与安排。

（五）多元化的课程资源

幼儿园环境是课程创生的来源，是课程实施的载体，也是课程实施的结果。[2] 当下，幼儿园课程的话题开始更多源于幼儿的日常生活，而不同的环境会营造出不同的日常生活，因此幼儿园环境会成为课程创生的重要来源。而课程又需要在相应的环境中展开，环境需要为课程实施营造一种支持性氛围，紧密配合课程的实施过程，更好地回应和拓展幼儿的经验。最后环境也应体现课程实施的结果，让教师的专业成长和幼儿的发展看得见。总之，环境是幼儿园课程的根基，环境的状态会影响幼儿学习的状态，甚至会影响课程实施的成效和幼儿发展的水平。

幼儿园班级的物质环境是一种隐性课程，潜藏着拓展幼儿世界的无限可能性。教师在与幼儿的共同生活和真诚交往中不难发现，幼儿园的物质环境不仅发挥着

① 王海英等：《儿童视野的幼儿园环境创设》，12 页，北京，人民教育出版社，2019。
② 王海英等：《儿童视野的幼儿园环境创设》，14 页，北京，人民教育出版社，2020。

促进幼儿改造现实世界的作用，而且还具有使幼儿怀揣梦想、奔向未来的功能。教师应该与幼儿齐心合力，共同创设优质的物质环境。①

主题 2
幼儿园班级环境的维度

伊丽莎白·普莱斯考特（Elizabeth Prescott）描述了物质环境的七个维度，分别为柔软度与硬度、开放与封闭、简单与复杂、融入与隔离、高活动性与低活动性、冒险与安全、集体与个体。②

一、柔软度与硬度 >>>>>>>>>>>>>>>>>>>>>>>>>>>>>>>>>>>>>

柔软的物体使幼儿能够在环境中体验一种柔软感和家一般的感觉，并为幼儿提供各种感官刺激，如各种可以抱、摇、拍的娃娃，动物布偶；沙发、靠垫、枕头、地毯等家居用品；橡皮泥、颜料、纸等艺术工具；盆栽植物、泥、土、沙、水等自然物品。具有硬度的物品如地面、墙面、木质家具等。这些物品会刺激幼儿调整自己以适应环境。除了上面提到的这些物品，灯光也能够制造柔软度和硬度。一些灯，如荧光灯会制造出一种硬度感；而另一些灯光可能会制造出一种更加柔和、亲切、宁静和更类似于家庭的氛围。

在创设班级物质环境时，我们既要提供柔软的、有韧性的、对触摸有回应的物体，又要提供具有硬度的物品。柔软和坚硬两种质地的环境达到平衡，使环境既有回应性又具抵抗力，满足幼儿的不同需求。

二、开 放 与 封 闭 >>>>>>>>>>>>>>>>>>>>>>>>>>>>>>>>>>>>>

思考这样一个问题：智力拼图和纽扣，哪种材料的探索空间更大？或者说哪种材料留给幼儿参与、创造的空间更大？

智力拼图是一种封闭性材料。封闭性材料只有一种正确的玩法，尽管这种材料有利于幼儿获得成就感，但幼儿一旦掌握这种玩法或因为不能正确使用而受挫时，可能会对它们感到厌倦。开放性材料可以以多种方式使用，如纽扣，可以用来装饰，也可以用来分类、数数，或者被幼儿当成游戏中的道具等。

封闭性材料从"这是什么"直接到"它可以用来干什么"；开放性材料从"这是什么"到"它像什么"，再到"它可以用来干什么"。"它像什么"赋予了幼儿使用开放性材料过程中广阔的探索空间与无限想象的可能性。尽管开放性材料和封闭性材料

📝 学习笔记

---

① ［日］高杉自子：《幼儿教育的原点》，王小英译，51 页，上海，华东师范大学出版社，2014。
② ［美］卡罗尔·格斯特维奇：《发展适宜性实践：早期教育课程与发展》(第 3 版)，霍力岩等译，121～123 页，北京，教育科学出版社，2011。

各自都有许多优势，但普莱斯考特认为，对需要体验成功和主动感的幼儿来说，开放性材料尤为重要。因此材料的投放应以开放性为主，封闭性为辅。

三、简单与复杂 >>

值得一提的是，虽然我们提倡给幼儿提供开放性材料，但是开放性材料就一定会引发幼儿的创造和探索行为吗？答案是否定的。比如，只给幼儿一个开放性材料——树枝，他可能一会儿就玩厌了。但是如果再为幼儿提供一些水、泥土、绳子、夹子等，可能幼儿就会创造出树枝的很多种玩法了。因此考虑如何让不同的开放性材料发生关系才是关键。这就会涉及"简单与复杂"这个维度。

简单组合仅包含1件玩具或材料，如一堆沙；复杂组合包含2种不同类型的材料，如一堆沙＋玩沙工具；超复杂组合包含3种不同类型的材料，如一堆沙＋玩沙工具＋水。

简单组合通常不能像复杂组合或超复杂组合那样长时间吸引幼儿的注意力。比如，只给幼儿提供沙子，那么幼儿可能就只能是抓沙、挖沙。但是如果加上玩沙工具，如筛子、铲子、漏斗、瓶子、小推车等，幼儿的游戏就会变得丰富起来。再提供水，幼儿就会有更多的探索机会，如水倒进沙子后不见了，怎样让水留在沙子上等，幼儿获得的经验就更丰富了。

克瑞契夫斯基指出，通过增加复杂组合或超复杂组合，空间内的每名幼儿就能进行更多的活动。因此需要在教室里为幼儿提供复杂组合或超复杂组合的游戏材料。

四、融入与隔离 >>

隔离是指对边界做出规定，并为幼儿提供进行私人活动和控制自己领地的机会。融入是指区域与外部世界相连。

每个人都需要有融入集体和独处的时空，幼儿也是如此。融入的环境为幼儿进行交往与合作活动提供了机会，而隔离的环境能够使幼儿游戏时不易受到干扰（见图5-1）。隔离的环境还能满足幼儿独处的情感需要。当幼儿疲劳时，当幼儿遇到失败时，当幼儿与同伴发生冲突时，他们会需要一个私密的空间能安静地休息，或和好朋友说悄悄话，使内心得到释放或安慰。

图 5-1　隔离的环境
（图片摄于温州市第四幼儿园）

五、高活动性与低活动性 >>>>>>>>>>>>>>>>>>>>>>>>>>>>>>

活动性这一维度关注幼儿四处走动的自由。在高活动性的环境中(见图5-2)，班级环境允许幼儿来去自如地活动，空间和设施都用来促进大肌肉运动。在低活动性的环境中(见图5-3)，孩子们被要求安静地坐着进行活动，如听故事，玩智力拼图，做一些精细动作等。

从班级环境的创设上可以看出教师期望幼儿进行怎样的活动，期望幼儿表现出怎样的行为。如果教室的大部分空间都被桌子和椅子占据，显然教师期望幼儿能在大多数时间里坐下来进行一些安静的活动，这里面暗含着大量的教师控制。对活跃的幼儿来说，过低的活动性会产生一些问题。在班级环境的创设中，要尽量做到高活动性与低活动性的平衡，满足幼儿活动和安静的不同需求。

图 5-2　高活动性的环境
(图片选自朱·科特尼克《儿童学习空间设计》)

图 5-3　低活动性的环境

六、冒险与安全 >>>>>>>>>>>>>>>>>>>>>>>>>>>>>>>>>>>>>>>

保障幼儿的安全是班级管理的首要任务，因此班级环境应该是安全的。例如，现在很多班级中的桌子采用圆角处理，就是为了当幼儿发生意外时，减少伤害。但是绝不能因此而不去为幼儿提供一些冒险的机会，如攀爬，从高处跳下等。教会幼儿如何小心地去做有趣的、有挑战性的事情，与因为不够安全而禁止幼儿冒险，这两者之间是有很大的区别的。幼儿喜欢冒险，也需要冒险，通过做这些冒险的事情，幼儿的自我保护能力以及对周围环境的适应能力也会更强。因此，教师需要在保障幼儿生命安全的前提下，在幼儿所处的环境中为他们提供一些冒险的机会。

七、集体与个体 >>>

班级环境还要能支持幼儿在获得集体经验与个体经验之间取得平衡，不能偏向或忽视其中任一方面。集体经验，如一起听故事；个体经验，如各自读书。这两种经验都是必要的、有价值的。

普莱斯考特主张平衡各维度来创造出一种最优环境，鼓励幼儿进行各种游戏以获得发展。教师在设计环境时，要考虑环境应位于各连续体的什么位置，调整是否有益于幼儿。

主题 3
幼儿园班级环境创设的教育学依据

本主题我们将首先讨论蒙台梭利教育的环境观。蒙台梭利教育提倡为幼儿提供有准备的环境，其观点影响了皮亚杰和维果茨基的理论。马拉古奇根据皮亚杰、维果茨基以及其他理论家的教育理论，创立了瑞吉欧教育。瑞吉欧教育中的环境被看成"第三位老师"。本主题还将介绍华德福教育的环境观和陈鹤琴先生关于幼儿园环境创设的思想。但必须说明的是，本主题虽然将这些环境观单独罗列出来，但要对这些不同教育模式中的环境观有深刻的理解，还必须将其置于各自不同的教育体系中整体学习才行。

一、蒙台梭利教育的环境观 >>>>>>>>>>>>>>>>>>>>>>>>>>>>>>>

微课
蒙台梭利教育的
环境观

蒙台梭利认为，必须为儿童设置一个适当的世界和一个适当的环境，这是一个绝对迫切的需要。[1] 精心布置的环境，是蒙台梭利教育的关键要素。她说："在教育上，环境所扮演的角色相当重要，因为孩子从环境中汲取所有的东西，并将其融入自己的生命中。"因此，设计适合幼儿的环境是蒙台梭利教育的核心任务。蒙台梭利认为适合幼儿的环境就是有准备的环境。具体而言，有准备的环境应该有以下主要特征。[2]

（一）自由的气氛

蒙台梭利认为，幼儿具有渴望独立的自然冲动，而且拥有自己的发展蓝图，

① 王承绪、赵祥麟：《西方现代教育论著选》，95 页，北京，人民教育出版社，2001。
② 虞永平、原晋霞：《幼儿园课程》，161 页，北京，高等教育出版社，2014。（有改动）

如果给予幼儿适当的环境和自由，让他根据自己内在冲动的直接指引而工作，这种发展蓝图就会自然地展开。因此，自由是必需的。除了无意义、有伤害性、破坏性、干扰性的活动要受到限制外，蒙台梭利要求教师允许幼儿根据自己的需要和爱好，从成人提供的材料和经验中做出选择；反过来，成人才可以观察到幼儿的兴趣和活动，从而了解幼儿的个性和发展水平，进而调整环境以满足幼儿的需要。

（二）有序

蒙台梭利认为，幼儿对秩序的敏感期在 2～6 岁。有序的环境（见图 5-4）对幼儿十分重要，一方面它可以防止幼儿为寻找材料而浪费精力；另一方面，幼儿在有序的环境中学习，渴望有序将成为他们生活的一部分，这有助于幼儿的学习以及对未来的准备。

图 5-4　有秩序的蒙台梭利教室

（三）促进独立

蒙台梭利主张的环境目标是，尽量使成长中的幼儿从成人那里独立出来。这指的是要为幼儿提供一个能让他们自我服务——自己生活——没有成人及时帮助的环境。在这样的环境中，幼儿变得"更加积极主动，教师越发处于辅助地位。在这里，幼儿越来越自主地生活。通过自主地生活，他们开始意识到自己的力量。幼儿一旦依赖成人，他们就难以朝着应该发展的方向成长"。[①] 此外，教师观察幼儿，为他们如何使用材料提供具体指导，并且在需要时为他们提供帮助。但是，教师尊重幼儿，从不轻易打断幼儿的游戏。一个有能力的教师应该靠近需要帮助的幼儿，并远离不需要帮助的幼儿。

（四）美观且实用

蒙台梭利认为美能唤起幼儿对生活的反应能力，她强调教室里的颜色要明朗、令人愉快，并具有整体调和感。同时，她强调真正的美是以简洁为基础的，所以教室中的布置无须太过豪华与铺张，并且材料要实用。例如，她将大家捐赠的昂

---

① ［美］朱莉·布拉德：《0—8 岁儿童学习环境创设》，陈妃燕、彭楚芸译，11 页，南京，南京师范大学出版社，2014。

贵且精美的大理石桌子，换成了更加实用且简单的木桌，因为这些木桌更便于儿童移动。①

（五）丰富

蒙台梭利认为，为幼儿提供的环境不仅要满足幼儿的生理性需求，如对食物、活动空间等的需求，同时还要能满足幼儿心智、道德、精神与社会性等多方面发展的需要。

学习笔记

（六）真实

蒙台梭利教室中的各种设备，都是根据幼儿身高及确保幼儿安全的前提下设计的真实物品，如冰箱、熨斗、扫把、簸箕、用于剪切的小刀和剪子、用于挖掘的铁锹和小铲子等都是真实的，而且每一种教具都只有一件。这样的环境可以使幼儿尽早适应社会，提高实际生活的能力。

（七）自然

蒙台梭利指出，人，尤其是幼儿，仍是自然的一部分。我们必须设法让幼儿有机会接触自然环境。因此，她强调园所本身应该是自然的一部分，园所应有花草、动物，并由幼儿来管理和照顾。另外，要让幼儿有充裕的时间，在林中与乡间活动，以体会大自然的奥妙（见图 5-5）。

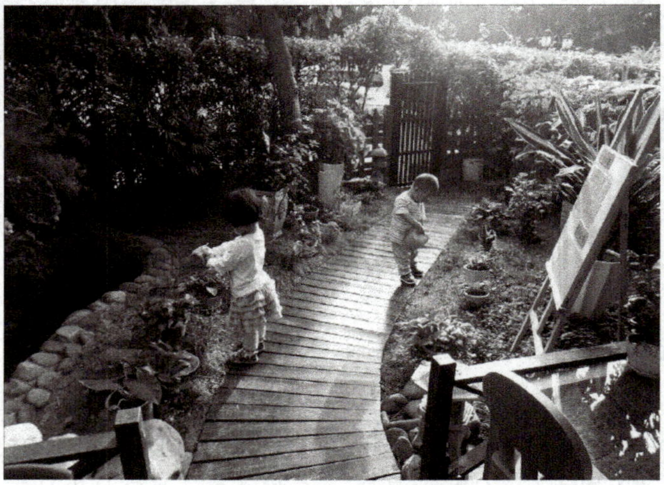

图 5-5　照顾幼儿园里的花花草草

（八）安全

幼儿是好奇的、好动的，因而环境中的硬件设备必须是安全的。另外，在户外活动时，蒙台梭利强调户外游戏区应划分为若干责任区，每位教师负责自己责任区中幼儿的安全。

微课
瑞吉欧教育的环境观

二、瑞吉欧教育的环境观

马拉古奇是瑞吉欧教学法的创始人。他在蒙台梭利、皮亚杰和维果茨基等人的理论基础上，创建了瑞吉欧教学法。同这些理论家一样，马拉古奇也认为儿童

① ［美］朱莉·布拉德：《0—8 岁儿童学习环境创设》，陈妃燕、彭楚芸译，11 页，南京，南京师范大学出版社，2014。

通过与环境的积极互动构建知识。与维果茨基类似，他也强调社会互动对幼儿的心理发展起到至关重要的作用。①

在瑞吉欧教学法中，教师将教育环境和活动建立在"儿童形象"的基础之上。儿童被看作独特的、好奇的、有潜能的、渴求关系的、活跃的知识构建者，以及权利的拥有者而不是需求者。这些"儿童形象"影响教师与儿童的互动方式。教师将自己视为儿童学习中的知识构建伙伴。②

在瑞吉欧教育体系中，环境被誉为儿童的"第三位老师"（家长和教师分别是第一位和第二位老师）。③ 具体来说，环境具有以下特点。

（一）环境是互动的保障

马拉古奇曾说，教育是由复杂的互动关系构成的，只有环境中各个元素的参与，才是许多互动关系实现的关键。要实现幼儿与幼儿之间、幼儿与教师及家长之间、幼儿与物体之间的互动，少不了环境的支持与介入。在瑞吉欧的学前教育机构，大到学校的地理位置，小到教室内每一个小物件的摆放，都充分地为幼儿的各种互动经验提供便利条件。他们具体的做法如下。

(1)使学校位于城市的市中心，让这里成为文化交流的中心，便于幼儿进行各种信息交流。

(2)在瑞吉欧幼儿园里已经看不到传统的方形封闭式的教室，因为它们早已不适应新型的开放式学习的需要。新型的学习是个别或一组幼儿从各种不同的资源中提出问题并收集资料，然后重新与他人沟通；在幼儿的学习过程中，教师不是讲授者，而是倾听者、观察者、记录者和支持者。教师用屏风、布帘和帐篷等把教室分成几个小空间，我们称它们为迷你小空间。幼儿可以自由选择他们喜欢的空间，在那里选择他们喜欢的材料，自由自在地、全神贯注地投入活动中。这样有两个明显的优势：一方面，对幼儿来说，他们可以在小组中，倾听他人和被倾听，让沟通更容易进行；另一方面，对教师来说，他们更有机会设计具有建构性的探索和活动情境。

(3)工作坊的各种工具、材料和设备摆放在幼儿伸手可及的地方，以此支持幼儿和材料之间的互动(见图 5-6)。

图 5-6　工具和材料摆在幼儿伸手可及的地方

---

① ［美］朱莉·布拉德：《0－8 岁儿童学习环境创设》，陈妃燕、彭楚芸译，13 页，南京，南京师范大学出版社，2014。
② ［美］朱莉·布拉德：《0－8 岁儿童学习环境创设》，陈妃燕、彭楚芸译，13 页，南京，南京师范大学出版社，2014。
③ ［美］朱莉·布拉德：《0－8 岁儿童学习环境创设》，陈妃燕、彭楚芸译，13 页，南京，南京师范大学出版社，2014。

(4)通向所有教室的广场是不同年龄幼儿碰面交流的地方，是他们逗留、游戏的地方，也是各种想法和点子诞生的地方(见图5-7)。①

图 5-7　通向所有教室的广场

（二）环境是"第三位老师"

当环境具有"教师"的意义时，环境已不再是没有生命的完全物化的东西，而是同教师一样，对幼儿的学习起着促进、激发的作用。

(1)校园里没有一处是无用的环境，即环境具有教育功能。每一处环境都备受关注，没有一个角落、一面墙、一块天花板或地面被忽略。例如，门口处的地板上标有不同的角度，儿童可以随着门的移动学习角度的问题(见图5-8)；教室角落的墙壁和天花板上分别设置一面镜子，以吸引幼儿用有趣的方式观看自己的影像，并建立空间感和感受对称(见图5-9)，等等。

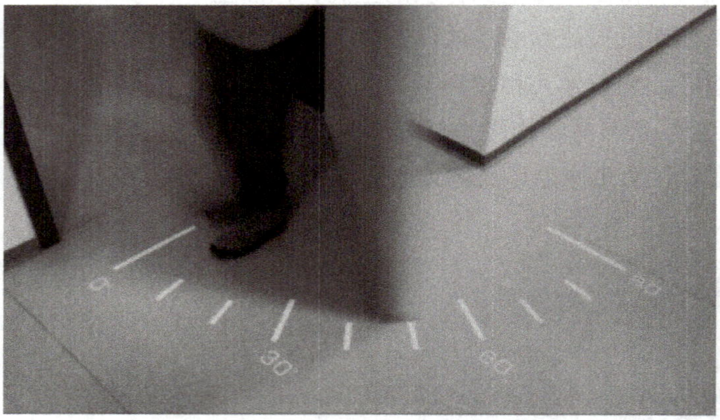

图 5-8　门口处的地板上标有不同的角度

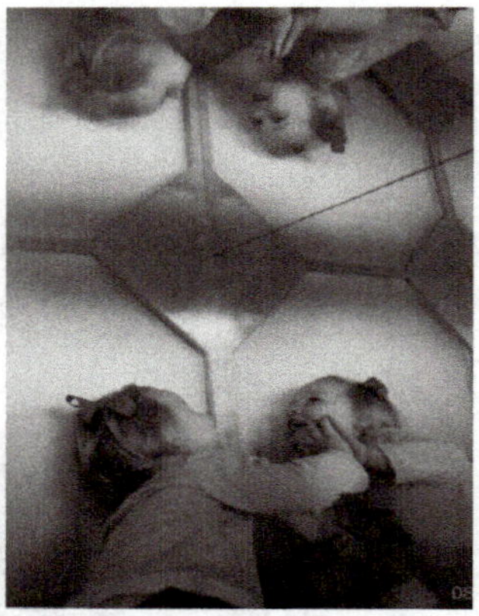

图 5-9　教室角落的墙壁和天花板上分别设置一面镜子

(2)环境具有问题性，对幼儿的建构式学习产生一定的刺激。例如，洗涤室和洗手间里的镜子都切割成不同的形状，以便吸引幼儿用有趣的方式观看自己的影像，并进一步探究不同形状对影像的影响。②

(3)环境具有一定的相关性，即把能引起相关经验的各种环境因素组合起来。比如，为幼儿创设镜中像和光与影等一系列——关联的环境(见图5-10、图5-11)，

① 虞永平、原晋霞：《幼儿园课程》，204～205 页，北京，高等教育出版社，2014。
② 虞永平、原晋霞：《幼儿园课程》，205 页，北京，高等教育出版社，2014。

促使幼儿在原有经验的基础上提出疑问，讨论解决方案，尝试各种操作，从而建构出新经验。

图 5-10 镜中像

图 5-11 光与影

（4）环境富有弹性，可以根据幼儿和成人的需要而不断变化，经常以新的面貌激励幼儿进行新的探索活动。比如，在"小水坑里的智慧"活动中，当阳光在墙壁上投下树枝斑驳的影子时，教师就把一块布挂在这面墙上，让幼儿清晰地随时观察光与影子的变化；在"石狮的雕像"活动中，把环境扩展到社区的广场中心，环境的内涵也延伸到石狮几百年的历史时空中；在"雨中的城市"活动中，则利用四季气候和天气变化丰富环境的意义，其环境从雨中的街道变到雨中的古迹，再到雨中的戏院。

通过以上做法，幼儿园成为"研究和实验的工作坊，是个体和全体学习的实验室，还是建构工场"。环境提供了充足的学习机会（包括有多种选择、有吸引力的布置以及各种开放性的、能激发智力发展的材料），促进幼儿积极地学习。

（三）环境是最佳的"记录"方式之一①

马拉古奇说："我们学前学校的墙壁会说话，也有记录的作用，利用墙壁的空间暂时或永久地展示幼儿及成人的生活。"所以，我们一走进瑞吉欧学前教育机构，不用言谈，只要留意校园的环境，就能"阅读"到其中蕴含的各种教育信息。记录的方式很多，他们最常用的展示方式就是墙壁上的告示栏。在告示栏上，贴着由教师认真挑选的活动记录和幼儿作品，在作品旁边有教师对幼儿成果的意见、解释活动过程的相片、有关活动方案的革新想法以及幼儿在不同阶段对方案的评论和交谈。这反映出瑞吉欧教育工作者的智慧与勤奋，他们最大限度地发挥了空间展示的作用（见图 5-12）。

环境记录对教师、幼儿和家长都有很大的益处。环境记录促进了教师的成长。它如一面镜子再现教师的想法，促使教师自我反省；它增加了教师之间的经验分享。环境记录对幼儿也很重要。它让幼儿知道成人重视他们的工作，使幼儿十分热情地投入工作中，并珍惜自己的劳动成果；它为幼儿提供了重新检视、反省和解释的机会，有助于知识的自我整合和集体建构。环境记录是家长了解幼儿的重

① 袁爱玲：《幼儿园教育环境创设》，17 页，北京，高等教育出版社，2010。

学习笔记

图 5-12　瑞吉欧幼儿园的墙壁

要途径。它让家长了解到幼儿在幼儿园的所作所为；不仅使家长了解幼儿的成果——作品，也了解到幼儿学习的每一个过程，而这些往往是家长看不到的；环境记录还为家长提供探讨教育的素材。

记录不仅在墙壁上展示，瑞吉欧学前学校还设置了档案资料室，在那里收集了更为详尽的幼儿发展信息，以及教师和家长提供或制作的各种物品，而参与记录的不仅有教师，还有各位家长的大力协助。对于家长参与记录的工作，马拉古奇打了一个形象的比方：我们的学校就像一艘航行于大海上的船，家长将一直和我们在这艘船上，一起出航，见识不同的风景、变化、现象等。也就是说，当家长跟随着幼儿一起看世界时，就会看到不同的景象，得到不同的体会。

（四）鼓励幼儿用艺术表达思想

每个幼儿园都有一位受过专业训练的艺术教师和一间艺术工作室(见图 5-13)。此外，许多教室里附带迷你工作室。艺术将抽象的知识和思想可视化，引发了新的问题和思考。

图 5-13　瑞吉欧幼儿园的艺术工作室

（五）环境高度个性化

照片、材料、艺术品和记录单，反映了幼儿不同的文化和兴趣。

三、华德福教育的环境观 >>>>>>>>>>>>>>>>>>>>>>>>>>>>>>

华德福教育起源于1919年的德国，由20世纪初欧洲著名的哲学家、科学家、人智学家和教育家鲁道夫·史代纳创立。史代纳强调幼儿园的物质环境和精神环境应该平衡协调，外界环境应该要完全开放，幼儿能与之融为一体，把幼儿与环境的关系描绘成"忠于身体的体验"。华德福教育下的幼儿园环境具有以下五个特点。①

（一）美好的环境

华德福教育者认为在7岁前，幼儿主要是通过模仿的方式学习。他们会模仿周围环境中的人或者事物，因此教师为幼儿创设美好的环境，呈现善的东西，隔离和隐藏丑陋、邪恶的事物，从而为他们创设一个温馨、健康、友善，适合幼儿模仿学习的环境。

（二）自然的环境

史代纳主张为幼儿创设一个自然的环境，把最原始、最自然的东西呈现给幼儿。他们认为自然的环境和自然的玩具能使幼儿集中注意力，舒缓心情，他们特别反对幼儿园使用塑料制品。

户外环境没有大型的塑料滑梯、塑胶操场、大理石，甚至水泥路面等现代化的装饰，而有天然的沙地、绿色的草坪、木制的活动设施等，到处散发着泥土、草木的气息（见图5-14）。室内环境也多用大自然素材。他们主张提供自然材质的低结构材料，如木块磨成的积木、贝壳、木头、石头、树枝等（见图5-15）。这些玩具没有一样是经过大人的修饰的，即使是娃娃或小动物，也是只具有特征，但没有具体细节的装饰，靠的是幼儿自己想象力的发挥。自然的材质不仅可以滋养幼儿的感官，还可以让幼儿体验到玩具俯拾可得，随手可做，不需要花钱买。天然素材的形状与纹路无形中也能培养幼儿对自然造物的欣赏能力与情感。

图 5-14　自然的户外环境

微课
华德福教育的
环境观

📝 **学习笔记**

---

① 虞永平、原晋霞：《幼儿园课程》，211～212页，北京，高等教育出版社，2014。

图 5-15　自然材质的低结构材料

（三）温暖的环境

华德福教育者认为，在幼儿园阶段，教室应该给幼儿一种温暖的感觉，这样能让幼儿的内心安定，从而更专注，更自主，更有创造力。因此华德福教育通过一些特别的设计来营造一种柔和、梦幻、家一样的氛围。原木的家具、地板，淡粉色的墙面，暖色系的布帘，这是其装饰的主要风格。在淡粉色的墙面和暖色系的布帘的相互辉映下，营造一种被包围、被守护的气氛。

一般来说，华德福幼儿园的教室里都尽量采用自然光，这样使幼儿能感受每天的不同时刻的自然光在室内的变化，以开启他们对色彩和光线的感知。如果必须开灯，就采用最接近阳光的微黄光线，给幼儿一种柔和、温暖、安静的感觉。同时，每盏灯的外围都加罩了手制的灯笼，不仅将光线调试得更加柔和，而且也美化了一成不变的灯泡。

还有，他们的每间教室都会有一个厨房，有大人使用的厨具，供教师准备餐点，幼儿也可以来帮忙；再如他们的班级采用混龄方式编排，就像一个家庭团体，不同年龄的幼儿互相模仿，可以培养幼儿的社会能力。班级里这种充满祥和的、家庭似的气氛，使幼儿很快熟悉，并对新环境产生信任感。在教室享受家庭生活的情绪感染下，房间里的每一个角落都会出现自发的创造性活动。

（四）艺术化的环境

华德福教育者认为，艺术化的环境有着深刻的教育作用，应当成为教育的一部分。班级里的地板、墙壁、装饰、家具、植物，教师的站立、动作、说话的方式，都要给幼儿良好的视觉感受，用柔和的灯光、声音、颜色等来变化环境，给幼儿美的熏陶。

（五）季节桌

季节桌是自然界的四季更替在室内的反映（见图 5-16）。教师常常用颜色和场景来帮助幼儿感知春、夏、秋、冬更替和自然界的变化，使幼儿不会无视时间的消逝，而会有意识地体验一年的节奏，这也是安全感的源泉之一。季节桌通常都有固定的位置,不会换来换去,以给幼儿明确的焦点。它可以帮助幼儿建立初步的规则意识。因为布置好的季节桌是不许用手去碰的,只能观看。幼儿是需要自由的,但这并不意味着不需要规则。事实上,现实生活中处处都是有规则的,没有规则意识的幼儿是无法在现实社会中正常生活的。季节桌便担当了为幼儿导入规则意识的重任。

图5-16　季节桌

四、陈鹤琴"活教育"的环境观 >>>>>>>>>>>>>>>>>>>>>>>>>>

陈鹤琴先生是我国从理论角度深入、系统地探讨幼儿园环境创设的第一人。陈鹤琴先生指出,儿童的环境不外乎两种,一种是自然的环境,一种是社会的环境。自然的环境就是各种动植物的现象。社会的环境就是个人、家庭、集体等的交往。由于这两种环境都是儿童天天要接触的,所以我们应当利用这两种环境作为幼儿园课程的中心。总之,大自然、大社会是我们的活教材,我们应当注意环境,利用环境。陈鹤琴认为,儿童应该有游戏的环境、艺术的环境、科学的环境。[①]

(一)环境应具备的特点

1. 游戏的环境

关于游戏的环境,陈鹤琴先生指出,从心理方面说,幼儿是好动的,好模仿的。游戏可以给幼儿快乐、经验、常识、思想和健康。所以父母要注意游戏的环境,使幼儿得到充分的运动。这种游戏环境的创设主要包括两个方面,即"适宜的伴侣"与"相当的设备"。他认为,父母应当让孩子有适宜的伴侣(游戏伙伴),得到美的影响。这样,幼儿的身体就容易强健,心境就很快乐,知识就会增进,思想就会发展。此外,相当的(游戏)环境包含相当的设备。也就是说,游戏环境的创设包含必要的设备。我们应如何选择并置办设备呢?陈鹤琴先生认为,置办幼儿园的设备时应注意遵循以下几个标准,即儿童化、坚固耐用、合乎卫生、艺术意味、本地风光、安全与多变化等。他还深入分析了选择玩物或称玩具的标准。他认为,好的玩物应符合以下标准:①好的玩物是有变化而活动的,幼儿玩了不容易生厌的。②好的玩物是可以引起情感的,如小娃娃、猫、狗。③好的玩物是可以刺激想象力和发展创造力的,如积木。④好的玩物是质料优美、构造坚固不易损坏的,如木类、橡皮等。⑤好的玩物能洗涤而颜色不变,形象不丑陋,足以抒发美感的,如松香做的玩具。总之,成人应为幼儿创设良好的游戏环境。

2. 艺术的环境

陈鹤琴先生认为,我们还应为幼儿创设艺术的环境。其中,艺术的环境主要包括音乐的环境、图画的环境与审美的环境。关于审美的环境,他认为爱美是幼儿的天性,通过天性可以培养幼儿的情感,陶冶幼儿的性情。他提倡在室外尽可能开辟草场、花园、菜圃,栽培美丽鲜艳的花卉和蔬菜、绿荫浓郁的树木;在室内布置一些富有教育意义的挂图、画片、故事画等,让幼儿在这个美丽的环境里舒畅身心,受到良好的审美教育。[②] 陈鹤琴先生认为,自然现象,四时不同。如

---

①　本部分参阅了秦元东:《为儿童创设良好的环境——论陈鹤琴关于幼稚园环境创设的思想》,载《学前教育研究》,2002,6(16)。

②　袁爱玲:《幼儿园教育环境创设》,25页,北京,高等教育出版社,2010。

果依时令，利用每一时季中的特殊自然物来布置，可以使儿童认识各种不同的自然现象，这是很有意思的；不过我们用自然物来布置的时候，最好能设法把它改变原有的形状，这样可以更加别致，更加有趣；但布置不仅要"美"，还应当含有"教育"或"鼓励"的意义才好。所以，以学生的成绩来布置(环境)最为适当，最有意义。因此，室内布置应以幼儿成绩为主，幼儿画的图画，剪的剪贴，做的纸工、泥工、木工和其他手工，都应该陈列出来，这样可以鼓励幼儿。总之，教师应当用幼儿的成绩布置幼儿园的环境。但在运用幼儿成绩布置环境时，陈列出来的不一定是班中最好的。他说：陈列出来的作业，不一定是一个班中最好的，应该将成绩分别布置出来，使幼儿可以得到自我比赛的机会。他认为教师应妥当处置两种特殊的成绩，将它们放在一个专门的地方。他说，除了他们的成绩在教室中布置以外，还应当有一个专门的地方来揭示特别的成绩。什么是特别的成绩呢？一是指一个班中最好的成绩；二是指不是一个班中最好的成绩，但却是这个幼儿个人成绩中最好的。揭示一个班中最好的成绩，这当然是毫无意义的。至于第二点，却尤其有特殊的意义，因为它可以显示出这个幼儿到底是进步得怎样快。

3. 科学的环境

科学的环境是指尽可能带领幼儿栽培植物，布置庭院，从事浇水、锄草、收获种子、饲养动物等工作，通过幼儿的双手和感官，不断理解自然界与自然现象之间的关系，通过实践获得真知，并不断提高自己的认识能力。[①]

（二）环境创设的原则

陈鹤琴先生还提出了环境创设的一些原则。

1. 参与性原则

环境的布置要通过幼儿的大脑和双手。陈鹤琴先生在分析"布置时应注意的弊病"时指出，在布置环境时，不要教师自己来做，让幼儿自己来设计，自己来布置，这才格外有意思，也才更有教育意义。总之，通过幼儿的思想和双手所布置的环境，可使他对环境中的事物有更充分的认识，也会更加爱护。因此，教师应该学会如何引导幼儿运用大脑和双手来布置环境。

2. 变化性原则

我们布置环境，要依据社会活动和自然现象，因此需要常常变化，甚至是报表，如气候图、整洁表等，也要常常变化。这样，幼儿才能得到教育。

3. 以幼儿为准原则

环境的创设还要考虑幼儿的特点。教师必须清楚，环境是为幼儿创设的，他们是环境的主人，是环境的使用者。因此，在创设环境时，应以幼儿为基准，如挂图、照片和墙饰等的悬挂要与幼儿的视线齐平。

总之，布置环境，应根据自然现象和社会情况，在各个幼儿园现有的条件上，带领幼儿一同布置，使幼儿从布置环境中认识四周环境中的事物，了解事物与事物之间的联系；使幼儿从改造环境中创造环境，并培养幼儿坚毅、积极、合作、互助等优良品质。

---

① 袁爱玲：《幼儿园教育环境创设》，25 页，北京，高等教育出版社，2010。

（三）对当前幼儿园环境创设的指导意义

陈鹤琴先生关于幼儿园环境创设的思想是他留给我们的一份宝贵的"遗产"，至今仍充满了生命力与活力，是我们继续前进的"基石"，并且对当前我国的幼儿教育仍具有指导与借鉴意义。

第一，陈鹤琴先生关于幼儿园环境的创设应坚持"中国化"原则的思想至今仍具有指导意义。当前在我国幼儿园的环境布置中存在一种"贪大求洋"的现象。许多幼儿园中的设备、玩具很多都是从国外引进的，而较少甚至没有我国传统的玩具。我国是一个文明古国，有着悠久的历史，在优秀传统文化中，特别是民间，存在许多优秀的传统玩具，如九连环、华容道等。这些玩具都具有较高的教育价值。因此，我们应改变当前"贪大求洋"的现象，挖掘民间的一些优秀传统玩具，将其引进幼儿园。与此同时，我们也要立足本国实际情况，积极吸收国外的精华，但要避免照搬照抄。

第二，陈鹤琴先生关于幼儿园环境的创设应坚持"儿童化"原则的思想至今仍具有指导意义。我国当前幼儿园环境创设中存在一些问题。一是环境创设的形式化，主要表现为一些幼儿园的指导思想与创设方法不是从幼儿出发，而是为了应付检查、参观、观摩，完成接待任务等。其目的主要是装饰，只追求外在形式，而不注意发挥环境的教育作用。二是环境创设的成人化，主要表现为以成人的理解、认识与需要来创设幼儿园环境，使幼儿园环境的创设缺乏童趣，严重时还会导致某个时期的纯政治化倾向；或者是把小学的教学环境直接搬入幼儿园，忽视了幼儿教育的特点。这些问题的存在表明我们忽视了或者说没有尊重幼儿的特点，而是将幼儿视为"小大人"，违反了"儿童化"的原则。幼儿是环境的主人，是环境的使用者，因此在创设幼儿园环境时应以幼儿为出发点和归宿。这正是陈鹤琴先生关于幼儿园环境创设应坚持"儿童化"的原则。

第三，陈鹤琴先生关于幼儿园环境创设应坚持"儿童参与"原则的思想至今仍具有指导意义。以往幼儿园的环境一般都是由成人为幼儿提供的，因而幼儿常常处于被动地位，他们只能机械地接受成人的安排，无法主动参与到环境中。其结果是，幼儿的个性、思维、创造性都不能得以充分发挥。总之，这种不让幼儿参与环境创设的做法不利于幼儿的发展。为此，我们应强调幼儿参与幼儿园环境创设的重要性。也就是说，环境的布置要通过幼儿的大脑和双手。这正是陈鹤琴先生关于幼儿园环境创设应坚持"儿童参与"的原则。

第四，陈鹤琴先生关于"环境的布置要常常变化"的思想也具有指导意义。在当前我国幼儿园的环境布置中，有的幼儿园图省事，环境布置长期不换，致使所布置的环境失去了其应有的教育价值。对此，陈鹤琴先生早就明确地指出，"环境的布置要常常变化"。这样幼儿才能得到良好的发展。

第五，陈鹤琴先生关于用幼儿的成绩布置幼儿园环境的思想至今仍具有指导与借鉴意义。陈鹤琴先生认为，用幼儿的成绩来布置环境是最有意义的。在此过程中，教师要妥当处置两种特殊的成绩，即一个班中最好的成绩与幼儿个人成绩中最好的。教师应将这两种成绩放在一个专门的地方。而当前一些幼儿园在用幼儿的成绩布置环境时没能很好地处置这两种特殊的成绩。有的只是将所有幼儿的成绩放在一个地方，而有的则只强调一个班中最好的成绩，等等。因此我们说，

✎ 学习笔记

陈鹤琴先生关于用幼儿成绩布置幼儿园环境的思想对我们解决这些问题具有指导与借鉴意义。

第六，陈鹤琴先生关于在幼儿园的环境布置中要注意立体布置和平面布置相结合的思想至今仍具有借鉴意义。陈鹤琴先生在《怎样布置教室》中指出，普通的布置都是平面的，但如果教室的空间容许的话，可以做一种立体布置的尝试。当然这是要让幼儿自己来设计和布置的。当前我国幼儿园环境的布置也多为平面的布置。我们也可以进行一些立体布置方面的尝试，以更好地发挥环境的作用。

其实环境创设需要科学的儿童观、教育观的指导，但很多教师在环境创设时是盲目的，不知道为什么要创设这样的环境。因此教师要改变的不仅仅是班级的物理环境，更需要形成一套环境创设的价值观，这样才能更有目的、更有效地创设和利用环境。

■ **思考与练习**

1. 观察一所幼儿园的班级环境，列出你所发现的与普莱斯考特关于物质环境的每一维度相关的具体内容，并标出这个班级环境在每一个维度的连续体上所处的位置，然后与同学一起讨论你的发现。

2. 观察一所幼儿园环境，并思考：这所幼儿园的环境创设受到了蒙台梭利教育、瑞吉欧教育、华德福教育以及陈鹤琴教育的环境观的影响吗？

专题六
幼儿园班级环境创设的原则

学习目标

1. 掌握幼儿园班级环境创设原则的含义。

2. 能够综合运用幼儿园班级环境创设的原则设计幼儿园班级环境，分析班级环境并提出调整措施。

3. 形成幼儿本位的班级环境创设理念。

思维导图

- 幼儿园班级环境创设的原则
  - 幼儿主体性原则
    - 幼儿主体性原则的第一层含义
    - 幼儿主体性原则的第二层含义
    - 幼儿主体性原则的落实
  - 丰富性原则
    - 活动空间的丰富
    - 活动材料的丰富
  - 适宜性原则
    - 环境适宜年龄特点
    - 环境适宜个体需要
  - 开放性原则
    - 空间和材料上的"打通"
    - 内容上的"留白"
    - 方式上的"全纳"
    - 参与者的"多元"
  - 满足需要原则
    - 满足幼儿的情感需要
    - 满足幼儿的身体需要
    - 满足幼儿的认知需要
    - 满足幼儿的社会性需要

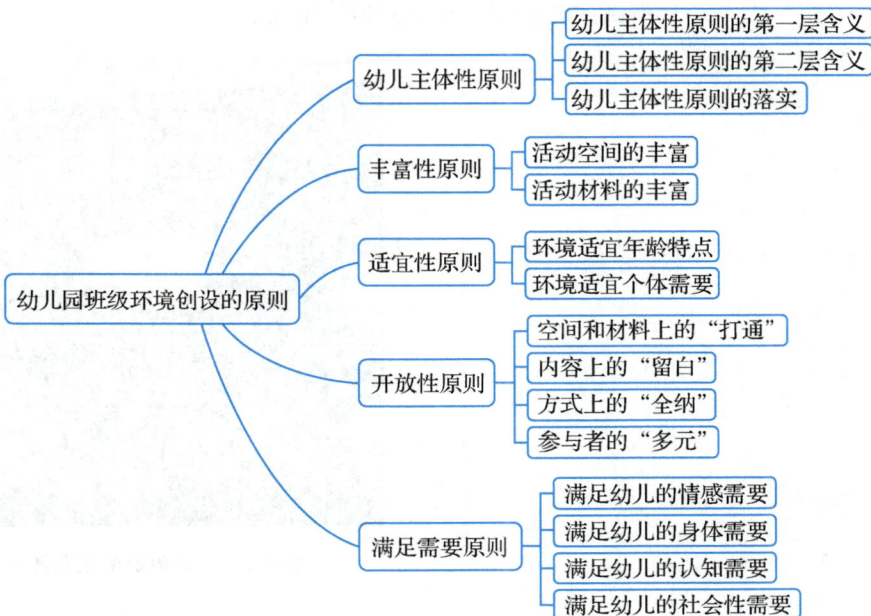

什么样的环境能吸引幼儿的参与？什么样的环境能激发和促进幼儿的探索与学习？什么样的环境能满足幼儿的需求？当我们考虑这些问题的时候，便是在考

虑环境创设的原则了。本专题不仅介绍了幼儿园班级环境创设的原则，也会涉及落实这些原则的具体做法。

主题 1
幼儿主体性原则①

一、幼儿主体性原则的第一层含义 >>>>>>>>>>>>>>>>>>>>

王小英、陈欢通过访谈了解幼儿对幼儿园物质环境的满意度及其解释。研究发现，教师费尽心思做的装饰花边和墙绘卡通，幼儿却说"那是老师画的，有时候我觉得还挺好看的，给个一般脸吧"。而一个只有石头的犄角旮旯，却足以让他们脱口而出："这个有用！我给笑脸！这是我们的游戏基地！"②可见，教师精心布置的环境未必就是幼儿喜欢的和想玩的。这就是成人视角与幼儿视角的区别。

可是现实中一些教师往往根据自己教育教学的逻辑考虑环境创设，凭自己的感觉评价好看或不好看，较少倾听幼儿的建议，也很少顾及幼儿的感受。环境创设更多是教师的创意、教师的审美、教师的喜好、教师的需要，幼儿变成了环境创设的旁观者或局外人，极少参与（见图6-1、图6-2）。当我们在环境中到处用这样的方式、这样的思路来创设环境的时候，其实幼儿在这里看不到他的生活，看不到他的需要，看不到他的审美。

图 6-1　教室创设的主题墙 1

微课
主体性原则的
第一层含义

📝 学习笔记

---

① 本部分内容受王海英老师讲座《以儿童为中心的幼儿园环境创设与利用》的启发。
② 王小英、陈欢：《基于儿童视角的幼儿园物质环境质量评价》，载《学前教育研究》，2016(1)。

图 6-2　教师创设的主题墙 2
（图片摄于某幼儿园）

因此，幼儿主体性原则的第一层含义是努力突破和变革，将教师的立场、逻辑和审美转换到幼儿的立场、逻辑和审美，即站在幼儿的视角来布置环境。那如何将教师的立场、逻辑和审美转换成幼儿的立场、逻辑和审美呢？具体来说，这就要求我们在设计环境的时候考虑：幼儿喜欢看图形还是文字？喜欢平视还是仰视？喜欢在环境中看到自己还是他人？喜欢静态的东西还是可操作的东西？这些东西是否在幼儿触手可及的范围内？等等。其实答案是显而易见的。根据幼儿的思维特点，他们喜欢看直观形象的图形，平视更能吸引幼儿与墙面的互动。他们喜欢在环境中看见与自己有关的一切。当幼儿在环境中看见自己的作品时，会有一种回忆，会产生一种很强烈的亲和感、满足感、成就感和归属感，会特别在意、特别珍惜、特别喜欢这样的环境；同时在环境中看见自己的作品也可以是幼儿的活动记录，通过在环境中呈现幼儿的作品和活动过程，对教师自我反省、幼儿自我回顾和反思、家长了解幼儿等都有很大的好处。此外，幼儿喜欢去摸索，去操作，他们喜欢可操作的东西。

所以，在环境创设好之后，我们不妨蹲下身来，从幼儿的视角审视整个班级环境：是以图形和符号为主的环境布置吗？悬挂物的高度符合幼儿的身高吗？环境中是否充满了与幼儿关系密切的东西呢，包括幼儿自己的作品、自己的活动过程、贴近幼儿自己经验的材料？是单向的、欣赏的、展示性的环境还是可供幼儿操作、探索、交往的环境？这些东西有没有在幼儿触手可及的范围内？等等。

当我们这样思考问题的时候，就是在落实幼儿主体性原则的第一层含义了。

二、幼儿主体性原则的第二层含义　>>>>>>>>>>>>>>>>>>>>

教师站在幼儿的视角来布置环境，这是不是就是环境创设的最佳方式了呢？在绘本《鱼就是鱼》中，由于小鱼和青蛙经验的差异，所以当青蛙把自己看到的鸟、牛、人等转述给小鱼的时候，在小鱼那里，样子已经发生了变化。可是青蛙能够想象出，小鱼构建出来的是另一个不是鸟的鸟，不是奶牛的奶牛，不是人的人吗？青蛙肯定想象不出来。同样，教师有时也无法想象幼儿脑中构建出来的是什么。

也就是说，教师站在幼儿的视角，替幼儿创设环境的第一个问题就是，即便教师努力站到幼儿的立场考虑幼儿的需要，努力用幼儿的眼光去审视环境，努力用幼儿的逻辑去思考问题，但由于幼儿与教师思维和经验存在差异，这种视角也

微课
主体性原则的
第二层含义

只不过是一种"他者自我化"，误解甚至扭曲幼儿的看法也在所难免。也就是说，成人要站在幼儿的视角考虑问题还是比较难的。①

而且，环境创设的过程能够培养幼儿的审美能力、设计能力、动手操作能力等。可是教师创设环境，发展的是教师的能力。幼儿是在做中学的，因此不是教师做得多，幼儿就学得多，而是幼儿做得多，幼儿才学得多。其实幼儿可以自己设计并创设自己力所能及范围内的环境，只要教师不要用自己的审美标准去要求幼儿就好。可见，教师站在幼儿的视角，替幼儿创设环境的第二个问题就是幼儿失去了在做中学的机会。

再者，教师站在幼儿的视角，替幼儿创设环境，依然是教师的劳动，环境建设的主体依然是教师，满足的是教师的成就感。幼儿的成就感没有被满足，幼儿依然是被动的、等待的、依赖的、服从的角色。因此，教师站在幼儿的视角，替幼儿创设环境的第三个问题是环境建设的主体依然是成人，幼儿依然是被动的、等待的、依赖的、服从的角色。

综上，让幼儿自己创设环境的理由有以下四点。

第一，幼儿自己动手动脑设计和布置的环境，一定是符合幼儿的立场、幼儿的逻辑和幼儿的审美的，一定是符合幼儿兴趣和认知特点的，是真正属于幼儿的活动空间。

第二，幼儿是在做中学的，幼儿动手创设环境的过程就是积极主动的学习过程，是直接感知、实际操作和亲身体验的过程，是获得直接经验的过程。

第三，在师幼共建的环境中，由于幼儿亲自参与班级环境创设，他们会对环境产生一种特殊的情感联结，产生归属感。

第四，当幼儿成为环境的主人时，幼儿也就成了有权利、有能力、有自信的独立个体，能够体验到掌控感、满足感。

所以，幼儿主体性原则的第二层含义是指幼儿有权利、有责任、有能力和教师一起创设共同生活的环境，这也是幼儿主体性原则的更深层次含义。

有些教师说："我们在环境创设的时候遵循了幼儿主体性原则，我们的墙面、轮胎、瓶瓶罐罐都是幼儿装扮的。"让幼儿参与就等于发挥了幼儿的主体性了吗？来看一个案例。

甲班教师准备好材料，向幼儿宣布："我们要把墙面打扮漂亮，老师请你们一起来参加，好不好？"

"老师，那画什么呢？"一幼儿问。

"你们喜欢什么呀？"老师以商量的口吻询问幼儿。

"我喜欢宇宙。""我觉得有各种各样的小动物也很好看。""画我们的幼儿园吧。"……幼儿七嘴八舌地讨论了起来。

教师微笑着，倾听着，示意幼儿安静下来，然后宣布："我们让墙面变成一个美丽的海底世界，好吗？"

然后教师开始分配工作，将一些简单的鱼、水草分配给幼儿制作，自己则开始设计大鱼、海螺、珊瑚等。虽然有几名幼儿嘟起嘴说自己不喜欢画鱼，但幼儿基本上都服从了教师的安排，活动室里恢复了安静。

小涵平时的绘画作品深得老师的赞赏，因此他分配到的工作是画鱼。接下这神圣的任务后，小涵画了很久。小涵看过科学漫画，他知道在深海中的许多鱼由于常年不见阳光，眼睛基本上都退化了，而且是黑油油的。当小涵将自己设计的几条深海鱼递给老师时，老师不禁皱起了眉头："小涵，你画的是什么呀？"

"这是深海中的鱼。"小涵解释着。

"哦，是深海中的鱼呀。不过这贴在墙上不好看。这样吧，老师给你几张画得很好看的彩色鱼，你照样画吧。小涵肯定可以画得很好看，对不对？"

最后，一个美丽的海底世界出现了，基本上与老师当初设想一致，老师欣赏着美丽的墙面，非常满意。几名幼儿则围着小涵，传阅着被老师否定的画，讨论着深海中各种奇怪的鱼；大部分幼儿已围在玩具架前玩了，他们对刚才画水草不耐烦了。

（引自袁爱玲：《幼儿园教育环境创设》，64～65 页，北京，高等教育出版社，2010。）

案例中的教师虽然让幼儿参与到环境的创设中，但是幼儿只是"配合"着教师去做，幼儿既不知道为何要布置墙面，也不知道为什么要如此布置。教师强迫幼儿画水草，对小涵的消极反馈的做法也使幼儿丧失了兴趣。幼儿在这样的墙面布置中完全是消极被动的，这种被动参与并没有发挥幼儿的主体性，这样的环境创设依然是站在教师的角度，而不是幼儿的角度。所以主体性不同于参与性。因此环境创设要支持幼儿实实在在地参与，体现自己的观点，表达自己的审美诉求，反映自己的思维水平。幼儿不是教师世界的装饰品，不要让幼儿的作品来装点教师自己的创意。

三、幼儿主体性原则的落实 >>>>>>>>>>>>>>>>>>>>>>>>>>>>>>

落实环境创设的幼儿主体性原则，就要求环境创设的全过程都要发挥幼儿的主体性，即环境评价和环境创意倾听幼儿的声音，环境设计和环境布置邀请幼儿参与，环境管理发挥幼儿的作用。值得注意的是，环境评价、创意、设计、布置和管理这五个方面是相互联系的有机整体，有些教师只在某些环节邀请幼儿参与，这也不能真正体现幼儿主体性原则。

典型案例

教师请幼儿把幼儿园中喜欢或不喜欢的地方拍下来，大(2)班的轩轩拍了一张自己不喜欢的地方——遮阳棚的照片。轩轩认为操场上的遮阳棚太小了，因为天气渐渐炎热，幼儿在参加户外活动时没有地方休息。他提出要在操场上建一个更大的遮阳棚，这个想法得到了其他幼儿的响应。于是，教师抓住这个话题就如何建遮阳棚组织了一次讨论。幼儿围绕遮阳棚建在哪里、怎么建、需要什么材料，展开了讨论。教师帮助幼儿在问题引导下形成了搭建遮阳棚的初步方案，并推选出向园长陈述方案的适宜人选。

（引自叶小红：《小主人议事厅：支持儿童参与评价》，载《中国教育报》，2018-11-18。）

微课
主体性原则的落实

上述案例中，教师通过观察与倾听，采集幼儿观点，更好地理解幼儿及其所欲求的环境，做到了环境评价和环境创意倾听幼儿的声音。环境评价和环境创意倾听幼儿的声音是指，环境变与不变，怎么变以及以什么样的方式变，这个评判的标准不是我们通常所说的"幼儿园环境评比标准"，而是要追踪幼儿的反应，倾听幼儿的声音。

当幼儿的看法得到倾听后，如果没有相应的处理跟进，将会沦为虚假的倾听。这不但会使"幼儿的经验想法在教育决策中发挥作用"的愿景落空，也最终会失去幼儿的信任。因此，教师除了鼓励幼儿"纸上谈兵"外，更应支持他们将设想付诸实践，真正把幼儿的主张、幼儿的想法转变成幼儿的环境。例如，在遮阳棚这个案例中，教师抓住这个话题就如何建遮阳棚组织了一次讨论。幼儿围绕遮阳棚建在哪里、怎么建、需要什么材料，展开了讨论。教师帮助幼儿在问题引导下形成了搭建遮阳棚的初步方案，并推选出向园长陈述方案的适宜人选。当然，教师还可以进一步支持幼儿实地考察，测量遮阳棚的长、宽、高，搜集制作遮阳棚的材料和工具，参观改造现场等。这就是环境设计和环境布置邀请幼儿参与。让幼儿自主设计和改造自己生活和学习的环境，不仅能引导和激发幼儿对周围环境的关注，培养其社会责任感，而且给幼儿提供了验证和实现自己想法的机会。当幼儿主动参与改变周围环境的工作时，会使他们感觉到有控制自己周围世界的能力。正如陈鹤琴先生所说：用幼儿的双手和思想布置的环境，会使他们更加深刻地理解环境中的事物，也会使他们更加爱护环境。

最后，环境是动态的，因此环境的管理和规则的制定也是影响物质环境效用的重要方面，而在这一方面更应该体现出幼儿的主体地位。如上述案例中遮阳棚如果建好后，就涉及遮阳棚的使用和管理。教师可以让幼儿担负起管理遮阳棚的责任，如遮阳棚的卫生管理、饮水工具的管理、规则的制定等。这样不仅培养了幼儿的责任意识，而且会引导幼儿积极主动思考和解决实践中遇到的问题。只有让幼儿充分参与到环境的管理和规则的制定上来，幼儿的主体性才能充分体现和真正彰显。

当然，幼儿毕竟年龄尚小，大型环境设施不可能完全由幼儿创设，因此幼儿的主体性可从区域牌的设计、墙面环境创设、区域环境创设与管理等方面体现。

幼儿主体性原则实质上是一种幼儿观、教师观和师幼关系的体现。你把幼儿看成被动的接受者还是有能力的主动的建构者？你把自己看成高高在上的教育者还是支持者、合作者、引导者？你和幼儿之间是教育和被教育的关系，还是平等的、共同生活、共同学习的关系？当我们在内心深处把幼儿看成有能力的主动的学习者、建构者，把自己看成幼儿的支持者、合作者、引导者，并且和幼儿是一种平等的、对话的关系时，在环境创设中就能做到尊重幼儿的主体性了。

主题 2
丰富性原则

微课
丰富性原则

《纲要》指出："幼儿园应为幼儿提供健康、丰富的生活和活动环境，满足他们多方面发展的需要，使他们在快乐的童年生活中获得有益于身心发展的经验。"

那么究竟何为丰富？由于对"丰富性"的认识不足，因此传统的幼儿环境创设更多地关注外观上的"丰富性"，而忽略内在教育价值上的"丰富性"，使得有些幼儿园环境表面上看起来"色彩绚丽""琳琅满目"，实际上在教育价值上却是"单一重复""空洞无物"。这样的环境不仅不可能促进幼儿的成长，反而会限制和阻碍幼儿的发展。①

我们知道教育环境区别于一般生活环境的根本特征之一就在于其富含高度浓缩的达到培养目标所需的教育因子。因此，丰富性的根本就在于教育价值的丰富性，即根据《纲要》提出的幼儿发展目标，为全体幼儿提供足够的、多样的、可供获取丰富的知识信息、情感体验和能力等富含教育价值的物质环境。② 具体包括活动空间的丰富和活动材料的丰富。

一、活动空间的丰富　>>>>>>>>>>>>>>>>>>>>>>>>>>>>>>

室内环境应尽量提供活动种类丰富多样的区域，如装扮区、表演区、建构区、美工区等表现性区域，益智区、科学区、种植区等探索性区域，阅读区、展览区等欣赏性区域，以及根据幼儿的兴趣和需要、本土化资源、主题课程等灵活设置的区域；室外环境应设计丰富有趣的游戏场地，有各式游乐设施（如滑梯、秋千、吊环、平衡木、攀爬网等），土坡，草地，塑胶地，种植园，养殖区，沙水区等。只有这样丰富的物质环境才可能帮助幼儿获得多样化的经验。

二、活动材料的丰富　>>>>>>>>>>>>>>>>>>>>>>>>>>>>>>>>

（一）材料的数量要充足

在资源丰富的环境中，幼儿更容易投入独立自主的学习活动中。幼儿需要种类丰富的材料，但是如果环境太复杂，也会导致幼儿的认知疲劳，以及学习能力的下降。

相反，材料不足，幼儿的选择就会受限制，并且可能因等待材料而浪费很多时间。材料不足还会引起吵架增多。此外，它还可能阻碍幼儿潜能的发展。如果

学习笔记

---

① 袁爱玲：《幼儿园教育环境创设》，54 页，北京，高等教育出版社，2010。
② 袁爱玲：《幼儿园教育环境创设》，54 页，北京，高等教育出版社，2010。

在完成某个建筑物之前就将积木用完了，幼儿的创造力、注意的广度和问题解决能力的发展就会受到限制。在一个资源短缺的班级里，幼儿最终会很快地完成建构，但很难创造出复杂的建筑物。

为了确定材料的具体数量，教师应该细心观察幼儿。如果幼儿等待或争抢玩具，这就意味着材料不够，需要增加同种材料的数量。小班通常进行平行游戏，所以特别需要为他们提供数量充足的同种材料和玩具。如果幼儿在教室里走神而没有投入游戏，这可能是因为材料不足，或是材料太多了，让他们无从选择。

📝 学习笔记

（二）材料之间要能发生联系

丰富性不仅仅是指数量上的充足，更在于不同材料之间能够组合或发生联系，组合或联系后能够丰富、拓宽、深化游戏，激发幼儿进一步探索。简单组合通常不能像复杂组合或超复杂组合那样长时间吸引幼儿的注意力，因此需要增加复杂组合或超复杂组合，空间内的每名幼儿就能进行更多的活动。比如，只给幼儿提供娃娃，就算提供再多的娃娃，幼儿能做的事除了抱娃娃还是抱娃娃，但是如果加上了餐具，那么就可以给娃娃做饭；如果加上澡盆，就可以给宝宝洗澡；如果再加上医院，那就可以带娃娃去看病。

总之，材料和材料之间的组合越多，发生的联系越多，材料越丰富，幼儿可进行的活动就越多。所以不能只给幼儿提供一堆简单组合的材料，要考虑这种材料和什么材料组合可以产生新的游戏行为。

（三）材料要提供多样化的信息

材料提供的信息越丰富，幼儿学习的机会也就越多。比如，我们给幼儿玩的海洋球，往往考虑了颜色上的不同，那是否能进一步从球的大小、光滑程度、软硬度、重量、不同规律排列的花纹，甚至球上的洞眼数量等方面考虑，来提供不同质地的球呢？再比如，娃娃家提供的娃娃都是清一色布娃娃，而且都是女的，能不能从娃娃的性别、民族、肤色等角度考虑，让娃娃可以传递给幼儿的信息更多样化，从而增加幼儿的学习机会呢？

（四）材料的结构要多元

根据材料用途的特定性程度，材料可以分为高结构材料、低结构材料和无结构材料。例如，玩具成品有特定的用途，是高结构材料；瓶瓶罐罐、纸盒，以及木材、线绳等有多种用途，是低结构材料；沙、水、泥，是无结构材料。前面在讲到环境的维度时，其中一个维度是开放和封闭，高结构材料就是封闭性材料，低结构和无结构材料就是开放性材料。材料结构的多元是指，教师应同时考虑高结构、低结构和无结构等不同类型材料的投放，并应认识到它们对幼儿发展都有重要的意义。

主题 3
适宜性原则

微课
适宜性原则

✎ 学习笔记

在教育学中，对"适宜"的理解有两个方面，一是适应需要，二是促进发展，也就是《纲要》中说的"既适合幼儿的现有水平，又有一定的挑战性"。① 从对适宜的理解中不难看出，遵循适宜性原则，第一步就是要分析本班幼儿的实际发展水平和需要。分析幼儿，首先要掌握不同年龄阶段幼儿的一般发展特点和发展趋势，其次要精心观察现实中的每一个幼儿，做到既适宜年龄特点，又适宜个体需要。

一、环境适宜年龄特点 >>>>>>>>>>>>>>>>>>>>>>>>>>>>>>

从年龄的普遍性来看，幼儿的学习方式主要是直接感知、实际操作和亲身体验，因此班级环境要满足幼儿通过感知、操作和体验获取经验的需要，如可以和幼儿互动的墙面(涂鸦墙、积木强、磁铁墙等)。

从年龄的特殊性来看，小班幼儿的注意力容易分散，因此环境装饰不要过于复杂，区域材料不宜过小、过多或过杂。同时，小班幼儿既具有整体感知的特点，又对细节有高度的敏感性，因此在环境创设中，宜采用大比例、大块面的整体构图方式，以满足他们对局部的细节性感知和整体的结构性感知需要。中班幼儿在动作、语言、操作探索、注意分配、想象创造等方面有了明显的发展，因此他们需要更多能够引发精细操作与想象的材料，需要更大的探索空间和活动范围。不仅如此，随着中班幼儿自主性的增强，教师要给予他们更多参与环境规划、设计、决策的机会。大班幼儿的专注力、思维力、想象力有了更大的发展，因此幼儿园环境要有更多的留白以支持他们深度学习。譬如，活动区记录单、游戏计划本、每日签到单等不仅是幼儿的学习结果，也是幼儿的学习对象，教师可以有意识地引导幼儿进行再次学习，通过找规律，分类统计，分类汇总，图形输出(曲线图、饼状图、条形图)等方式，支持幼儿进行深度学习。②

在材料的数量方面，由于小班幼儿倾向于平行游戏，所以应多投放相同的材料；而大班幼儿更喜欢合作游戏，可以投放较复杂的合作性材料。

在材料的结构性方面，一个关于"材料的真实性与结构性"的研究显示，高真实性、高结构性的玩具可鼓励幼儿的假装游戏，对年龄较大的幼儿影响不大；低龄幼儿缺乏表征技巧，需要真实性较高的、与主题相关的物体模型来开始游戏；年龄较大的幼儿表征技巧日益成熟，真实性玩具容易干扰其想象力。所以对小班幼儿来说，塑料水果、蔬菜能引起对现实生活的回忆，可鼓励幼儿进行假装游戏。但是很多班级到了大班还在用塑料的水果、蔬菜等材料，这对幼儿的发展不仅没

① 王春燕：《幼儿园课程概论》，80 页，北京，高等教育出版社，2007。
② 王海英等：《儿童视野的幼儿园环境创设》，20～21 页，北京，人民教育出版社，2019。

学习笔记

有价值，还容易干扰幼儿的想象。

在材料的难度方面也要做到年龄适宜性。难度在小、中、大班的分布应呈螺旋形连续上升状态。例如，南京师范大学学仕风华园的教师在创设“堆宝塔”区域游戏环境时，为托班、小班提供的游戏材料是大的塑料饮料瓶或纸杯，为中大班提供的游戏材料则调整为小型积木。这就做到了适宜年龄特点。①

案例：在美食一条街，教师为小小班和小班的幼儿提供食物的成品，作为游戏的材料(见图 6-3)；在中班，教师准备的材料是半成品，教师需要对材料稍做加工，如教师提供了竹签、剪成各种形状的皮纸，供幼儿制作食物(见图 6-4、图 6-5)；在大班，教师则提供了整张皮纸和竹签，供幼儿制作需要的食物，难度明显增加。

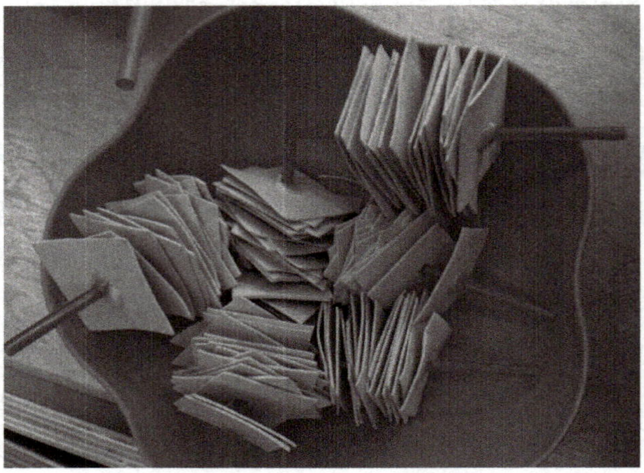

图 6-3　成品材料

(图片摄于温州市第四幼儿园)

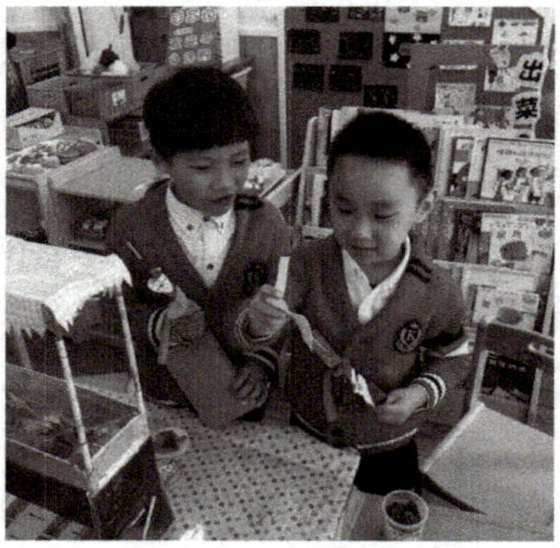

图 6-4　幼儿自制烧烤食物

(图片摄于温州市第四幼儿园)

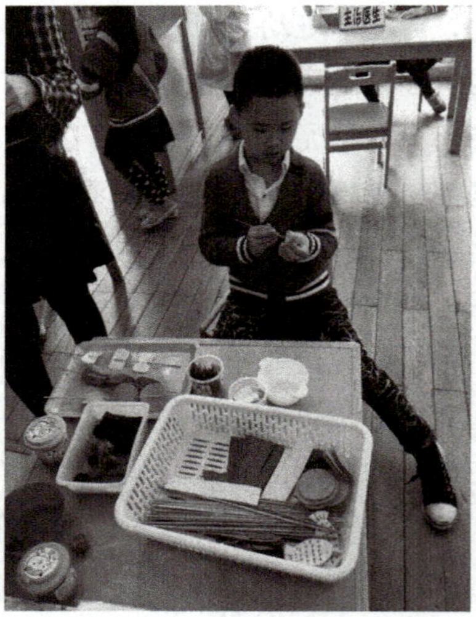

图 6-5　教师提供的半成品材料

(图片摄于温州市第四幼儿园)

① 王海英：《“以儿童为中心”的班级环境创设》，载《幼儿教育》，2013(Z4)。

刺绣角两个专注的男孩

　　两个大班男孩在刺绣角。他们班提供的是一个长方形的，大概 60 cm×120 cm 的花绷架，像一个小桌子一样，上面绣的是龙。因为花绷架很大，幼儿需要站在那里绣。两个小朋友不得不合作完成。A 男孩从上面扎进去，B 男孩在下面等着针过来，接住了，再往上扎，A 男孩在上面指挥他，"往这边一点，这边一点"，还用手为他指出位置。两个人合作，一上一下，绣了很长时间，非常专注。在合作解决问题时，他们慢慢发展出很多与空间有关的词汇，以便更好地指明方向，如"左、右，上、下，右边一点点，紧挨着这个"等。

　　从这个案例中我们看到，教师在为大班的幼儿创设环境、提供材料、设定任务时，考虑到大班幼儿的年龄特征，提高难度，提供合作机会，从而吸引幼儿专注游戏。

二、环境适宜个体需要 >>>>>>>>>>>>>>>>>>>>>>>>>>>>>>>>>>>

　　米兰达，一个新来的幼儿园教师，非常愉快地开始了工作。然而，这几天她伤心地告诉园长，她不确定自己是否可以胜任这份工作。她说她们班有几个不听管教的幼儿，而且她想不出任何办法来解决这个问题。她将这些幼儿形容为"闹的，让你心烦意乱的和具有破坏性的"。园长答应米兰达观察这几个幼儿的行为。观察后，园长和米兰达一起开了会。园长建议米兰达在教室里为精力过剩的幼儿开设健身中心和木工区。当其他幼儿也对这些活动感兴趣时，园长建议米兰达设立一个特别参与区域。米兰达听取了园长的建议，并改善了教室环境。同时，她开始更加认真地观察每一个幼儿，关注他们的兴趣爱好，并确保教室里每个区域都有幼儿喜欢的材料。当她做了这些改变后，幼儿更加投入地参与区域活动，他们的行为问题也大大减少了。米兰达对此进行了反思，她告诉园长："我意识到起初设置区域时，我在区域里投放了自己小时候喜欢的材料。我是一个喜欢安静的小女孩。我只为跟我小时候性格相似的幼儿布置教室环境而忽略了其他幼儿的需求。"

　　（引自［美］朱莉·布拉德：《0—8 岁儿童学习环境创设》，陈妃燕、彭楚芸译，339 页，南京，南京师范大学出版社，2014。）

　　环境创设不仅要考虑每个幼儿的特点，包括每个幼儿的兴趣、需要、学习方式、优势智能、性格特点，还要考虑幼儿在发展水平上的差异。例如，为了锻炼手部肌肉的发展，教师在区域中安排了剪纸的材料，但由于每个幼儿的手部小肌肉发展情况不同，教师分别提供了短直线、长直线、波浪线、锯齿线、螺旋线（见图 6-6、图 6-7）。教师通过提供不同层次的材料，满足了不同发展水平幼儿的需求。

图 6-6　不同的剪纸材料
（图片摄于温州市第六幼儿园）

图 6-7　幼儿选择适合自己的剪纸材料
（图片摄于浙江省级机关武林门幼儿园）

再如，南京师范大学高新幼儿园大班幼儿的"翻方块"游戏的设计，考虑到能够让不同水平的幼儿都能找到可操作的材料。游戏规则是：幼儿抛起沙包，趁沙包在空中的时间迅速操作方块（翻、拍、移动、叠高等），然后接住沙包。可以是单人游戏，也可以是多人竞赛。为了激励幼儿不断挑战自我。教师将游戏分为六个层级，对应六种不同的操作方式，分别为"翻方块""拍拍乐""方块搬家""方块向前冲""方块住高楼""方块争霸赛"。同一种操作方式也可以设置不同的难度层级。通过不断晋级，幼儿可以不断超越自我。①

实施适宜性原则，一般的做法是先根据幼儿的年龄特征来创设空间和投放材料，然后随时随地添加或修正环境，以使个别幼儿的需求得到满足，最终使环境能够达到"融合"不同兴趣和能力的幼儿，使每个幼儿都能成为活动的主人，而非旁观者。

主题 4
开放性原则

开放性原则是指创设班级环境时应在空间、内容、方式和参与者等方面都体现出开放的理念，形成开放的班级环境系统。

微课
开放性原则

一、空间和材料上的"打通" >>>>>>>>>>>>>>>>>>>>>>>>>>>>>>

常常有实习学生提出这样的问题：我们班幼儿把积木带到了美食店，当菜吃，我需要制止他吗？学生之所以提出这样的问题，是因为区域规则规定：今天选择了这个区，就只能在这个区玩，而且也不能把一个区的材料带到其他区域，否则班级

---

① 王海英：《"以儿童为中心"的班级环境创设》，载《幼儿教育》，2013（Z4）。

秩序就会混乱。其实区域创设的目的是支持幼儿的游戏和学习，如果幼儿在游戏中产生了串区的需要，那么应该允许他串区，以促进其游戏的复杂和深入。例如，在表演区的幼儿突然想起"哄幼儿睡觉可以拿一本书给幼儿读"，这时他可以自由地来到图书区拿一本书。娃娃生病了，就可以带他去医院看病；还有美工区制作的蝴蝶结可以用在表演区表演时使用，等等。只是区域活动结束后幼儿不要忘记把材料放回原处就好。的确，很多教师常常根据一些规定来要求幼儿，如"积木不能搭得太高""在教室里不能攀爬"，这种对教室空间使用方式的思考不够灵活和开放。幼儿有着灵活的思维和充满活力的身体，教师为幼儿创设的环境不应是僵化而死板的。

除了室内空间的"打通"，室内空间还可以向室外延伸。图 6-8、图 6-9 是幼儿在室外游戏，他们可以自主选择需要的材料，并且自主选择场地开展游戏。只有在这样开放的环境下，幼儿才能真正成为空间和游戏的主人。

图 6-8　孩子们在室外游戏 1
（图片摄于温州市第十六幼儿园）

图 6-9　孩子们在室外游戏 2
（图片摄于温州市第四幼儿园）

二、内容上的"留白" >>>>>>>>>>>>>>>>>>>>>>>>>>>>>>>>

（一）为什么要有留白式环境

当下幼儿园环境布置中暴露出来的一个重要问题便是环境的信息超载，越是基础好的幼儿园情况越严重。教师恨不得 360°无死角地将幼儿园的空间，特别是班级空间进行全副武装。[①] 然而幼儿对周围环境有着与生俱来的好奇心，环境布置太满，所有的信息都毫无保留地展现给幼儿，那幼儿就没有发问、想象、探索的空间，这样不利于追随幼儿的兴趣、激活幼儿的想象、激发幼儿的创造和探索。而且，这样的班级环境会给人造成一种压抑感、紧迫感、倦怠感，甚至拒斥感。

一个布置妥当的环境仿佛一个已完成的故事，幼儿只能阅读不能续编、创编，而一个处处留白的环境则如一个未完成的故事，时时刺激并吸引幼儿参与其中，并创生新的情节，延展出新的结局。[②]

从某种意义上来说，留白式环境回应了幼儿的几种心理需求。第一，人有完形倾向。对于那些不完整、不连续、不清晰的事物，我们每个人都有填补的冲动。

学习笔记

---

① 王海英：《儿童视野的幼儿园环境创设》，34 页，北京，人民教育出版社，2019。
② 王海英：《儿童视野的幼儿园环境创设》，14 页，北京，人民教育出版社，2019。

第二，人有创造本能。对于那些未完成的、残缺的、混沌的事物，我们总有一种出自本能的画句号意识。第三，人有被动的性情。在面对一个完整的环境时，人们不再去创造、破坏，而更多的是接受、等待、被动获取。[1]

（二）什么是留白式环境

留白式环境是指要有在预成基础上的适度生成，在环境上适当留白(物理层面的留白)，给幼儿想象、探索、创造的空间(心理层面的留白)。其实当我们为幼儿留白时，幼儿的主动性就会被激发出来，他们会感觉到我是环境的主人，会创意使用空间和材料。因此，留白式环境是对幼儿的无声邀请。

（三）如何创设留白式环境

在幼儿园，教师只需提供一个粗略框架的环境，幼儿便能不断自我卷入、自我创生、自我完善，使环境变得灵动、丰富，充满"儿童性"，从而在不断的环境参与中获得自信、自主。[2] 幼儿园环境创设中的问题墙、和平桌、情绪大转盘、低结构材料等都是保持创设留白式环境的重要策略。

小资料 🌐

温州的"空环境游戏"中的环境就是一种典型的空间和内容上的开放。在"开放空间游戏室"里，中央游戏区是一块相当宽敞、开放的空间，供幼儿自主规划与使用，开展自己喜欢的游戏。而在游戏室的四周则满满当当地陈列着一个个货架、一堆堆纸盒、一组组桌椅(见图6-10、图6-11)。幼儿可以自主选择与使用这些材料，赋予材料不同的意义。在这样适度留白的"空"环境里，幼儿的主动性和创造性被激发出来，他们成为"空间规划师"和"建筑工程师"，按照自己的意愿来规划游戏空间，搭建各个主题场景，"空"环境里出现了各种天马行空的游戏情节，幼儿尽情地享受着真游戏的乐趣。

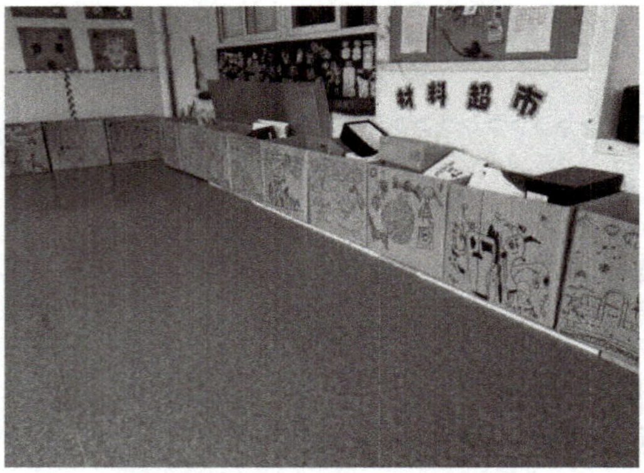

图 6-10　空环境 1
（图片摄于温州市第十六幼儿园）

图 6-11　空环境 2
（图片摄于温州市第九幼儿园）

三、方式上的"全纳" >>>>>>>>>>>>>>>>>>>>>>>>>>>>>>

幼儿教师不仅要掌握环境创设的传统方式，同时也要及时采纳现代方式来设

---

[1] 王海英：《儿童视野的幼儿园环境创设》，34 页，北京，人民教育出版社，2019。
[2] 王海英：《儿童视野的幼儿园环境创设》，14 页，北京，人民教育出版社，2019。

计环境。早在 1996 年全美幼儿教育协会的报告就表明了这样一种观点："如果使用得当，计算机技术能够提高幼儿的认知和社会性发展水平""适宜的计算机技术被整合到学习环境中，并成为众多的支持幼儿学习的方式之一"。因此可以在教室里提供电视、数码相机、摄像机、投影仪、发光桌和电脑等各种形式的科技产品，为幼儿提供独特的学习经历，支持幼儿的学习。①

（一）使用录音笔和音频播放器支持活动

幼儿可以通过录音笔和音频播放器来听故事、听音乐，还可以进行类似"猜测声音"的活动。教师可以运用录音笔记录下幼儿讲述或讨论的过程，这些记录在录音笔中的声音，可以让幼儿回顾自己当时的想法，同样也可以作为幼儿学习的档案，还可以帮助教师观察幼儿目前的语言和思维发展水平，并以此来规划和促进他们进行更深入的学习。

（二）使用投影仪支持活动

幼儿可以通过投影仪来探索颜色、透明度和阴影等。投影仪可以将物品投影到墙上，使之产生阴影；可以作为阴影木偶戏的光源；可以向投影仪添加图片或照片，然后进行投影，以此作为游戏的新背景；可以帮助幼儿更清晰地认知某些学习主题；也可以使用透明胶片，让幼儿看到他们的作品或照片被放大，从而能使幼儿感受到一种自豪感。

（三）使用相机支持活动

相机可以记录幼儿的学习过程，并作为幼儿的成长档案；可以用来展示科学实验的进程，如帮助幼儿学习不同阶段植物的生长情况；可以安抚幼儿的情绪，因为幼儿刚入园的时候，容易产生分离焦虑，此时给幼儿看家庭相册可以安抚他们的情绪；可以与家庭和社区分享幼儿的相关信息；可以在学习区为幼儿提供非语言的指导，如提供步骤图；可以以图片形式展示日期计划，帮助幼儿了解每日的安排等。②

四、参与者的"多元" >>>>>>>>>>>>>>>>>>>>>>>>>>>>>>>>>

典型案例

　　一次美工区内容为装饰大皮靴，教师投放了很多收集的皮靴，使美工区充满了色彩各异的图形。丹丹妈妈向我们询问了活动的主要目的，她认为对色彩、图形的装饰，可用欣赏色彩对比强烈的图画或观看图形布局的视频让幼儿形成初步的意识，然后再开展此活动。第二天，丹丹妈妈准备了图形布局视频、几幅印象派大师作品及几幅现代广告画，与我们一起将美工区进行了再创设，并与我们共同设计了记录单。

　　案例中的家长知道活动的目的后，不再是简单地提供材料，而是积极主动地参与到环境创设中来。

---

①　袁爱玲：《幼儿园教育环境创设》，78 页，北京，高等教育出版社，2010。
②　郭力平、吴龙英：《早期教育环境创设》，47～48 页，上海，华东师范大学出版社，2019。

从案例中我们可以看出，班级环境创设的主体不仅是幼儿和教师，还可以对家长开放。而且教师不应该仅仅让家长做被动的配合者，为配合班级环境创设带一些材料，更应该让家长了解环境创设的目的，理解"环境的教育作用"，这样家长才能更积极主动地参与到环境创设中来，也才能更容易站在教育的视角来与幼儿园形成教育合力。

主题 5
满足需要原则

3~6 岁是幼儿情感、身体、认知和社会性显著发展的时期，一个精心创设的班级环境应能够满足幼儿这四个方面的发展需要。

一、满足幼儿的情感需要 >>>>>>>>>>>>>>>>>>>>>>>>>>>>>>

（一）满足幼儿的情感需要——让幼儿像在家里一样温馨、舒适、自由和愉悦

请想象两种环境：一种是咖啡馆，里面有各种各样的灯光、好闻的咖啡香味、静谧优美的背景音乐、舒适的沙发等；另一种是很大的百货商店，里面挤满了顾客和购物推车，广播正放着音乐，夹杂着喇叭里传来的吵闹的促销声。这两种环境是否激发了你不同的情绪体验呢？的确，不同的环境能激发人们不同的情绪体验。

本专题开头我们谈到，物质环境和心理环境的范畴虽然不一样，但它们并不是截然割裂的，而是相互依存、相互作用的。良好的物质环境能够满足幼儿的心理需要，让幼儿感受到像在家里一样的温馨、舒适、自由和愉悦。[①] 那么怎样的班级环境能满足幼儿这样的情感需要呢？

当考虑这个问题的时候，我们需要考虑以下 4 个重要元素，即软装饰、色彩、光线和形状。

1. 软装饰

不同的物质环境会使幼儿产生不同的心理感受和情感体验。软装饰在营造一个温馨、舒适、像家一样的环境时，起着至关重要的作用；软装饰还可以减少噪声。

教师可以提供如豆包椅、靠垫、小地毯、坐垫、沙发等布质的、毛绒感觉的家具和设备，让幼儿体验柔软的感觉；教师还可以通过增添桌布、窗帘等，创造一个柔软的表面。这些"柔软"的环境会使幼儿感到温馨、舒适、温暖和安全。

微课
满足需要原则（上）

📝 学习笔记

---

① ［美］朱莉·布拉德：《0-8岁儿童学习环境创设》，陈妃燕、彭楚芸译，109~112 页，南京，南京师范大学出版社，2014。

2. 色彩

在色彩的运用上要注意以下三个关键点。

一是教室里的色彩要协调、柔和，避免让幼儿眼花缭乱。很多人觉得幼儿园就是要颜色鲜艳，或者以红、黄、蓝三原色为主。其实过度使用颜色，可能会导致幼儿过度受激和过度兴奋行为。在意大利瑞吉欧幼儿园的设计者看来，幼儿园是不需要五颜六色的，幼儿园的环境必须是简单的、朴素的，这样的环境才能突出幼儿的五彩缤纷与多姿多彩。如果环境底色本身就是喧闹而嘈杂的，那么在这样的幼儿园中，幼儿是无法静下心来专注于自己的探索性活动的。有专家建议选择中性色彩的架子和家具，这样放入各色玩具、材料等时，不至于给人造成过度兴奋的感觉。图 6-12、图 6-13、图 6-14 中的教室环境照片，以绿色和原木色为主色调，让人看了很舒服。

图 6-12　中性色彩的架子和家具
（图片摄于浙江杭州西溪伟才（国际）幼儿园）

图 6-13　以绿色和原木色为主色调的教室 1
（图片摄于浙江杭州西溪伟才（国际）幼儿园）

图 6-14　以绿色和原木色为主色调的教室 2
（图片摄于温州市第十六幼儿园）

二是主题墙可用中性色彩的背景，这样能衬托出材料、图案，不至于喧宾夺主（见图 6-15）。"幼儿的墙壁要避免成为引起视觉爆炸的地方。"[①]应当避免使用原色，特别是黄色、红色和橙色。可以感受一下，用图 6-16 和图 6-17 这种鲜艳的颜色作为主题墙的背景会给幼儿什么感觉？其实，过于强烈的色彩对幼儿来说不是一种积极的刺激，它会导致幼儿情绪不稳，注意力分散，产生厌烦情绪等。

---

① [美]朱莉·布拉德：《0—8 岁儿童学习环境创设》，陈妃燕、彭楚芸译，109 页，南京，南京师范大学出版社，2014。

图 6-15　以中性色彩为背景的墙面
（图片摄于南京市第三幼儿园）

图 6-16　以鲜艳色彩为背景的主题墙 1
（图片摄于温州市某幼儿园）

图 6-17　以鲜艳色彩为背景的主题墙 2
（图片摄于温州市某幼儿园）

三是可以用不同颜色区分各个区域，以达到相应的目的。冷色往往具有镇静效果，暖色则会带来温暖和兴奋的感觉。因此阅读区、午睡室等可以用冷色，而一些探索性区域可以投放更多暖色的玩具与材料，以吸引幼儿与材料持续地深入互动。

3. 光线

光线是幼儿环境体验中的一个重要因素。精心设计和运用光线，可以带来一种平静的感觉，可以对空间和材料进行突出和界定，还可以营造一种奇妙的氛围。卡尔(Karre)指出，"良好的采光并不只是提供足够的光线……良好的采光会使空间变得美丽舒适。光线会影响我们的情绪，使人放松或精力充沛。光线不只帮助我们看见事物，还影响我们如何看，甚至让所见的事物变得更美丽"。[1]

以下是设计采光时需考虑的因素。

(1)只要有可能，教室尽可能采用自然光。研究证明，自然光能提升 20%，甚至更高的学习效果。

(2)教室里应该有各种采光方式，以此为室内的不同空间营造不一样的氛围，如使用可调节明暗的开关和其他一些间接光源。在一些地方可使用彩色灯泡，突出相应区域或营造某种特别的氛围。

---

[1]　[美]朱莉·布拉德：《0—8 岁幼儿学习环境创设》，陈妃燕、彭楚芸译，111 页，南京，南京师范大学出版社，2014。

(3)在墙体、书架及柜台等地方放置镜子，通过对灯光和场景的反射，营造出宽敞的空间效果。

4. 形状

从幼儿对形状的偏好看，幼儿园的室内外环境，应该多选用圆形、流线型、螺旋形的材料与家具。带弧度、有转角的家具或材料能给幼儿一种接纳感、圆润感、温暖感、自由感，而带直角的、方形的、三角形的家具或材料则棱角分明，容易使幼儿产生被拒绝、被排斥、被约束、不可抗拒、紧张等感觉。①

(二)满足幼儿的情感需要——归属感、认同感、掌控感和隐私

满足幼儿情感需要的环境除了要让幼儿感受到像在家里一样的温馨、舒适、自由和愉悦，还要能够满足幼儿的归属感、认同感、掌控感和隐私，向幼儿传递出一种对他们深深的尊重。

1. 满足幼儿的归属感和认同感需求

满足幼儿的归属感和认同感需求就是要让幼儿在环境里能感受到自己是被接纳、被关爱、被尊重、被支持的。例如，班里的醒目位置有每个幼儿的照片、自画像或全家福，每个幼儿都拥有自己的标记、物品，这能满足幼儿的归属感需求。又如，把幼儿的作品挂在墙上和天花板上，用幼儿参与活动过程的照片来布置墙面，让环境中充满幼儿的作品，用这种方式告诉幼儿，他们是受到尊重和珍视的，他们的想法是重要的，在教室里是受到支持的。再如，我们在美工区、建构区经常会发现一种情况，那就是区域活动时间到了，但是幼儿还不愿意结束活动。因为很多时候教师宣告活动结束了，但很多幼儿的美工作品还没有完成。这时我们可以在美工区增设一个未完成作品区。这样做体现了教师对幼儿作品的尊重，也为幼儿再投入创作保证了空间。再譬如，有的幼儿园在展示幼儿的绘画作品时，仅仅将它们挂在墙上或置于透明文件袋中，很少引导幼儿欣赏他人的作品或完善自己的作品，这就使得展示作品成了一种摆设。而在南京师范大学龙江幼儿园，教师不仅用自制的画框装饰幼儿的作品，还要求幼儿利用便利贴与自己及他人的作品进行互动，可以在便利贴上用画表达自己的感想，也可以请教师记录自己的讲述，并把它们粘贴在作品旁边。这种展示作品的方式会使幼儿更加珍惜自己的作品，更加尊重他人的创作，获得一种积极的自我认同感。②

2. 满足幼儿的掌控感需求

图 6-18 是一个 2 岁的幼儿为爸爸冲咖啡的图片，正是这个可移动的架子支持幼儿完成为爸爸冲咖啡的复杂工作。美国著名设计师和心理学家安妮塔·鲁伊·奥尔兹认为，"空间设计要注意让幼儿体验到可控性""好的空间设计应该适应儿童的身形和能力，以便于他们自由运动，并在没有成人帮助的情况下自主实现活动目标……这样有利于幼儿专注地实施有趣而富有挑战性的工作"。满足幼儿掌控感需求的环境能够促进幼儿独立，在这样的环境中，幼儿会变得更加积极主动，成人越发处于辅助地位。正是通过自主活动，幼儿开始意识到自己的力量，不再依

赖成人。因此教师在创设环境时应注意满足幼儿的掌控感需求，以促进其积极主动地活动和独立性的发展。

图 6-18　2 岁幼儿借助可移动的架子为爸爸冲咖啡

3. 满足幼儿的隐私需求

当幼儿一天中的大部分时间都在集体环境中度过时，给他们一些独处或者和小组朋友在一起的时间是非常有必要的。长时间置身于嘈杂的集体环境中，会给幼儿增加压力，给他们带来不被关注的感觉和无法集中注意力的困难。所以，我们的环境中必须有安静、轻松的地方使幼儿的情感和身体得到补给。[①] 幼儿在没有约束的地方会非常活跃，他们可以与小组成员一起不受干扰地合作，建构他们的关系，探索他们的想法。相对封闭、温馨的空间会使幼儿感觉到"逃离"了成人的监视和同伴的注视，更安全，还可以与亲密的小伙伴说悄悄话。[②] 因此，教师需要在走廊、墙角的隐蔽处专门为幼儿提供小的、柔软的区域（见图 6-19、图 6-20、图 6-21）。

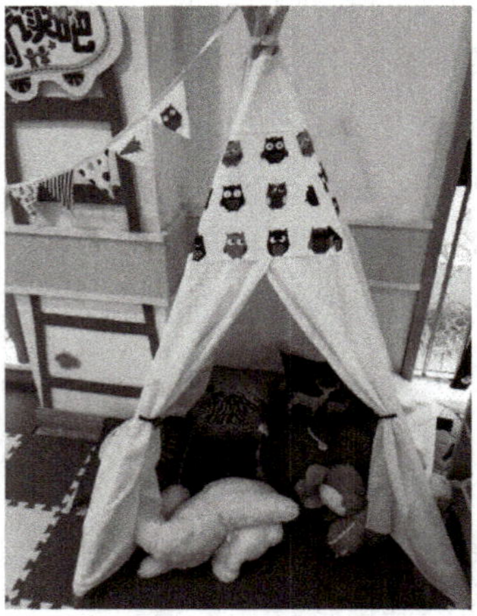

图 6-19　帐篷风格的私密空间

（图片摄于温州市第十七幼儿园）

图 6-20　纸箱布帘营造的私密空间

（图片摄于温州市第四幼儿园）

---

① ［美］德布・柯蒂斯、［美］玛吉・卡特：《为生活和学习而设计：早期教育机构的环境变革》，朱金兰译，99 页，南京，南京师范大学出版社，2018。

② 刘占兰等：《中国幼儿园教育质量评价：十一省市幼儿园教育质量调查》，109 页，北京，教育科学出版社，2011。

图 6-21　桥洞风格的私密空间
（图片选自朱·科特尼克：《儿童学习空间设计》）

此外，教师还应为每个幼儿提供属于自己的私人空间，一个保存个人重要物品的地方，如从家里带来的玩具、写给妈妈的便条或者是从操场上找到的石头。这一空间，不管是一个柜子还是一个小篮子，都需要贴上标签并便于幼儿使用，同时禁止其他人打开（见图 6-22）。幼儿在如厕时也有隐私的需求，因此卫生间需要有门或帘子（见图 6-23）

图 6-22　幼儿的储物柜
（图片摄于温州市瓯海区第二幼儿园）

图 6-23　带有帘子的卫生间
（图片摄于温州市第四幼儿园）

二、满足幼儿的身体需要 >>>>>>>>>>>>>>>>>>>>>>>>>>>>>>>>

幼儿每天需要通过运动和各种方式来体验他们的身体，因此教室的环境创设应能满足幼儿大肌肉动作、精细动作及感官体验的需要。

（一）满足幼儿大肌肉动作的需要

无论在哪里，幼儿的身体都是活跃的，身体发育是幼儿认知和社会性情感发展的一个关键方面。我们应该允许幼儿使用自己的身体去探索空间和自己的能力。攀登上一个高高的阁楼，从木头上跳下，上下台阶和梯子，在小路上跑步或快速骑行，挤进一个小箱子里，藏在毯子下或树丛后面——这些都是幼儿最喜欢和最重要的活动。[1]

微课
满足需要原则（中）

---

① [美]德布·柯蒂斯、[美]玛吉·卡特：《为生活和学习而设计：早期教育机构的环境变革》，朱金兰译，99 页，南京，南京师范大学出版社，2018。

但是为了保证安全和控制噪声，很多幼儿园限制了幼儿的室内大肌肉活动。"走路小心"是教师经常挂在嘴边的话。但是，对于年幼的幼儿而言，学习是一种身体活动。他们用整个身体在运动中学习。如果我们限制他们的活动，我们就限制了他们的学习，以及他们的快乐和幸福。当幼儿活动自己的身体时，他们的学习能力也会增强。

（二）满足幼儿精细动作的需要

除了要满足幼儿大肌肉动作的需要，教师还应提供各种操作材料让幼儿练习精细动作技能，如串珠、剪纸、刺工、木工、橡皮泥等。很多幼儿园都比较重视这方面材料的提供。

（三）满足幼儿感官体验的需要

幼儿期是感官发展的关键期。丰富的感官体验能促进幼儿的学习，而幼儿期感官体验的匮乏，会对其未来的感知学习能力带来负面影响。因此环境的感官特质也是很重要的。教师应为幼儿提供全面感官体验的机会，满足幼儿视、听、触、味、嗅等多种感官体验的需要，如听音乐，辨别声音，看并且摸，闻烹饪时的各种气味，品尝各种食物等。有的幼儿园为了让幼儿认识水果，就购买了蜡质或塑料的高仿真水果，这样就不如放置一些真实的水果，让幼儿运用各种感官认识和体验。例如，在科学区域内，教师可以要求幼儿：

观察木材、树叶及树皮的颜色；

感受树皮的质感；

试闻不同树木的味道(如白桦树、香柏树、松树)；

分辨不同建造技术的声音(如钉东西，锯东西)；

品尝由树木所产的食品(如坚果、糖浆)。

触觉在认知发展过程中非常重要，但是在班级环境创设中，触觉常常被忽视。幼儿园环境，应该无污染并且安全。但是幼儿园里满是光滑的且容易清洗的表面，使幼儿难以接触他们所喜欢的丰富的质地。奥尔兹认为，质地会给感官带来愉悦的体验。[①] 因此教师可在教室中提供不同质地的编织物、墙面等。

三、满足幼儿的认知需要 >>>>>>>>>>>>>>>>>>>>>>>>>>>>>

想象你走进了一间教室，有没有某些元素或物件引起了你的注意和想象？你的求知欲和好奇心有没有被什么东西激发呢？如果有，那么是如何被激发的呢？蒙台梭利在讨论幼儿认知发展时指出，幼儿大脑的发展依赖于他们从外界环境吸收的养料。因此，我们应该尽力为幼儿创造有趣且富有吸引力的环境。教师可以通过提供大量具有激发力的探索材料来满足幼儿认知需要。

儿童心理学家皮亚杰提出了图式理论，一个图式就是一种思维路径，这可以由幼儿在游戏中重复的动作和模式来证明。这些重复的动作表明，图式建构了认知结构。当幼儿探索图式时，他们正在建构对抽象理念、模式和概念的理解。尼

学习笔记

微课
满足需要原则（下）

---

① [美]朱莉·布拉德：《0－8岁儿童学习环境创设》，陈妃燕、彭楚芸译，109页，南京，南京师范大学出版社，2014。

可林·范·韦克提醒我们，图示理论有助于我们看到幼儿在游戏中所展现的智慧，否则，这种智慧可能由于被我们认为是随机多变的而被忽略掉。当教师向幼儿提供可以使他们探索图式的材料时，他们会受到智力上的挑战并充分参与其中，在这个过程中教师能够看到他们正在形成的认知结构。以下是韦克、皮亚杰和其他研究人员已经确定的一些图式。①

运输：捡起东西，搬运东西，把东西放下或倾倒出来。

转变：用材料来探索形状、颜色、黏稠度等方面的变化。

轨迹：探索自身和物体的水平运动、垂直运动和对角线运动；使物体在空中飞行，并以这些方式移动自己的身体。

旋转和循环：研究能转动的东西(如车轮和球)，探索曲线和圆。

围合和包裹：用其他东西包围物体，使自己的身体进入一个限定的区域(如积木搭成的建筑或盒子)，躲藏、覆盖或包裹自己和其他东西。

连接：把东西放在一起或连接起来。

拆分：把东西拆开，并把配件分散开。

在环境中为幼儿提供可以探索图示的体验是一种有趣的提供材料的方法。对图式的理解会将教师的注意力从幼儿的"行为问题"转移到认知努力上。

四、满足幼儿的社会性需要 >>>>>>>>>>>>>>>>>>>>>>>>>>>>>>>

幼儿有社会性交往的需要。教师要了解幼儿对友谊的需要和与同伴交往的价值。如果幼儿之间相处不好，不仅会干扰学习，而且会影响集体归属感的获得，诱发行为问题。因此教师需要帮助幼儿与同伴建立良好的关系。例如，幼儿提供相互交往、合作的机会，观察同伴之间的交往并提供有效的指导(即便是幼儿之间的争吵也是教育的契机)等。

教师应提供能够培养幼儿社会化的空间，主要有集体活动空间和小组活动空间两种形式。第一，在教室里为集体活动和对话提供空间。教师里应该有一个区域让全体幼儿聚集在一起来计划、回顾一天的活动，展开各种集体活动等。教师通常在教室的中间留出一块区域作为集体活动的空间，并且让幼儿做成几排或者马蹄形，但是这种布置并非一成不变，比如也可用一块大地毯来界定集体活动的空间。第二，在教室里为小组活动提供空间。为幼儿提供小组活动的空间，如容纳一组幼儿的桌子，容纳若干幼儿的区域等，并且提供材料来激发幼儿与其他幼儿的互动，如与其给每个幼儿发一张纸来印手印，不如提供一张足够大的纸，让幼儿一起去印手印，这样的形式不仅使活动变得有趣，也提供了更深入的学习机会。② 第三，班级区域环境设置有弹性，不固化不同活动区域之间的边界，支持幼儿以自己的游戏主题为主线，实现区域与区域之间的内容整合、材料整合以及角色整合，更好地开展生活角色与游戏角色之间、不同游戏角色之间的跨界

---

① [美]德布·柯蒂斯、[美]玛吉·卡特：《为生活和学习而设计：早期教育机构的环境变革》，朱金兰译，152~153页，南京，南京师范大学出版社，2018。

② [美]帕特丽夏·韦斯曼、[美]乔安妮·亨德里克：《幼儿全人教育》，钟欣颖、张瑞瑞、杜丹译，271页，南京，南京师范大学出版社，2016。

交往。①

　　班级环境创设还要遵循安全性原则。安全是幼儿发展的必备条件，是班级环境创设与管理需遵循的首要原则。安全性原则主要是指幼儿园的园舍建筑、设施设备、活动场地、玩教具等有形的物质条件必须要符合国家颁布的相关卫生标准和安全标准，对幼儿的身体或心理没有危险和安全隐患以及不造成幼儿畸形发展。② 但即便是符合安全性标准所制造的物品也可能引发事故，因此要充分地考虑物品的安全性问题。例如，电线、开关、插座、消毒液等危险物品应放置在幼儿够不着的地方，低年龄段的幼儿要避免玩体积较小的玩具，如塑料的小珠子等，以避免吞咽玩具。

小资料

美国著名设计师和心理学家安妮塔·鲁伊·奥尔兹认为幼儿有四项基本的环境需求。

1. 鼓励运动的环境

幼儿活泼好动，精力充沛，对周围环境充满好奇，同时也是肢体动作发展的关键阶段，他们有着强烈的运动需求。如果环境中能够适当提供一些攀、跳、爬的机会，使幼儿的精力得到宣泄，就既会促进幼儿的健康成长，也会使教师的管理工作更加轻松。

2. 保持舒适的环境

舒适的环境，即充满适当刺激和有变化的环境。刺激过多会让幼儿感到不安，而过少又会错失许多发展机会。舒适的环境可以给人带来"单调中的不同"，比如玩具的结构和难易度带有一定的变化。

3. 助长能力的环境

好的空间设计应该适应幼儿的身形和能力，以便于他们自由运动，并在没有成人帮助的情况下自主实现活动目标。比如，与幼儿高度相适宜的图书架，幼儿能够看懂的公告牌，易取易放的活动材料等，都有利于幼儿专注地实施有趣而富有挑战性的工作。

4. 带有控制感的环境

空间设计既要便于教师对幼儿的活动进行看管，也要注意让幼儿体验到私密感和可控性。比如，楼梯上的扶手帮助幼儿轻松地独自上下，厕所和饮水池便于幼儿掌控自己的盥洗，半封闭的小壁橱为幼儿独处、调控自己的情绪提供了便利。

（引自左志宏：《幼儿园班级管理》，178页，上海，华东师范大学出版社，2014。）

思考与练习

1. 请你运用见习或实习的机会，采用马赛克方法，从儿童的视角来审视班级环境创设，并撰写一份研究报告（注意保护幼儿的隐私，以匿名的方式呈现幼儿的作品、幼儿的谈话。同时，也要保护幼儿园的隐私照片仅用于研究交流，不用于任何商业或有损幼儿园利益的活动）。

　　马赛克方法③（Mosaic Approach），又译为镶嵌法，强调使用多种方法倾听幼

---

① 王海英：《儿童视野的幼儿园环境创设》，22页，北京，人民教育出版社，2019。
② 袁爱玲：《幼儿园教育环境创设》，61页，北京，高等教育出版社，2010。
③ 王海英：《儿童视野的幼儿园环境创设》，24页，北京，人民教育出版社，2019。

儿的声音。马赛克方法中运用每一种工具的目的在于增进研究者对幼儿看待事物方式的理解。具体可以采用以下方法。

（1）自主摄影。幼儿拿着相机（研究者事先会引导幼儿掌握基本的拍摄技能），围绕幼儿园的整体环境，自主拍摄幼儿园中"我喜欢的环境"与"我不喜欢的环境"。自主摄影的目的在于记录幼儿对环境的关注。

（2）谈话。以照片为媒介与幼儿进行谈话，获取幼儿对班级区域环境的认识与理解，激发幼儿的参与热情。

（3）绘画。幼儿绘画是幼儿表达自己对周围环境的感受和内心意愿的主要方式之一。在本研究中，幼儿围绕"我喜欢的环境""我讨厌的环境""我来设计自己喜欢的环境"等主题自主绘画。绘画结束后，幼儿讲述自己绘画作品的含义。

（4）幼儿会议。幼儿会议更强调的是"幼儿"的"会议"，由幼儿作为与会主体围绕问题自由表达、自由交流。譬如，围绕"我喜欢""我不喜欢""我希望的"等关键词进行讲述。

（5）幼儿之旅。幼儿扮演导游角色，带领研究者参观幼儿园、班级环境，为研究者介绍区域的分布及自己的喜好。在"幼儿之旅"的过程中幼儿面对直观具体的幼儿园大环境和小环境，往往具有交流表达的积极性，研究者要注意采集幼儿的重要观点。

2. 分析一间教室的物质环境。思考：采用哪些班级环境创设能够满足幼儿的情感需要？哪些班级环境创设能够满足幼儿的身体需要？哪些班级环境创设能够满足幼儿的认知需要？哪些班级环境创设能够满足幼儿的社会性需要？

专题七
幼儿园班级区域环境创设

学习目标

1. 了解幼儿园班级区域的类型与功能，能够通过考虑相关因素确定在班级中设置哪些区域。

2. 知道区域布局的程序及要点，并能够合理布局班级的区域。

3. 掌握设置各区域内部环境的要点，并能够将其应用在区域内部环境创设的实践中。

4. 能够根据区域环境创设要点评估幼儿园班级的区域环境并提出改进措施。

思维导图

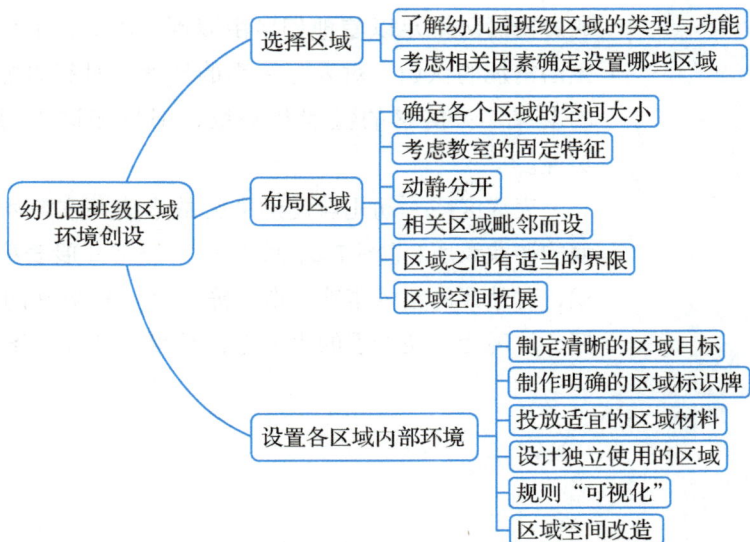

　　区域活动主要是让幼儿通过与活动材料、同伴等的积极互动，获得个性化的学习和发展。[①] 但是在班级中设置哪些区域？如何布局各个区域？怎样设置各个区域的内部环境？我们带着这些问题来开启本专题的学习。

主题 1
选择区域

　　区域种类很多，但班级空间有限，所以布置区域环境的第一步就是考虑在教室中设置哪些区域。这就要求我们对区域的类型及每个区域的功能和价值有清晰的了解。

微课
选择区域

✎ 学习笔记

一、了解幼儿园班级区域的类型与功能[②] >>>>>>>>>>>>>>

（一）表现性区域

　　表现性区域以幼儿已有经验为导向，通过各种开放性材料的投放，为幼儿提供自我表现与表达的机会。幼儿在这类区域中会综合运用已有知识，在表达意愿、展示能力、充分体现自己天性和潜力的过程中，进行各种创造性的活动。具体包括以下功能区。

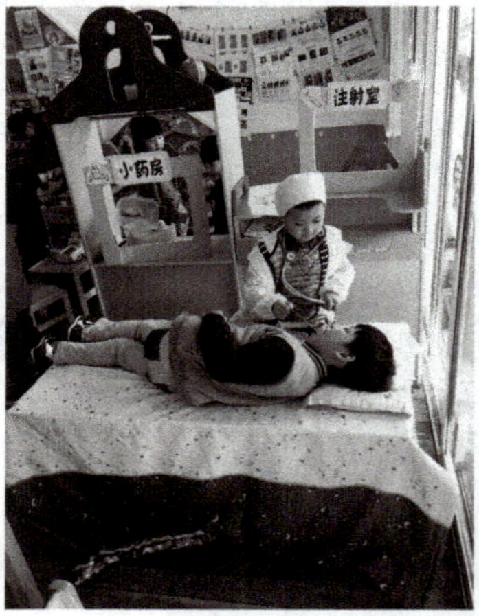

　　装扮区——幼儿开展角色游戏的场所（见图 7-1）。装扮区是幼儿最能够自由表达意愿和发挥想象力、创造力的区域，但前提是教师为他们创设的装扮区环境足以使他们自由表现。由此，他们对生活常规的认识，对人际关系的理解，对叙事能力的发展，对情感的宣泄和补偿，都将在这里得到实现。

　　表演区——幼儿自发地进行故事表演和歌舞表演的游戏场所（见图 7-2、图 7-3）。经常开展表演游

图 7-1　装扮区
（图片摄于温州市第四幼儿园）

戏，对幼儿的艺术素养、审美能力是一种很好的熏陶，幼儿的再造性想象充分发挥，体现为日益增强的表现力，开朗、自信、合作的品质也都由此得到发展。

---

①　参见秦元东、王春燕：《幼儿园区域活动新论：一种生态学的视角》，北京，北京师范大学出版社，2008。
②　李季湄、冯晓霞.《〈3～6 岁儿童学习与发展指南〉解读》，253～357 页，北京，人民教育出版社，2013。

图 7-2 表演区 1

（图片摄于南京市第三幼儿园）

图 7-3 表演区 2

（图片摄于温州市第四幼儿园）

建构区——幼儿用各种结构元件如积木、插塑等材料进行结构造型的游戏场所（见图 7-4）。经常玩建构游戏的幼儿，能获得大量有关数量、图形以及空间的核心经验，主要表现在搭积木和接插各种作品的过程中；在对审美规则的运用上，比如对称、有序排列、均衡等形式美的体现，需要运用到许多数学经验。可见，建构游戏是融思维、操作、艺术、创造为一体的活动，是幼儿阶段不可缺少的一种体验。幼儿园应提供足够的空间、充足的材料以及充分的时间，保障幼儿建构游戏的开展。

美工区——幼儿自主地进行绘画和手工制作的场所（见图 7-5）。美工区既为幼儿提供了精细动作练习的机会，也为幼儿审美表征能力的发展创造了条件，更是创造性教育的重要场所。幼儿通过这样的机会，从简单创作逐步走向复杂创作，其创造性也将日益充分地展现出来。

✎ 学习笔记

图 7-4 建构区

（图片摄于温州市第四幼儿园）

图 7-5 美工区

（图片摄于上海"儿童世界"基金会长宁幼儿园）

（二）探索性区域

对幼儿来说，探索性区域应当是充满好奇并极具挑战性的，惊奇、疑问、尝试、发现是这类活动的一般过程。如何通过创设环境激发幼儿的认知冲突，让幼儿在不断地尝试错误中建构自己的经验，是教师对这类区域的主要作为。这些区域主要包括以下几类。

益智区——幼儿通过手脑并用操作材料(棋牌类、拼图类)进行逻辑思维活动的游戏场所。保障益智区材料的吸引力，使幼儿自觉进入这个区域活动，将极大地满足幼儿的求知欲，在数、形、空间等的感知过程中培养爱动脑筋的习惯，使之变得聪明和更有智慧，并且促进幼儿理智感的发展。

科学区——教师通过投放各种低结构化的材料，使幼儿通过与材料的相互作用，获得物体属性和事物关系的知识，科学区是幼儿探索发现客观世界物理经验的活动场所(见图7-6)。幼儿在科学区不仅能获得科学知识，而且还能提高观察实验能力、科学思考能力、表达交流能力以及设计制作能力。

图 7-6   科学游戏材料：火箭上天
(图片摄于温州市第四幼儿园)

种植饲养区——针对的是植物和动物，这是增长幼儿自然常识、认识生命变化的区域，有室内自然角和室外种植饲养区(见图7-7)。种植饲养区主要是提供常见、易养、安全的动植物，让幼儿在种植、采摘、喂养、照料等直接体验的过程中，学习观察动植物的生长过程，理解生命的特点和价值。相比其他区域，在这里，幼儿作用的客观对象具有动态性和变化性，互动性更强，探索与发现所带来的兴趣更浓。种植饲养活动不仅培养了幼儿对生活的乐趣、亲近自然的情感、珍爱生命的意识，而且幼儿也初步养成做事的坚持性和责任感。

图 7-7   种植区
(图片摄于温州市第九幼儿园)

（三）欣赏性区域

如果说幼儿园大部分区域的幼儿活动方式是动手动脑进行探索与表现的话，那么欣赏性区域的主要活动方式是通过用眼睛、大脑进行理解和接受，这是幼儿增长见识、获得自主发展的重要区域。有文化品味的幼儿园，尤其重视这个区域的建设。

阅读区——培养幼儿的阅读兴趣、阅读习惯、阅读能力，这是阅读区的主要功能(见图7-8)。

图 7-8　阅读区
(图片摄于珠海容宏国际幼稚园)

展览区——把各种想让幼儿了解而幼儿又难以亲历的事物，以一种环境布置的方式进行展览的区域。展览区有自然常识的，如植物、动物等；有社会历史的，如城市的过去，文房四宝，传统的劳动工具；有艺术欣赏的，如世界名画、民间工艺品；有多元文化的，如各国标志性建筑、各国的国旗；有民族特色的，如各民族的服装、用具；有民俗风情的，如象征不同节日的物品符号、民间玩具等。通过把图片、实物集中布置或分散布置为小小的展示区，让幼儿了解和分享，以开阔视野，增长见识。

作品展示区——一方面，幼儿完成的作品需要与大家分享。对幼儿而言，作品展示是一种交流，它的直观、形象在某种程度上比语言更能引人入胜，更能激发同伴间的交往、关注与热爱，同时作品也使幼儿成为活动环境的参与者与创造者；另一方面，幼儿未完成的作品需要暂时保留，以便下次继续。如果幼儿的作品经常一完成甚至未完成就被拆掉，不利于培养幼儿的责任心。每一次展示都表明了对幼儿的肯定，使幼儿感到自己是真正的主人。

二、考虑相关因素确定设置哪些区域 >>>>>>>>>>>>>>>>>>>>

在了解了各个区域的功能和价值之后，教师在确定要在班级中创设哪些区域时，还要考虑以下一些因素。

（一）幼儿的需要与兴趣、相关经验

在创设区域时，考虑幼儿的需要、兴趣和相关经验是必不可少的。案例中的教师刚开始在创设区域时，并没有联系幼儿的生活经验，结果幼儿并不感兴趣。但是这位教师善于观察和反思，在发现问题后调整了班级区域，创设了"钓鱼区"。

典型案例

某幼儿园教师，正在改善幼儿的戏剧表演区。这位教师首先查了活动用书，然后决定用滚翻垫、玩杂耍的球、能钻跳的圈、马戏服装、小丑彩妆、马戏团毛绒玩具、动物笼子以及一个用作马戏篷的华盖，创设马戏团。然而，班里没有一个孩子去马戏团区域玩，因为他们不知道如何使用里面的材料，这些材料平时孩子都很少接触。经过反思后，这位教师决定创设一个与幼儿生活更贴近的学习区——钓鱼区。班里的很多孩子都有跟父母一起钓鱼的经历。钓鱼区里有一艘木船，旁边铺着防水布（代表水），还有救生衣、幼儿式钓鱼竿、纸质小鱼、渔网、装了鱼饵的工具箱、防水长靴、钓鱼用的马甲、冷柜、篝火环和平底锅（用来烧鱼）。因为钓鱼区跟孩子们的生活很贴近，所以成了他们百玩不厌的区域。

（引自[美]朱莉·布拉德：《0—8岁儿童学习环境创设》，陈妃燕、彭楚芸译，339页，南京，南京师范大学出版社，2014。）

（二）年龄特征

教师可以根据幼儿的年龄特征选择相关区域。例如，根据小小班、小班的特点，教育重点主要放在情感、动作、语言以及行为规则的培养上，因此可以设置生活区、娃娃家、阅读区、美工区等；根据中大班幼儿的特点，教育重点主要放在培养探究能力、思维能力、解决问题的能力上，所以可以设置科学探究区、角色装扮区、语言区、数学区、建构区、美工区、木工区、电脑区等。

（三）场地

一些幼儿园户外空间有限，因此巧妙利用室内的空间，创设室内微运动区，保证了幼儿每天一小时的运动时间。

小资料

室内微运动区

一些幼儿园巧妙利用室内的空间，创设室内微运动区（见图7-9、图7-10），保证了在雾霾、阴雨、寒冷等特殊天气里幼儿每天一小时的运动时间。室内微运动区有效开展的策略主要有以下几方面。

1. 安全第一。教师可从场地、材料、内容、玩法等角度思考室内运动的安全性问题。教师的巡回指导尤为关键，细致琐碎的安全性指导，能保证幼儿在运动中最大限度地避开危险。

2. 拓展空间。室内微运动的开展首先要有效利用各个空间，充分挖掘现有的场地资源。例如，在班级教室开展室内运动的基础上，开拓活动室、阳台、楼道，以及门厅、楼梯及拐角等地，只要是无安全隐患的空间都可以加以有效利用。

3. 因地制宜。教师要根据各个运动场地的面积和特点，进行全面规划与合理布局，投放适宜的活动内容。

4. 错时运动。除了可以以年级为单位开展错时运动，还可以尝试以楼层为单位开展错时运动。

5. 巧用器材。所投放的材料在凸显安全性的前提下，最好还要考虑到材料的操作性和可变性，简洁、低结构、不过多占用空间的一物多玩材料可作为室内运动的首选。

6. 情境结合。室内运动要以游戏化的形式展开，设置情境或关卡，让幼儿积极主动参与到运动中，从而保证运动量。

图 7-9　室内微运动区 1

（图片摄于上海"儿童世界"基金会长宁幼儿园）

图 7-10　室内微运动区 2

（图片摄于温州市第七幼儿园）

［引自汪泓：《幼儿园有效开展室内运动的策略探究》，载《四川文理学院学报》，2015(25)。］

（四）其他

此外还要考虑正在开展的主题活动、可以利用的活动材料、本土化资源等因素来决定设置哪些区域。

小资料

特殊兴趣区——木工区

尽管有许多教师担心做木工的安全问题，但是专家指出，如果儿童正确使用工具再加上成人适当的监督，木工活动会非常有益而且安全。儿童在进行木工活动时，能锻炼和提高手眼协调能力，大小肌肉动作技能，数学技能(测量、一一对应和角度)以及科学技能(材料的属性和工具的使用)。木工活动还能发展儿童的注意力和耐性。例如，4岁的皮皮，经常会分散注意力。但是，在木工区，具体的目标、清晰可见的过程和身体活动能使他集中注意力。有时，他会花上半小时待在木工区。和皮皮一样，许多儿童都很喜欢木工活动。另外，许多幼儿园发现，木工活动使曾经参与率较低的家庭积极地参与幼儿园的活动和课程。例如，在一个幼儿园，一位木工父亲经常给孩子们提供小木材。他说："我总是认为这里没有什么我能帮上忙的。但是你们开创了木工区后，我现在有机会提供帮助了。"还有两位爷爷奶奶，每周一次志愿帮助儿童进行木工活动。他们还邀请了另外一位会制作木质标语的母亲，为儿童开设小小培训班。

年龄较小的儿童刚开始做木工的时候，可能会捶打高尔夫球墩或者将平头钉钉入泡沫塑料中。当儿童的木工技能提升之后，他们可以将钉子钉入木头中。例如，在美国的一个早教中心，教师将一棵椰子树纵向切割开，摆放在室外的游戏区里。很多年来，孩子们都会一直往树上钉钉子。到一年的幼儿园课程结束时，大多数的儿童都能按照计划，做出一个自己选择并设计的作品。他们可以运用各种不同的工具，制作他们的木工作品。

（引自［美］朱莉·布拉德：《0—8岁儿童学习环境创设》，陈妃燕、彭楚芸译，57页，南京，南京师范大学出版社，2014。）

主题 2
布局区域

区域的种类、数量等确定后，教师要根据各个区的需要在活动室内外寻找最佳的空间位置，充分利用教室的每个区域。在布局区域时，要重点考虑各区域所需要面积的大小、教室的固定特征、区域活动的动静性质以及如何利用相邻区域中的材料丰富游戏等。

微课
确定各个区域的空间大小

一、确定各个区域的空间大小 >>>>>>>>>>>>>>>>>>>>>>>>>>>

很多教师在区域设置时没有考虑空间大小的问题，以至于该多给空间的不多给，不该给的又给多了。最常见的是，阅读区给的空间太大了，容易引发幼儿的走动和打闹行为，不利于幼儿安静阅读，因此阅读区选择一个小角落就好（见图 7-11）。美工区需要较大的空间，而很多教师给的空间不够，6 人桌上 6 个幼儿的纸往往叠在一起，容易引发行为问题，因此美工区 6 人桌的使用人数应不超过 4 人（见图 7-12）。另外，建构区最好有一块比较宽敞的地方供幼儿搭建，而很多教师给的空间不够，一方面空间太小，不利于幼儿建构，另一方面搭好的积木容易被同伴撞倒（见图 7-13）。

图 7-11　阅读区 　　　　　　图 7-12　美工区 　　　　　　图 7-13　建构区

二、考虑教室的固定特征 >>>>>>>>>>>>>>>>>>>>>>>>>>>>>>>

固定的或永久性的物理特征包括窗户、电源插座以及地面性质。在为每个区域选择地点时要充分考虑这些固定特征。例如，美工区应该安排在容易清理的地方，并靠近水池；益智区和阅读区应该靠近窗户；生物区要选向阳的一面；摆放材料的架子和使用材料的工作区应安排在一起，如果它们距离很远，就会减少幼儿使用材料的次数。如图 7-14，阅读区设置在窗户旁和钢琴后，为幼儿提供了充足的采光和安静的封闭空间，就非常合理。

图 7-14　安静、光线充足的阅读区
（图片摄于温州市瓯海区第二幼儿园）

三、动静分开 >>

为使幼儿能全神贯注地进行区域活动，教师需要将安静的区域和比较热闹的区域分开。一般情况下，读写区、美工区、科学区、数学区、操作区和感觉区被认为是安静区，这些区域应安排在教室里安静的地方，一般要离门远一些。音乐区、建构区、戏剧表演区、大肌肉运动区和木工区是动态且吵闹的区域，应将它们安排在一起。

四、相关区域毗邻而设 >>>>>>>>>>>>>>>>>>>>>>>>>>>>>>>>

布局区域时还要考虑哪些区域应安排在相邻的地方，以便于幼儿将相邻区域内的道具结合起来开展复杂活动，增加游戏的丰富性。例如，将建构区和戏剧游戏区安排在一起。有个幼儿在美工区用橡皮泥捏了一些水果。另一个娃娃家的幼儿看到这些水果说"娃娃肚子饿了"，拿起篮子进入美工区，向美工区的幼儿买水果。如果这两个区域没安排在一起，这样的游戏情景是不可能发生的。

有些幼儿园总是要求游戏材料摆放在固定区域，这种陈规必须去除。如果表演区的衣服不能穿出表演区，那么幼儿怎么可能在积木区扮演一位穿制服的消防员呢？在娃娃家，也可能需要一些绘本，让幼儿读给布娃娃听，等等。教师应该允许幼儿把不同区域的材料整合起来使用。

五、区域之间有适当的界限 >>>>>>>>>>>>>>>>>>>>>>>>>>>>>>

界限不明，幼儿可能会分散注意力或无目的地闲逛。教师可以利用各种玩具柜、书架等作为区域分界线。不过，封闭的程度要根据区域内容和幼儿年龄而变化。如图书区的封闭程度要高一些，便于幼儿在里面专注地看书，美工区、娃娃家则可开放一些，以便取水换水，出入方便。小班的区域封闭性要强一些，以减少外来的"诱惑"，大班区域的开放性要加大，以利于活动内容的丰富和区域间有目的地交往。

六、区域空间拓展 >>>>>>>>>>>>>>>>>>>>>>>>>>>>>>>>>

区域的空间不能局限于室内，还需要充分挖掘和有效利用幼儿园各种显在和潜在的空间资源，将区域的空间从室内拓展至室外，充分利用室外的大厅、走廊、阳台，甚至操场等资源。例如，有些班级将涂鸦区域搬到走廊上，有些班级将建构区放在午睡室或走廊，宽敞的环境能让幼儿大显身手(见图7-15)。

图7-15　建构区设置在走廊
(图片摄于温州市第四幼儿园)

主题 3
设置各区域的内部环境

微课
**设置各区域的
内部环境**

一个高质量的区域应有清晰的目标，独具吸引力和美感，并提供符合幼儿发展水平的、有趣的且能互动的丰富材料。这样的区域能鼓励幼儿在其中独立活动。以下部分将具体讨论区域内部环境的设置。

一、制定清晰的区域目标 >>>>>>>>>>>>>>>>>>>>>>>>>>>>>

在设置各个区域的内部环境之前，教师需要考虑每个区域的目标是什么，希望通过该区域发展幼儿哪些具体的知识、能力和情感态度。制定区域目标同制定课程目标要考虑的因素是一样的，教师需以《纲要》《指南》为指导，同时考虑幼儿的年龄特点、发展水平、已有经验、兴趣和需要等，从而制定清晰适宜的区域目标。

二、制作明确的区域标识牌 >>>>>>>>>>>>>>>>>>>>>>>>>>>>

(1)选择幼儿能理解、喜欢的区域名称。区域名称不必过分死板，可以更童趣生动，更富有创意或新颖性，如建构区也可以叫"拼拼搭搭""小小建筑师"，娃娃家也可以叫"我爱我家"等。当然更好的是请幼儿自己为区域命名。

（2）教师还可以发挥幼儿的主体性，请幼儿自己设计和制作区域标识牌。

（3）在区域标识牌上可以呈现不同层级的符号，如实物、实物照片、图片、真实轮廓画、简笔画、文字等。从实物到图片到最后的文字，符号化、抽象化程度不断提高，可以支持不同发展水平的幼儿。

✎ 学习笔记

三、投放适宜的区域材料 >>>>>>>>>>>>>>>>>>>>>>>>>>>>>

教师应根据区域目标，系统地设计与投放材料，从而为幼儿创设一个有准备的学习环境。这样的环境能够激发幼儿的活动兴趣，不断吸引幼儿主动积极地与材料互动，实现自主和全面发展。

（一）设计与投放区域活动材料的依据①

1. 幼儿的兴趣

教师可以通过观察幼儿在区域活动中使用材料的情况，由此发现提供的材料是否合适，幼儿有什么新的兴趣，从而调整现有材料或投放新材料。

小资料 ✺

制作挂历

卉卉和远远头挨着头正在制作挂历，他们还为挂历取了一个好听的名字：大海和鱼。远远画了一条大鲨鱼，卉卉用颜料刷上底色，这时，宇宇走来边欣赏边说："我去过海边，海边有沙滩、贝壳，在沙滩边看海，可美啦！"远远一听便说："对！我们可以用小印章敲贝壳，可是沙滩怎么办？还用颜料画吧。"卉卉说："不，我们就用沙子吧，铺在上面，就像真的沙滩啦！"三人商量后，宇宇用罐子到幼儿园沙池里装了一些沙，卉卉找到双面胶往挂历底版上粘贴。远远将沙子"撒"在双面胶上，每个人各司其职，不一会儿美丽的沙滩制成了。三个小伙伴兴奋地欣赏着他们制成的作品，还热情地邀请同伴来欣赏。

三个幼儿的制作给了我启发，材料的品种应尽可能多元。于是我又在材料筐里投放了树叶、棉花、沙等自然材料。过了几天，他们三人又用棉花在大海的天际处制出了一朵朵白云。

［引自李建君：《区角：儿童智慧的天地》（第 2 版），158 页，上海，上海社会科学院出版社，2011。］

我们往往根据区角的一般特征，较为固定地为幼儿提供一些常用材料。而幼儿在实际操作时往往需要多样的材料，他们会随着材料不断调整自己的游戏行为。幼儿在制作《大海和鱼》这幅挂历的过程中，教师发现为幼儿提供材料应是丰富多样的，除了较为固定的材料外，还可提供一些自然材料。这些低结构的材料能引发幼儿丰富的想象，教师甚至可根据大班幼儿的年龄特点，引发幼儿共同收集一些生活中的材料。游戏材料投放是极富灵活性与创造性的，教师应立足于幼儿的兴趣和实际操作的角度，及时补充和调整材料，满足幼儿游戏的需求。

---

① 　本部分内容参阅了吴邵萍：《区域活动材料的设计与投放》，载《幼儿教育》，2016(3)。

此外，教师还可以采取定期讨论的方法了解幼儿喜欢什么内容、什么材料，根据幼儿的兴趣与幼儿共同收集材料，如下面这个案例中的教师。

典型案例

制作"怪兽"

教师在一次和大班幼儿讨论时，了解到他们最近对"怪兽"非常感兴趣，想要在美工区画怪兽，做怪兽玩偶和面具。在和幼儿讨论要用到哪些材料时，幼儿提出，怪兽就是要怪，所以什么材料都可以。他们说："蛋壳、小球、饮料瓶子、罐子、纸袋、纸盒都可以，这些材料我们可以自己从家里带来。"第二天，幼儿就将家里的废旧材料都带来了，教师又提供了画笔、糨糊、双面胶、透明胶和各种颜色的纸等。那段时间，男孩们几乎每天都到美工区，利用这些材料创作各式各样的"怪兽"。

2. 幼儿的发展需要

(1)依据本班幼儿在阶段性发展评估中的不足来投放材料。

(2)依据对幼儿在区域活动中发展情况的观察诊断来投放材料。例如，教师发现幼儿对儿歌或故事的内容不够熟悉，及时提供支持性材料，推进了幼儿表达能力的发展。

典型案例

播放器来帮忙

小班的一位教师在语言区投放了和集体活动中学过的儿歌、故事相匹配的纸偶等操作材料，希望幼儿边讲述儿歌或故事边操作。可是教师观察两周后发现，大多数幼儿只摆弄材料不讲述。教师分析，幼儿并不是不想讲，而是对这些儿歌或故事的内容不够熟悉，不知道如何讲述。于是，教师又提供了若干播放器，一个播放器播放一首儿歌或一个故事，这样幼儿可以跟随录音一起讲述，由一开始只讲自己熟悉的句子和对话，到后面可以完整地讲述，正是由于教师发现了幼儿的需求，及时提供支持性材料，才推进了幼儿表达能力的发展。

(3)关注不同群体幼儿的发展需要。例如，教师提供适合男孩的粗犷的、阳刚的舞蹈，从而吸引了男孩积极地进入音乐区学习舞蹈。

典型案例

男孩也爱舞蹈

每次区域活动，男孩都不愿意进入音乐区。教师发现，原来音乐区中提供的舞蹈方面的材料有点偏女性化，无法满足那些对舞蹈感兴趣的男孩的发展需要。于是，教师在提供民族舞视频材料时，特别搜索并剪辑了适合男孩学习的粗犷的、阳刚的舞蹈，从而吸引了男孩积极地进入音乐区学习舞蹈。

3. 主题活动的需要

区域活动是主题活动的一个重要形式。在主题活动中，教师可根据主题活动的目标和内容，筛选出适合幼儿个别化学习的内容放到区域活动中进行。一般来说主要有以下几方面内容。

一是幼儿个体间在兴趣、需求和能力方面差异较大的内容。例如，在大班关于"秋天"的主题活动中，教师将美术活动"画秋天的树"放到了美工区，原因是教师经过分析认为，大班幼儿对树的经验已经相当丰富了，能够自己感知、欣赏各种关于树的美术作品，也会依据自己的兴趣进行艺术表现。再者，幼儿之间能力水平有差异，绘画所需时间大不相同，集体教学活动会导致有的幼儿难以尽情发挥，而活动一结束，所有颜料和工具都要收掉，既浪费材料，又浪费时间。如果将此活动放到区域中进行，这些问题都能得到较好的解决。教师只需提供三类物品：①将各式各样关于秋天的树的美术作品、摄影作品张贴于美术区桌上或墙面上，便于幼儿自主欣赏、学习。②各种颜料、画笔、画纸等绘画工具和材料，供幼儿自主选择。③架子、夹子等展示用具，便于幼儿自己将绘画作品及时展示出来。

二是幼儿通过看图片、看视频、操作材料等就可以自主学习的内容，如区域折纸活动"衣服和裤子"（见图7-16）。

图 7-16　手工区折纸活动
（图片摄于上海"儿童世界"基金会长宁幼儿园）

三是幼儿必须在不断探索、反复操作中，通过与材料的充分互动，才能获取经验的内容。例如，中班幼儿在探索"泡泡"的活动中有一项学习用吸管吹泡泡的内容，幼儿必须亲身实践，多次尝试，才能慢慢建构起关于如何吹出泡泡，如何吹出大泡泡，如何长时间地保留泡泡等经验。为此，教师将这一内容放到科学区，让幼儿自主探索。这些做法最大限度地满足了不同幼儿差异化学习的需求。

上述三类课程内容如果放在相应的区域中，由教师提供多元的、难易程度不同的操作材料，引导幼儿根据自己的兴趣、能力开展自主学习，则能更有效地落实课程目标。

4. 幼儿经验的均衡性

幼儿发展以经验的生长为衡量标准。教师在设计与投放区域活动材料时要确保幼儿通过与材料互动所获得的经验不是零散的、孤立的，而是建立在已有经验基础上，有前后联系的。为此，教师可依据每一领域的内容，系统地设置与投放材料，保障每一领域的内容有层次地在区域活动中得以落实，最终促进幼儿全面发展。这样做还可以促使教师对每一领域的目标和内容进行梳理，使教师对幼儿的发展更敏感，指导更灵活，支持更有力。

　　例如，江苏省南京市北京东路小学附属幼儿园依据每一领域的内容，系统地设置与投放材料，保障每一领域的内容有层次地在区域活动中得以落实。例如，在数学区按"数与量""图形与空间"两个内容系列来提供材料；在健康区按"身心状况""动作发展""生活习惯与生活能力"三个内容系列来提供材料；在科学区按"生命科学""物质科学""地球和空间科学"三个内容系列来提供材料；在音乐区按"歌曲""舞蹈""打击乐""欣赏"四个内容系列来提供材料；在美工区按"绘画""折纸""泥工""手工制作"四个内容系列来提供材料；在语言区按"倾听""表达""阅读""书写准备"四个内容系列来提供材料。在小、中、大班，同一个区域同一系列的材料会根据幼儿年龄特点以不同的方式呈现，在内容上也会有不同的侧重。例如，小班阶段在语言区虽然也有"书写准备"方面的内容，但更侧重于"倾听""阅读"和"表达"方面的内容，"表达"也更侧重口语表达。在"书写准备"方面，教师只会提供一些纸、笔，一方面满足幼儿用涂涂画画的方式来表达的兴趣，另一方面满足幼儿模仿成人书写动作的兴趣，为中大班的"书写准备"奠定良好的基础。而到了大班，"书写准备"就成了语言区的重点内容，教师会有目的、有计划地逐步提供相应材料，创设前书写环境，引导幼儿逐步学习用图画、符号等来"写"自己感兴趣的事情。由于每个领域的每个系列都包含丰富的内容，所以，教师在提供材料时还要注意每个系列中内容的全面性和多元性。例如，在语言区的"倾听"系列中，教师提供的材料既要有故事，又要有儿歌、幼儿诗、语言游戏等。"表达"系列既要有前书写表达，也要有故事、儿歌表演等；既要有经典的故事、儿歌等，也要有幼儿自己创编的故事、儿歌等。"阅读"系列既要有故事书，也要有科学类图画书、百科全书和适合幼儿阅读的杂志等。

　　因此，教师要有各个区域的关键经验意识，如果关于区域的学科教学知识（PCK）不足，就很难支架幼儿的发展。

（二）设计与投放区域活动材料的策略

1. 提供开放性、多样化的材料，以激发幼儿的想象和创造

　　教师要在日常生活过程中留意收集各种有趣的开放性材料。以下是一些建议。[①]

　　（1）厨房类材料。父母都会说，相对于某些奇特的新玩具而言，幼儿更喜欢玩陶罐、锅、铲、塑料桶等。对于幼儿的创造性游戏而言，厨房里面的各种零部件是很好的玩具。其中最好玩的是厨房中可拆装、可移动的部件，如筛子、钳子、开罐器、胡桃夹子、蛋盒、打蛋器、计时器、制冰格、碎肉（芝士）机、压蒜器、挖瓜勺、蔬菜蒸锅等。教师可以在集体活动时间介绍这些物品，然后在自由活动时再次把这些物品介绍给幼儿。

① ［美］德布·柯蒂斯、［美］玛吉·卡特：《关注儿童的生活：以儿童为中心的反思性课程设计》（第2版），郑福明、张博译，45～48页，北京，教育科学出版社，2015。

(2)绳线类材料。把能找到的各种绳子、麻线、纱线、鞋带和其他不同长度的绳线类材料收集到一个盒子里。在幼儿室内或户外活动中将这些材料提供给幼儿，还可配上夹子、滑轮或回形针。对于这些材料，幼儿会有多种多样的玩法，包括探索绳线的长短，测量物体长度。在游戏过程中，幼儿还可能学会用这些材料捆绑物体。在第一次向幼儿介绍绳线的使用时，教师要进行有关安全规则指导。

(3)农田材料。成包的秸秆物美价廉，是很适合在户外使用的可拆装材料。如果是完整打包的秸秆，幼儿可用来爬。如果散开，松软的秸秆也可以变成幼儿跳跃、玩躲藏游戏的好去处。幼儿还可以将其用作表演游戏的道具：可以在游戏中把秸秆装上车，送去喂养动物。在使用前，要注意有些幼儿可能会对秸秆过敏。

(4)盒子类材料。盒子可用于收纳物品，也可用于探索空间关系，或给自己和同伴提供一个私密空间。盒子能激发幼儿各种各样的表演欲望，也为他们搬运物品提供机会和工具。放在桌子上的小盒子还可用来练习分类。盒子的用法多种多样，是丰富幼儿园课程不可或缺的资源。

(5)纺织品材料。材质多样、形状各异、大小不一的纺织品是以幼儿为中心的课程的重要组成部分。幼儿可以将布用作感官探索(折叠、透视)，表演游戏(戏服、毯子)和建构(搭帐篷、藏身之所)的材料。他们还可以用这些布遮挡桌子、积木、自己和同伴，探索空间概念。教师可向幼儿展示颜色各异的布，也可向他们介绍不同布上隐含的各种文化，还有各种形状和手感的布，如薄的、厚的、串珠的、闪光的、带花边的、粗糙的、柔软的。

(6)废旧材料。旧货店、二手市场有很多有趣的小玩意儿，这些都可以转变成幼儿游戏的道具(还可以从自家找一些)。最好是能拆开，又能装回去，或能打开，又能合上的。以下物品供参考：门把手、开关、夹子、管子、大螺母、大螺栓、合页、滑轮、滚漆筒、松紧带、扳手以及一些可拆开的旧家电。注意检查这些物品是否带有锐利的边角或已拔出插头，也要留意聚氯乙烯材料可能存在的毒性。

(7)食物包装袋及其他材料。教师自己或提醒家长在厨房准备好购物袋，将清洁的食品包装袋、小盒子、纸卷筒和一些丝线收集起来。一些回收机构也可以提供类似的物品，让幼儿去探索和发现，如各种大小和形状的海绵、泡沫、纸袋、容器、小毯子、木料、塑料、瓦片、铝锅、木勺、塑料勺、旧电话线、电脑键盘及各种胶带。注意许多塑料制品可能有毒，提醒幼儿勿将塑料制品放入口中，同时也不能将塑料袋套在头上。

此外，区域活动的材料也不是一成不变的，在适当的时段，可以通过添加、删减、组合等不同方式，对材料进行迁移和调整，以最大限度地发挥材料的教育潜力，赋予材料新的教育意义或生成新的活动内容和情境，真正体现材料的多元价值，做到物尽其用。

2. 提供多种层次的材料，以满足不同发展水平的幼儿需要

材料提供需具有层次性，满足不同发展水平幼儿的需求，让每个进入区域的幼儿都可以选择适合自己能力水平的操作材料。但是，并不是所有活动内容的材料投放都能显示出层次性，相同材料会有不同操作方法与水平、操作过程与结果

学习笔记

的出现，如同样的剪刀和纸，同样地用对称方法剪图形，有的幼儿只能剪一对对称的小鱼，而有的却能剪出对称的两对、四对，此时材料的操作层次性是内隐在教师心中的，并不是可以物化出来的。

3. 提供符合幼儿最近发展区的材料，以促进幼儿更高水平的发展

根据全美幼教协会所提倡的发展适宜性实践，人类，尤其是幼儿，会主动去理解或做略超越他们当前发展水平的事。如果材料太简单，幼儿容易厌烦；如果太难，他们会焦虑。当材料稍稍难于儿童的现有发展水平时，教师可以搭鹰架，帮助他们达到更高一层的发展水平，通过挑战，幼儿获得知识、技能和信心。①

4. 将问题隐含在材料中，以激发幼儿探索。

在提供区域活动材料时，最好将问题隐含在材料中。例如，提供两面可以站立的小镜子和小动物，让幼儿感受镜子夹角与镜子中小动物成像数量之间的关系等(见图 7-17)。

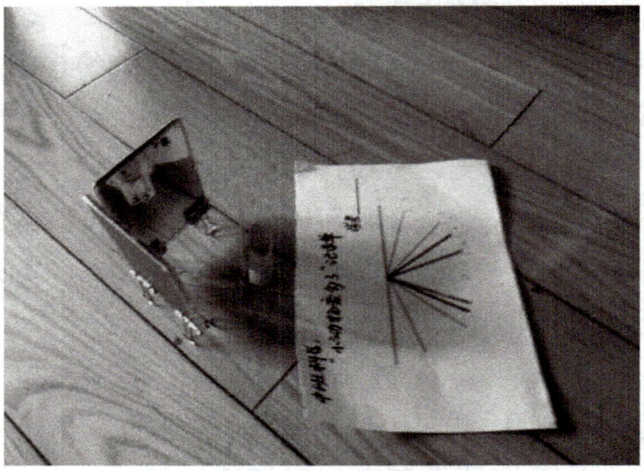

图 7-17 小动物成像
(图片摄于温州市第四幼儿园)

小资料

科学小游戏

表 7-1 科学探索材料一览表

科学游戏名称	材料准备
好玩的磁铁	磁铁、回形针、木块、石头、小篮子
摸一摸	各种质地的纸、布、镜子、小篮子
自制手电筒	小灯泡、电线、电池、小篮子
听听什么声音	装有沙、豆、石头、纸片的小瓶子
摩擦起电	塑料棒、丝绸、盛有碎纸屑的小碗

---

① ［美］朱莉·布拉德：《0—8 岁儿童学习环境创设》，陈妃燕、彭楚芸译，108 页，南京，南京师范大学出版社，2014。

续表

科学游戏名称	材料准备
磁铁吸物	迷宫图、绑有磁铁的小人两个、小磁铁两个
自制传声筒	一次性纸杯若干、小篮子
闻一闻	装有醋、油、酱油的瓶子
动物走迷宫	迷宫板一个
称一称	自制的天平、各种物体
自制哈哈镜	镜子一块、贴有反光纸的硬纸板
自制沙漏	装有沙的小碗、自制沙漏
物体的滚动	自制斜坡、各种几何体的物体
物体的沉与浮	各种材质的物品（石头、木块、折好的小船、塑料玩具）
自制风车	风车、房子
放大镜	放大镜若干
颜色变魔术	水粉颜料、勺子、杯子、记录卡
智力拼图	剪开的拼图及拼图原图
磁铁移物	装有小铁球的胶囊、磁铁、泥工板
这是谁的种子（见图7-18）	各种蔬菜、水果图片及相应的种子
月亮船（见图7-19）	泥工板、剪开来的乒乓球
小动物成像	小动物、两面镜子
火箭上天（见图7-20）	饮料或矿泉水瓶、用纸做的圆锥形
杯塔（见图7-21）	一次性纸杯、硬纸片
变色陀螺（见图7-22）	自制彩色陀螺
水油分离（见图7-23）	装有水和油的透明瓶
看谁射得远（见图7-24）	在矿泉水瓶的不同位置戳洞

图 7-18 这是谁的种子

图 7-19 月亮船

图 7-20   火箭上天

图 7-21   杯塔

图 7-22   变色陀螺

图 7-23   水油分离

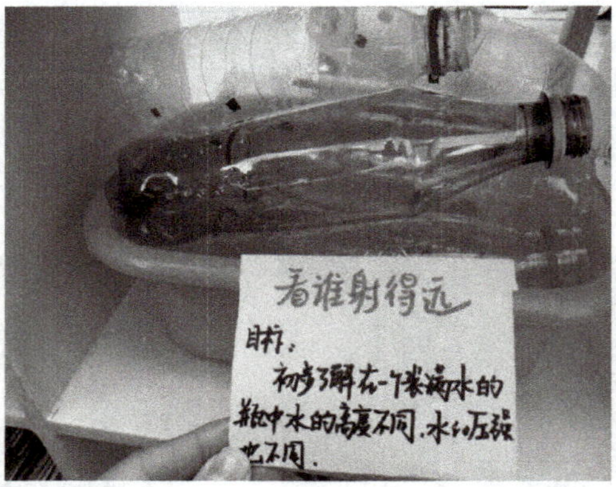

图 7-24   看谁射得远

（三）通过赏心悦目和有序的方式呈现材料

（1）赏心悦目。你想让幼儿注意到什么？当我们将材料以一种赏心悦目的方式呈现出来的时候，它就能吸引幼儿的眼球，激发幼儿的兴趣，吸引幼儿去观看并触摸。在谈到瑞吉欧教育环境时，甘迪尼说，摆放良好并引人注目的材料，可以提示幼儿能做什么。如果你有透明的器皿、种子、干花、彩纸、纽扣、弹珠以及类似的材料，它们会很吸引人。① 的确，即便是平时丢弃的废旧物品，如果陈列得当也能成为引人注目的宝物。良好的展示方式反映了材料的重要性，也体现了我们对幼儿学习的重视。

（2）有序。保持区域环境的有序十分重要，它可以防止幼儿为寻找材料而浪费精力，也会帮助幼儿养成有秩序的品质。例如，在同一地点存放材料，以使幼儿知道在哪里可以找到它们。

四、设计独立使用的区域 >>>>>>>>>>>>>>>>>>>>>>>>>>>>

为了保证幼儿能够独立使用区域，投放的材料及摆放的方式要具有高度的自理性。比如，将材料放在低矮并开放的架子上，方便幼儿取用（见图7-26）；将材料摆放整齐并贴上标签，方便幼儿知道材料放在哪里，并能在玩好后放回原处，等等。幼儿也应该知道如何使用区域材料。教师可以通过介绍材料达到这个目的。介绍材料并设定材料使用规则，有助于幼儿更好地使用材料。

典型案例

老师在班级的美工区为孩子们提供了白纸、彩纸等，由于卡纸、瓦楞纸比较大，不易管理，所以老师将它们放在自己的教具柜里。每次孩子们需要用到卡纸和瓦楞纸的时候，就问老师要，这时老师就会打开自己的教具柜给孩子们拿一张。有一天，一个小朋友很生气地说："老师，你为什么要把材料藏在柜子里不给我们用！"于是老师就组织孩子们讨论："这些材料你们希望放在哪里？"孩子们说："我们希望放在大家都能拿得到的地方。"老师说："可是我担心，这些材料比较大，没地方放。而且我发现小朋友们有时只用了卡纸的一个角，剩下的就扔掉了，多可惜啊！这些问题怎么解决呢？"孩子们就讨论说："用剩的卡纸可放在指定框子里。"老师继续问："那卡纸摆放在哪里呢？"孩子们经过讨论找到一个架子，这个架子本来是晾小朋友们画完的水彩画的。老师又问："那你们的水彩画放在哪里晾呢？"孩子们说："可以晾在柜子上。"这样经过和孩子们的讨论，孩子们需要用的材料放到了他们能够拿得到的地方，方便了他们的活动，而且这个过程还发展了他们解决问题的能力，同时保管材料也可以培养他们的责任感（见图7-25）。

图 7-25　材料放在低矮并开放的架子上

（案例来自珠海容闳国际幼稚园胡亚敏园长的分享。）

---

① ［美］朱莉·布拉德：《0—8岁儿童学习环境创设》，陈妃燕、彭楚芸译，99页，南京，南京师范大学出版社，2014。

五、规则"可视化" >>>>>>>>>>>>>>>>>>>>>>>>>>>>>>>>>

规则"可视化"的技巧有以下几种。

(1)用"小脚丫""插大头贴""戴手环"等方式控制进区人数，避免拥挤而影响活动(见图7-26、图7-27)。

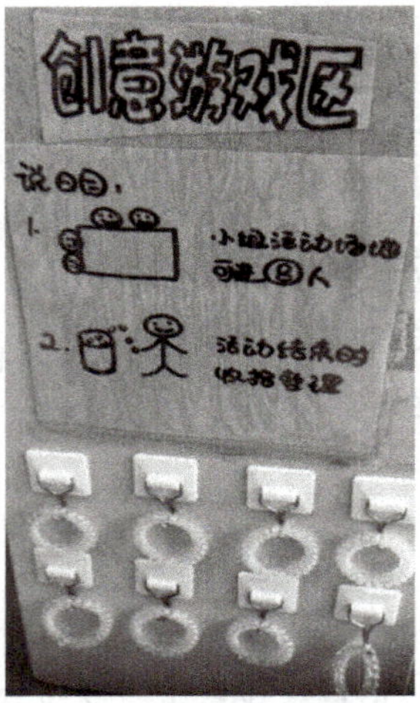

图7-26 通过"戴手环"的方式控制进区人数
(图片摄于温州市第四幼儿园)

图7-27 通过"插大头贴"的方式控制进区人数
(图片摄于南京市第三幼儿园)

(2)用图示暗示幼儿需要遵守区域规则，如阅读区的"安静"图示，美工区的"请勿随地扔废纸"图示。最好是请幼儿自己讨论制定区域规则，并请他们将规则画下来，呈现在环境中，这样他们会更加自觉地遵守(见图7-28、图7-29)。

图7-28 幼儿自己设计的阅读区规则
(图片摄于温州市第四幼儿园)

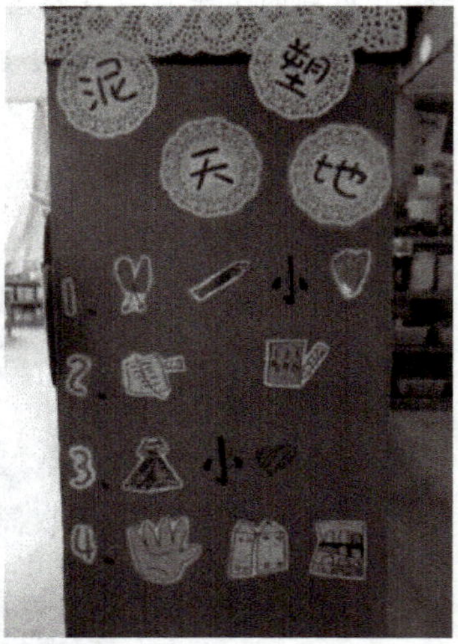

图7-29 幼儿自己制作的泥塑区规则
(图片摄于温州市第九幼儿园)

(3)用某些标记提示幼儿材料摆放的位置。注意标记应包含不同层级的符号，如实物照片、图片、真实轮廓画、简笔画、文字等(见图7-30)，或者用匹配法(如柜子上和材料托盘上的图标相匹配)暗示材料框放入储物柜的具体位置。

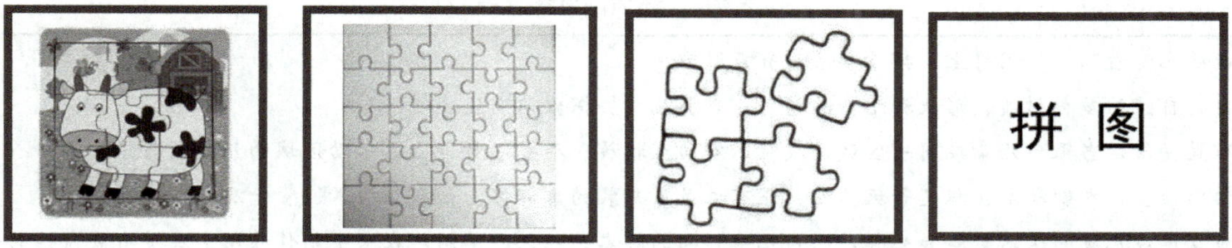

（1）　　　　　　　（2）　　　　　　　（3）　　　　　　　（4）

图 7-30　包含不同层级符号的拼图标记

当然教师和幼儿还可以创造更多不同的可视化规则。例如，在下面的案例中，"锁"成了小班最常用的"法宝"。

典型案例

小班儿童参加游戏随意性大，计划性弱，选择内容目的性不强，加上在游戏过程中的其他因素，如上厕所、喝水、喝豆浆需要暂时离开等，往往会产生矛盾。"锁"的出现可谓"神来之笔"，"锁"即"锁住"，简单易解。当一名儿童暂时离开时，他在材料上放上一把"锁"，便不会有人再来玩了；明天如果还想玩某个游戏，用"锁"锁住就行了；完成游戏后，用"锁"锁住，可以等待老师来检查。对小班儿童来说，"锁"是最常用的"法宝"。

（引自李建君：《区角：儿童智慧的天地》，158 页，上海，上海社会科学院出版社，2011。）

六、区域空间改造 >>>>>>>>>>>>>>>>>>>>>>>>>>>>>>>>

以上是教师在尊重幼儿身心发展特点基础上的区域布局，但我们知道成人要完全站在幼儿的视角是很难的，因此在区域布局好后，可以请幼儿来评价现有的班级区域环境，讨论现有的环境哪里不喜欢，这就是我们在前面讲主体性原则时所说的"环境评价倾听幼儿的声音"，然后请幼儿提出改进的思路和创意。如果是中大班的幼儿，还可以请他们绘制改造图，用积木、橡皮泥等制作出他们心目中理想的区域模型，然后全班幼儿一起评比，通过投票选出大家都喜欢的区域改造方案，最后教师和幼儿一起动手，把区域模型变成现实。这个过程就充分体现了主体性原则。

🖊 **学习笔记**

思考与练习

1. 参观某幼儿园环境，利用环境评估清单（表 7-2、表 7-3、表 7-4）来评估该幼儿园的班级环境，在符合的选项前打√。

表 7-2　环境创设评价表

- □材料能被儿童看到，能用得上，摆放整洁，有吸引力。
- □有来自大自然的多种材质、形状和元素的材料，吸引儿童去探索与发现。
- □空间布置灵活，当很多儿童在同一区域游戏时，空间可扩展。尽量不对进出各活动区域的儿童进行限制。
- □除了食物模型、木制积木、积塑等玩具外，还有许多可拆装的零部件，如布、软木、管子及塑料环。
- □环境布置体现儿童的生活经验和兴趣，陈列儿童作品的样本、照片、草图，在家中制作的图书及带有故事性的物品。
- □各种体现不同角色及文化特色的图片，帮助儿童感受它们的异同。

（引自［美］德布·柯蒂斯、［美］玛吉·卡特：《关注儿童的生活：以儿童为中心的反思性课程设计》，郑福明、张博译，35 页，北京，教育科学出版社，2015。）

表 7-3　室内环境创设评定表

- □你的环境创设是否支持你为室内外活动设定的目标？
- □学习区角的定义是否清晰，划分是否明确？
- □是否有足够大的活动空间，但又不足以激发儿童来回跑动？
- □各个区角的位置是否合适？是否充分利用窗户设立适宜的区角？
- □玩水游戏和美工区是否靠近水源？在美工桌附近是否有衣钩供儿童挂绘画用的罩衫？
- □动态活动区角和安静活动区角是否分开？
- □活动区角是否与走廊过道分开，以免他人来回走动时会打扰儿童游戏？
- □儿童和教师能否自由走动？
- □是否为坐轮椅的儿童准备了宽阔的走廊？
- □房间是否既整洁有序，又温馨舒适？
- □器械和家具是否可以移动，环境布置是否灵活，是否可以根据需要的变化而变化？当你收拾房间准备吃饭或午睡时，你是否每天都以同样的方式与儿童交往，让他们感到舒适和安全？
- □家具是否适合儿童的身体高度？
- □环境是否灵活，是否适应有特殊需要的儿童？
- □浴室设备是否使用方便？
- □电源插座是否在合适的位置？不用时，是否有东西盖上？
- □照明度是否合适？
- □儿童是否能看见并能自由取放各个区角的材料？各个区角的规划要求是否明确，是否具有年龄适宜性？
- □是否控制了每个区角的人数？是否有明显标志说明人数限制？
- □每个区角的材料数量是否适度，既提供了丰富的机会，但又不过剩？
- □每个区角是否有明显的标志说明物体的摆放位置以帮助儿童收拾物品？储存物品的箱子是否有图片、照片或内容提示等标志？
- □对于幼儿，学习区角是否是有组织的、适宜的、有吸引力的？它们是否体现了文化多样性，而没有成见与偏见？表现出来的可见的文化是否体现了现实世界的多元文化，而非局限于本班？
- □学习区角的安排在鼓励小组合作学习或独立学习时是否能培养儿童的社会性技能？
- □儿童是否有独处的空间？
- □图片和布告牌是否放在儿童的高度？
- □每个儿童是否有自己的小柜子放东西？
- □环境是否欢迎家长进入教室？

（引自中国儿童教育网。）

表 7-4 环境评估：区域和教室布局

区域

☐区域目标是否清晰？

☐区域是否有美感？

☐是否有足够的材料——足够到儿童无须等待，且不妨碍他们创造？

☐材料是否符合儿童的发展需求，有一定的挑战性但又不至于难到让儿童感到受挫？

☐材料是否具有广泛的发展层次？

☐是否有丰富的开放式材料？

☐如果材料是封闭式的，是否可以自动更正？

☐材料是否反映了文化的多样性？

☐是否有反映特殊需要儿童生活的材料？

☐材料是否反偏见？

☐材料是否放置在使用区？

☐材料是否备好可用，并且能让儿童触手可及？

☐材料是否整齐地分类摆放？

☐材料架上是否贴了标签，以便儿童能轻易地找到它们，并在用完后将它们放回原处？

☐儿童是否知道如何使用材料？

教室布局

☐幼儿园里是否有良好的隔断？

☐区域大小是否能保证每个儿童有合理的占地面积，并能进行所需的活动？

☐教室里的每处空间是否被有效地利用？

☐间隔物是否可按照不同的需求而灵活移动？

☐幼儿园里的通道是否宽到能让残疾儿童的轮椅通行？

☐通道是否清晰地通向入口或在火灾时方便逃离？

☐园舍是否透明，以便成人和儿童观察各个空间？

☐园舍建设是否避免了那些容易引起儿童奔跑的长通道或环形通道？

☐各区域是否最大限度地利用了它们的物理性能（如出口、光线、水槽和地板等）？

☐区域是否按动静分组？

☐是否将有联系的活动区安排在一起，从而为儿童创设深入游戏的机会？

☐入口的布置是否让家长、儿童和教师感到受欢迎？

☐入口的走廊是否为教学项目提供了有效的过渡区？

☐教室里是否有适于儿童集体活动的空间？

☐是否有独处的空间？

☐是否有精心创设的学习区域？

（引自［美］朱莉·布拉德：《0—8 岁儿童学习环境创设》，陈妃燕、彭楚芸译，104～105 页，南京，南京师范大学出版社，2014。）

2. 试着在见习的班级中投放一些材料，并观察幼儿在区域中对这些材料的使用情况。具体来说，就是观察幼儿如何运用提供的材料，幼儿感到有趣、好玩的材料有什么特点，哪些材料较少被用到，为什么，并在细致观察的基础上确定接下来要提供哪些材料和支持。

3. 利用实习或见习的机会，试着将班级 2～3 个区域做内部的联合，当然，这种联合必须是游戏内容决定和要求的，当游戏需要区域间产生互动或者联动时，适时地通过设置、添加、改变通道，增加材料，提升凝聚主题等手段，让区域实现联动。

4. 利用实习或见习的机会，观察区域材料的摆放是否做到了赏心悦目？如果还没有，想想看，有什么办法能让它们变得赏心悦目？比如，换一个摆放的顺序，用色彩区隔，换一换摆放的容器。

5. 根据小班幼儿的身心发展特点以及图 7-31 给定的条件，对小班的教室进行环境规划设计，绘制出教室平面图，并写出这样设计的理由。

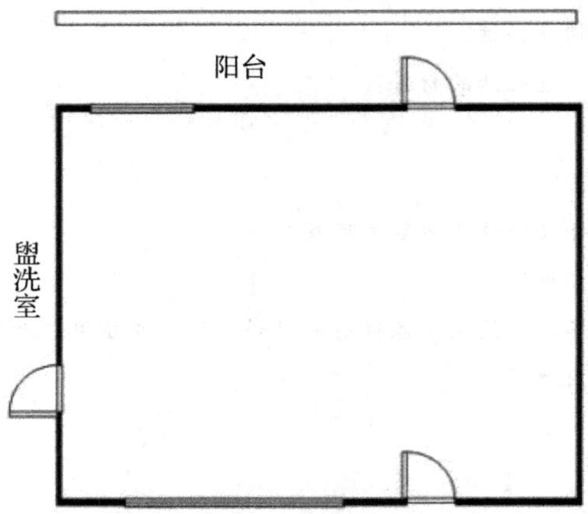

图 7-31　给定的条件

要求：

(1)合理运用钢琴、玩具架、低书架、长方桌椅、圆桌、地毯等，鼓励创造性地利用其他资源；

(2)平面图要能体现区域面积大小。

专题八
幼儿园班级墙面环境创设

学习目标

1. 了解幼儿园班级墙面环境的内涵、功能和类型。

2. 掌握幼儿园班级主题墙创设的方法，能根据主题活动设计一个主题墙环境创设方案。

思维导图

幼儿园班级墙面环境创设
- 幼儿园班级墙面环境创设概述
  - 幼儿园班级墙面环境的内涵和功能
  - 幼儿园班级墙面环境的类型
- 幼儿园班级主题墙的创设
  - 主题墙的内容及布置
  - 主题墙的呈现形式
  - 主题墙的持续时间

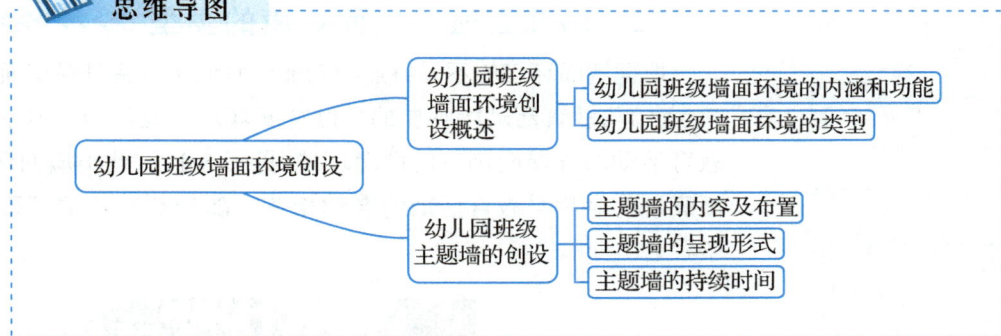

墙面环境是幼儿园班级环境的重要部分，良好的墙面环境能够促进幼儿学习，支持幼儿发展。本专题将介绍班级墙面环境的内涵、功能和类型，重点介绍幼儿园班级主题墙的创设。

主题 1
幼儿园班级墙面环境创设概述

一、幼儿园班级墙面环境的内涵和功能 >>>>>>>>>>>>>>>>

幼儿园班级墙面环境，遍及教室内、班级走廊和阳台上幼儿能接触到的所有墙面。以往的墙面环境比较重展示，重美观，多以成人的视角或喜好为主，轻教育作用，轻对幼儿学习实实在在的支持。随着幼儿园课程改革的日益深入，人们认识到幼儿园班级墙面环境的价值远远超出了传统的美化和展示功能。正如马拉古奇所说："我们学前学校的墙壁会说话，它也有记录的作用，利用墙面的空间暂时或永久性地展示出幼儿及成人的生活。"所以墙面环境除了应具有美感，以美化环境和给予幼儿美的熏陶外，更重要的还应支持幼儿的学习活动，促进幼儿经验的获得，具体包括记录幼儿的学习过程和结果；激发幼儿的持续探究；促进幼儿表达表现和经验分享等。只有具备这些功能，墙面环境才能成为高质量的环境和课程的重要组成部分。

二、幼儿园班级墙面环境的类型 >>>>>>>>>>>>>>>>>>>

根据墙面环境的不同特点与功能，我们可以将班级墙面环境大体分为六类。①

（1）与教育活动相呼应的主题墙面环境，是指为了呼应和配合主题活动或某教育活动的开展而创设的墙面环境（见图8-1）。此类墙面环境适宜的形式为：墙面环境的名称与教育活动的名称相符，随着活动的展开而发展成不同的阶段和子栏目。

图 8-1 "桥这一家子"主题墙
（图片摄于温州市第四幼儿园）

---

① 中央教育科学研究所学前教育研究室：《幼儿园教育质量评价手册》，52～53 页，北京，教育科学出版社，2009。

(2)常规性主题墙面环境，是指配合值日生的常规工作而创设的墙面环境，如天气预报栏，餐前餐后服务栏，自然角的照料等。此类墙面环境适宜的形式为：用形象的、幼儿能懂的方式标明值日的幼儿、工作的内容与基本要求等（见图 8-2）。

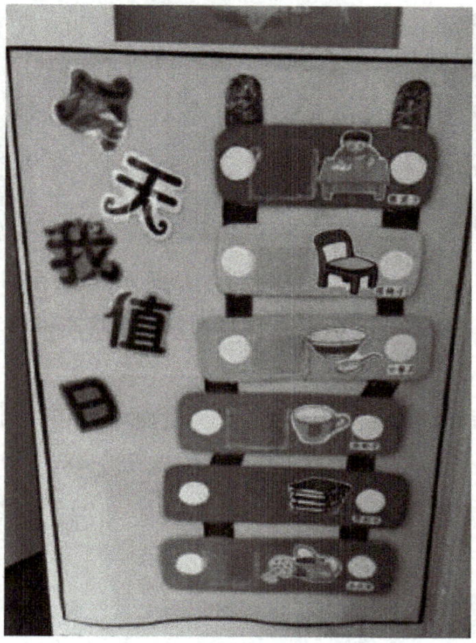

图 8-2　"今天我值日"墙面
（图片摄于温州市第四幼儿园）

(3)区域活动的墙面环境是指各个活动区域内周围的墙面环境。这类墙面环境特别强调墙面环境的内容应与该区域的内容相符合并能促进幼儿在这个区域的学习和游戏活动，如建筑区的图谱提示，大班幼儿搭建的作品图片等；科学区提示幼儿探究的问题情境等；阅读区的新书介绍、故事图片、阅读要求；手工区的折纸步骤图等。

(4)功能区的墙面环境是指盥洗室、睡眠室、饮水区、更衣室等区域的墙面布置。墙面的布置应特别具有美感，且与该区域的功能相符合，有助于幼儿在本区域的生活和学习活动（见图 8-3、图 8-4、图 8-5）。

图 8-3　喝水公约海报
（图片摄于上海"儿童世界"基金会长宁幼儿园）

图 8-4　喝水记录墙
(图片摄于上海"儿童世界"基金会长宁幼儿园)

图 8-5　卫生间墙面
(图片摄于南京市第二幼儿园)

（5）过渡性区域是指与班级相关的过道、走廊、楼梯等区域的墙面环境。过渡性区域的墙面布置要保证各区域的主要功能的实现，保证幼儿的安全和健康。

（6）一般的装饰性墙面环境是指无法归入上述类别的、类别不明的墙面环境。

主题 2
幼儿园班级主题墙的创设

✎ 学习笔记

　　在当前的幼儿园课程中，主题活动是常见的课程类型。主题墙也是常见的配合主题活动展开的重要方式。主题墙环境除了包括主要墙面（通常称作"主题墙"），还包括许多与主题相关的区域环境、走廊墙面环境等。

　　主题墙的创设具有多方面的价值。教师通过记录主题活动的进程，可以明晰主题的发展脉络并计划自己接下来应如何跟进；通过记录幼儿的探索和学习过程，可以了解幼儿在主题活动中的收获与问题。幼儿通过墙面上的幼儿作品展示和活动记录，可以让幼儿感受到自己在主题活动中的参与感，进一步激发幼儿在接下来的主题活动中积极探索；可以让幼儿回顾和反思自己的学习过程；还增加了幼儿和同伴及家长分享自己学习故事的机会。家长可以通过主题墙了解教师是如何组织与实施主题活动的，可以看到幼儿在园的学习与活动情况，从而更好地配合和支持幼儿园教育。

　　创设主题墙主要要考虑三个要素：主题墙的内容及布置、主题墙的呈现形式、主题墙的持续时间。

一、主题墙的内容及布置 >>>>>>>>>>>>>>>>>>>>>>>>>>>>>>>

选择什么样的内容布置到主题墙上对主题墙功能的发挥具有关键的影响，是创设主题墙时需要考虑的最重要因素。一般在选择主题墙内容时会基于幼儿的已有经验、主题活动的进程、幼儿的兴趣以及展示和互动等。

（一）基于幼儿的已有经验

在主题活动开始前，教师应通过集体或个别谈话、对家长进行问卷调查等形式了解幼儿关于该主题的前期经验：关于该主题，幼儿已经知道了什么？是以怎样的方式知道的？关于该主题还有哪些不知道的和想要知道的？对前期经验的调查结果即为主题墙上最开始的部分，教师应通过一些适当的方式将其呈现在主题墙上。但需要注意的是，教师不能简单将幼儿的经验罗列在主题墙上，还需对幼儿的已有经验进行梳理和分析，在此基础上预设接下来的活动。例如，在"标志的世界"主题中，教师通过调查幼儿的前期经验，发现幼儿对标志的认识并不准确，认为"有图案、数字、字母的就是标志"，基于此教师设计了在幼儿园附近找标志、讨论是不是标志等活动。①

（二）基于主题活动的进程

在主题活动进行的过程中，幼儿也在不断丰富着已有经验。因此，主题墙除了要呈现幼儿的前期经验，还要追随主题活动的进程，及时呈现幼儿获得的新经验。

主题墙内容要丰富，版面应特别清晰。教师在创设主题墙时，要用明显的区分标记将主题墙版面按照主题的展开线索划分为相应的板块，同时每一线索板块下的内容要按照活动进行的先后来布置。这样一方面能帮助教师、家长厘清主题进程，从而有计划地采取措施给予幼儿支持；另一方面，清晰的主题墙环境可以培养幼儿的条理性、计划性。

例如，"标志的世界"主题包含三条线索，每条线索大约实施一周的时间。教师就将"标志的世界"主题墙分为三个板块：标志在哪里、有趣的标志、有用的标志。在进行线索一"标志在哪里"时，教师带领幼儿在幼儿园寻找标志，要求幼儿寻找自己认为是标志的东西，教师只负责拍照记录下幼儿的寻找结果，而不去判断幼儿找到的是不是标志。寻找活动结束后，教师筛选部分照片打印出来，呈现在主题墙上，并在照片旁边用文字记录幼儿的语言，内容包括：这是不是标志，为什么它是标志，它上面有什么，它表示什么意思等。接着，教师通过集体谈话活动，让每个幼儿都来说一说他们在幼儿园找到的标志，然后集体讨论这个幼儿找到的是不是标志。讨论结束后，共同整理出"有争议的标志"。最后，教师将这些有争议的标志照片呈现在主题墙上，并在照片旁边用文字记录幼儿的观点。②

（三）基于幼儿的兴趣

在每一条主题线索实施之后，教师应把该阶段幼儿感兴趣的话题和提出的问题梳理并呈现在主题墙上，作为接下来主题活动开展的依据。例如，在上述主题线索一"标志在哪里"结束后，教师在主题墙上呈现了幼儿感兴趣的话题：什么是

学习笔记

① 孙运改：《幼儿园主题墙创设个案研究》，硕士学位论文，南京师范大学，2017。
② 孙运改：《幼儿园主题墙创设个案研究》，硕士学位论文，南京师范大学，2017。

标志？标志与生活有哪些联系？针对幼儿的兴趣，教师在主题墙上设计了"生活中的标志"板块。请家长带领幼儿，在地铁站、商场、超市、小区等场所寻找标志，并把找到的标志订成可以翻阅的小册子呈现在主题墙上。教师还将幼儿常见的食品包装袋呈现在主题墙上，并将包装袋上的标志一一标示出来。然后通过集体教学活动讲解场所标志和食品包装袋上各种标志的作用。[①] 这正是基于幼儿的兴趣对主题墙内容做出的选择。

但教师不能完全被幼儿的兴趣牵着走，要在教师主导和幼儿主导之间适时转换。主题墙的创设是在主题背景下进行的，所以主题墙与主题的关系必须密切，发挥其服务主题的作用。

（四）基于展示和互动

在主题墙上，除了呈现幼儿的经验、兴趣之外，教师还需要将幼儿完成的作品呈现在主题墙上。这部分内容对幼儿的发展有多方面的促进作用。首先，自己的作品被展示，这对幼儿是一种莫大的鼓励，可以增强幼儿的自信心。其次，幼儿可以向同伴和家长介绍自己的作品，在不断地尝试解说中，促进语言能力发展，增强同伴交往能力，以及在他人面前大胆表现自我的能力。

二、主题墙的呈现形式 >>>>>>>>>>>>>>>>>>>>>>>>>>

好的主题墙内容总是要依托好的形式才能展现出来。以下就主题墙的呈现方式、表征形式、展现形式展开分析。

（一）呈现方式

1. 教师海报

教师海报是教师将主题活动以网络图、时间节点图或活动节点图的方式呈现在墙上。教师海报是从教师的角度叙述主题进程，由教师记录主题活动中幼儿的活动情况。教师海报能够清晰地呈现主题活动的展开脉络，让家长了解主题活动的进程，从而更好地支持孩子开展主题活动。

2. 幼儿海报

教师海报展现的是教师的教学逻辑，而幼儿海报展现的则是幼儿的发展逻辑，突出幼儿作为一个学习者在主题活动全过程中的学习轨迹与发展轨迹，从幼儿的视角，以幼儿的方式记录幼儿在主题活动实施全程中的问题、探索、发现及策略。

主题墙上通常会用一张教师海报说明教师的教学逻辑，而需要四张幼儿海报。第一张用来说明关于这个主题，我已经知道了什么；第二张用来说明关于这个主题，我还想知道什么；第三张用来说明关于这个主题，我怎样才能知道我想要知道的，第四张用来说明关于这个主题，我到底知道了什么，我有什么发现。

（二）表征形式

1. 文字

文字是主题墙的一种辅助呈现形式。一方面主题墙的创设对文字的使用要适度，因为过度使用文字会导致幼儿不能和周围的环境发生相互作用，也就失去了

① 孙运改：《幼儿园主题墙创设个案研究》，硕士学位论文，南京师范大学，2017。

主题墙环境创设的意义；另一方面在主题墙创设中，也需要用文字来表明主题的进程，或解说某一个具体活动，或记录幼儿的语言，以便实现经验的分享、吸引家长的参与和文字的熏陶。这样的文字使用就是有意义的。

2. 符号

符号(如幼儿的绘画、箭头等)是主题墙的一种主要呈现形式。幼儿看不懂文字，所以在主题墙上，教师需要用许多替代文字的符号。例如，幼儿通过绘画的方式呈现自己的已有经验。再如，在表明主题进程时，除了用文字，还需要用箭头，因为主题线索不仅要让成人看懂，同样也需要让幼儿清楚明白。

（三）展现形式

主题墙内容的展现形式应该是多元的，既有平面的照片、绘画，又有立体的幼儿手工作品等；既有固定的，又有幼儿可以操作的，或者可以拿下来一起翻阅、一起分享的；既有文本，又有实物。

三、主题墙的持续时间 >>>>>>>>>>>>>>>>>>>>>>>>>>>>>>>

在主题墙的内容上，教师应追随幼儿的经验、兴趣及需要；在呈现形式上，教师应主要使用幼儿自己记录的、展现幼儿发展逻辑的幼儿海报，表征形式也是以幼儿易懂为主。同样在时间上，教师也应追随幼儿，给幼儿足够的时间和主题墙发生相互作用。所以在每一个主题结束后，教师应考虑到幼儿可能对该主题还充满兴趣，同时也为了让幼儿有机会去慢慢回味该主题下进行的活动，教师最好将该主题下创设的主题墙保持不动，直到下一个主题结束。

📖 学习笔记

🌀 小资料

创设会说话的墙面

将墙面环境的创设纳入教学计划中，成为教学活动的有机组成部分，教学效果会大大加强。

1. 根据将要进行的教学内容预分出几个板块，思考如何赋予其教育意义，避免单纯的装饰性墙饰和大张的无意义的照片展示。

2. 为幼儿搭建一个框架或做一个简单的背景图，里面的内容则与幼儿一起丰富，重点凸显幼儿的思想过程。

3. 与幼儿共同收集资料，要进行筛选分类后再艺术性地张贴。

4. 将问题贯穿在墙面环境的各个板块里，自然就会引发幼儿与环境的互动。

5. 根据教学活动的进程和需要不断对墙面进行修正或逐步深入，使墙面环境也能起到帮助孩子积累经验、修正经验和形成概念的作用。

6. 活动过程的展示突出幼儿对这个问题的观点、如何解决、有何困难、有何疑惑、已解决什么、还需解决什么，才能起到辅助教学活动的作用。

7. 对于幼儿不能解决的问题，可以设计成操作性的墙面角落，帮助幼儿在动手中发现、学习和巩固，并给予幼儿在操作中自我纠错的机会。

8. 根据教学主题、季节、节日的变化及时更换墙饰。

9. 如果幼儿对墙饰长期无动于衷，就要考虑对它进行调整或更换了。

10. 多运用环保节能的材料和方法，力求快捷、好看、省力、耐用。

11. 避免太多文字。

附快、好、省的墙面布置方法：

用水彩笔手写美术字，省去排版、剪贴的时间；

以平行组为单位一起布置教室，更节约材料；

根据材料的不同找到更为牢固的粘贴方法，就不用频繁修补；

材料上墙的同时还要考虑更换的便捷性，以免清洗的麻烦。

（资料来源：浙江省级机关北山幼儿园。）

思考与练习

1. 利用去幼儿园见习或实习的机会，拍摄你认为适宜的幼儿园班级墙面环境，描述"民间高手们"是如何创设出适宜幼儿的墙面环境的，并将"民间高手们"的创意收为己用。可通过"观察—思考—有趣的发现"三个步骤完成"看懂设计意图、寻找设计亮点"的过程，并以图文并茂的形式呈现你的观察与思考。

2. 利用去幼儿园见习或实习的机会，拍摄你认为不适宜的幼儿园班级墙面环境，思考：怎样改变，才能让班级墙面环境蕴含课程的目标与内容，让幼儿园课程真正融入环境，让幼儿成为环境创设的主体，并能不断激发幼儿的内在学习动机？可通过"观察—思考—判断—改变"四个步骤完成"观察环境、分析环境、提出疑问、最终改善"的过程，并以图文并茂的形式呈现你的观察与思考。

3. 设计一个主题墙创设方案。

4. 小调查。

刘占兰等人（2010）在对十一省市幼儿园教育质量的调查中，关于对墙面环境的分类考察中发现，与教育活动呼应的主题墙面环境、常规性主题墙面环境和装饰性墙面环境状况要好于支持幼儿区域活动和生活活动的墙面环境（如活动区的墙饰和功能区的墙饰）以及过渡性区域的墙饰，表明教师比较重视教育教学活动，相关的墙饰往往随着教育活动的主题、主要内容、发展阶段的不同而发展变化，比较明确和系统地呈现出清晰的发展脉络或明显的阶段性。而幼儿的作品和学习成果也会比较丰富，教师比较容易创设和把握。常规性墙饰如天气预报、餐前餐后服务、自然角动植物的照料等值日生的工作及与活动相关的墙饰教师也比较重视，由于其内容明确往往也容易把握和创设。一般装饰性墙面环境主要依赖教师的审美情趣和美工技巧，教师往往把这类墙面环境作为展示自己能力的空间，这方面自己容易把握，因此比较重视，也比较容易做好。而区域活动的墙面环境需要教师认真观察幼儿的需要，判断幼儿的发展水平，有一定的难度和深度，而且幼儿的区域活动往往变化性大，教师难以把握。没有创设睡眠室和盥洗室等功能区以及楼道和走廊等过渡区域的墙面环境的幼儿园班级多，而且适宜性水平不高，主要是因为教师不够重视，也缺乏相关认知。

（引自刘占兰等：《中国幼儿园教育质量评价：十一省市幼儿园教育质量调查》，109～110页，北京，教育科学出版社，2011。）

时隔十多年，请你对班级墙面环境再次进行分类考察，看看墙面环境创设的状况有没有发生改变。

拓展阅读

扫码阅读
假如，给我
和孩子一面墙

专题九
创设预防不当行为的环境

学习目标

1. 了解幼儿园班级环境与幼儿行为的关系。
2. 掌握创设预防不当行为环境的策略。

思维导图

创设预防不当行为的环境
- 幼儿园班级环境与幼儿行为的关系
- 创设预防不当行为环境的策略
  - 轻声讲话，使用柔和的灯光和适当的颜色
  - 制作海报，和幼儿一起将规则可视化
  - 创设引发幼儿探究的环境
  - 在教室中设置"协商椅"
  - 提供可以从集体中撤出的独处空间
  - 创设能够诱发幼儿积极行为的区域环境
  - 创设积极的情感环境

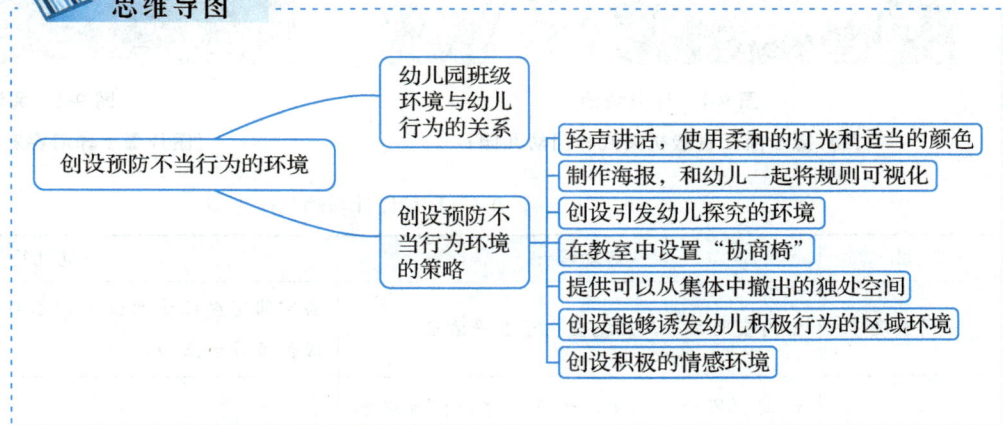

　　前面我们提到，常规管理的方法之一就是"创设能预防不当行为的环境"。其实当我们遵循前面几章所介绍的内容为幼儿创设一个适宜他们的环境时，就能够预防和减少不当行为。因此前面介绍的内容，本专题不再赘述，仅介绍前面没有提到的内容。

主题 1
幼儿园班级环境与幼儿行为的关系

环境传递着隐含的信息。图9-1的环形场地传递给幼儿的信息似乎是"你可以在这里奔跑"。图9-2传递给幼儿的信息似乎是"请进，放松和阅读"。的确，环境深深地影响着我们的行为，它是一个重要的引导行为及避免不当行为的工具。表9-1列出了环境设计可能引发的幼儿行为，表9-2列出了不当的班级环境可能导致的不当行为。

图9-1　环形场地

（图片摄于浙江省级机关武林门幼儿园）

图9-2　阅读区

（图片摄于珠海容宏国际幼稚园）

表9-1　环境设计与幼儿行为①

项目	环境设计	幼儿行为
空间密度	室内空间每个幼儿不宜少于2平方米。	当空间密度低于此值时，容易引发幼儿的攻击性行为，降低亲社会互动。
适度的分区或界限划分	1. 提供家长休息室，使家长可以仔细观察幼儿行为； 2. 分割活动室成较小的学习区域，且容易让幼儿辨识； 3. 游戏场应设不同的活动区域，并加强对圈内各角落的利用，以形成静态活动； 4. 活动场地应设置各种大小的活动分区，以供应大小不同的活动团体。	1. 家长的来访容易引起幼儿情绪上的兴奋； 2. 在分割的学习区中，幼儿会比较安静地参与工作，同时也能增加与材料的互动； 3. 幼儿在游戏场除进行动态活动外，亦有部分静态游戏； 4. 幼儿的活动形态常是大团体与小团体混在一起的。

---

① 张燕：《幼儿园管理》，116～117页，北京，人民教育出版社，2008。

续表

项目	环境设计	幼儿行为反应
通道的流畅性	活动室的通道规划应注意流畅性，并保持1/3以上的剩余空间。	幼儿语言的表现多于身体动作的表现，同时在身体及语言的表现中，促进成长的行为多于抑制成长的行为。
隐秘处的提供	1. 在活动室中提供一些隐秘的角落； 2. 善加利用教室周围的角落，但要注意安全性。	1. 幼儿在可以独立游戏且具隐秘性的区域中时，合作性行为增加，且较能安静地进行活动； 2. 幼儿喜欢在各屋角处游戏。
取用方便	将经常使用的玩具材料放在幼儿容易取用的地方。	方便取放的玩具材料使用率较高，且幼儿互动的行为较多。
柔软度	提供柔软度高的物理环境，如地毯、坐垫、明亮的色彩等。	柔软度高的环境给予幼儿一种亲切、温暖、像家的感觉。

表 9-2　不当的班级环境可能导致的不当行为①

不当的环境	导致的不当行为
空间太小	幼儿不愿意与父母分离，因为这里太过拥挤和吵闹了； 幼儿会推别人，排斥别人进游戏区； 幼儿会撞到积木，弄坏材料； 幼儿没有地方进行创造性游戏或探索及体验不同材料……
大肌肉运动仅限在室外或操场上的某个特定时段才能进行，教室里无法进行	幼儿开始围着教室跑，或沿着走廊跑； 课堂上不愿意一直坐着； 摇晃或弄倒椅子； 大声说话……
没有足够的材料	幼儿为了第一个拿到喜欢的材料或新的学习材料而推挤或吵架； 幼儿占着材料不愿意分享； 幼儿试图把材料藏起来，这样在他们想要用的时候就能拿来用； 把东西带回家，这样他就能拥有了； 排斥他人（积木不够，不能给他了）……
家具摆放不当	导致幼儿奔跑； 去盥洗的通道拥挤； 限制复杂的活动或创造性活动； 幼儿在游戏中排斥他人（"这里没地方了""你不能玩"）……
家具或材料容易损坏	容易损坏东西； 幼儿倾向于不爱护这些东西……

---

① ［美］朱莉·布拉德：《0—8岁儿童学习环境创设》，陈妃燕、彭楚芸译，96页，南京，南京师范大学出版社，2014。

主题 2
创设预防不当行为环境的策略

微课
创设预防不当
行为的环境

合理的环境会诱发幼儿的积极行为。由于环境的作用是潜移默化的，是不断重复的，所以其效果往往胜过教师一遍遍的唠叨。例如，某个活动区的入口处贴上几个鞋印就可以起到限制活动区人数的作用；在集体活动区的周围用彩色纸围成一圈就可以自动提示幼儿怎样围坐下来；在美工区里放一个纸篓，这个纸篓就可以暗示幼儿把垃圾扔在纸篓里，这样教师就不必反复去提醒幼儿不要随地扔垃圾了。因此，教师在创设班级环境时要考虑到环境对幼儿行为的深刻影响，尽可能发挥环境的常规管理作用，让环境开口说话，从而腾出更多时间和精力来支持幼儿学习。

典型案例

小脚印告诉我该怎么做

刚上小班的时候，我们总是很难把鞋子摆放整齐，于是老师就在每张小床的右下角贴上小脚印，这样我们就能在午睡时正确地摆放鞋子了。幼儿园楼梯的右侧也有小脚印，提示我们要靠右行，这样我们就不会撞上迎面而来的小伙伴。在茶水桶前的地板上也贴着一些小脚印，当我们想要喝水的时候，就排队站在脚印上，如果看到小脚印上站了别的伙伴，我们就会先去做其他的事情，等人少些时再来喝水。

（引自左志宏：《幼儿园班级管理》，75 页，上海，华东师范大学出版社，2014。）

学习笔记

以下是一些预防不当行为的环境创设策略。

一、轻声讲话，使用柔和的灯光和适当的颜色 >>>>>>

温和、安静的环境有助于幼儿感到安全和举止平和，因此教师要示范轻声讲话。

另外，适当减少教室灯光亮度可让幼儿平静下来，增强灯光亮度则易刺激幼儿的能量，因此教室里可以使用柔和的灯光。[①]

教师还可以选择相应的颜色来引发活动。暖色如黄、红、橘，容易刺激幼儿、鼓励做大肌肉活动和促进概念发展；冷色如绿、蓝、紫，容易平静幼儿的情绪（见图9-3）。

---

① 谷瑞勉：《幼儿园班级管理：反思性教师的思考与行动》，80 页，北京，北京师范大学出版社，2016。

图 9-3　不同色彩的教室环境

（图片选自朱·科特尼克：《儿童学习空间设计》）

二、制作海报，和幼儿一起将规则可视化 >>>>>>>>>>>>>>>

通过绘画的形式提醒幼儿哪些行为是大家所期望的，是提示幼儿进行自我控制的有效工具。比如，集体活动时间张贴在墙壁上的图画提醒幼儿："我们认真听。我们坐好。我们举手回答问题（见图 9-4）。"再比如，把一个幼儿的名字张贴在凳子上，以此帮助他在集体活动时间找到自己的位置，教师知道在这个位置上他会受到最低程度的干扰，因为这个位置使他远离了一个爱说话的朋友并靠近老师。[①] 再如，接水喝时孩子们总是不排队，而且水杯离水龙头很远，容易把水溅到地上。于是教师在饮水桶旁边张贴了孩子们自己绘制的喝水公约海报，有了它，孩子们就能有序接水喝了（见图 9-5）。其实每个孩子都希望自己能够表现得很好，因此这些信号是非常有用的。

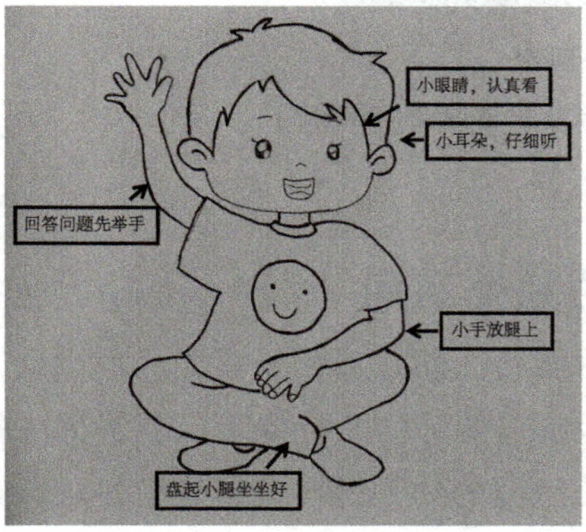

图 9-4　活动常规海报

图 9-5　喝水公约海报

（图片摄于上海"儿童世界"基金会长宁幼儿园）

---

① ［美］卡罗尔·格斯特维奇：《发展适宜性实践：早期教育课程与发展》（第 3 版），霍力岩等译，132 页，北京，教育科学出版社，2011。

三、创设引发幼儿探究的环境 >>>>>>>>>>>>>>>>>>>>>>>>>>

皮亚杰把线性思维描述成前运算阶段认知发展的一部分，它在童年早期占主导地位。他认为，幼儿一次只能关注一样东西。如果我们创设的环境是复杂的、让幼儿去探究的，那么他们就常常无法分心去捣乱了。因此创设复杂的、引发幼儿探究的环境也能预防不当行为。

四、在教室中设置"协商椅" >>>>>>>>>>>>>>>>>>>>>>>>>>>>

教师要了解幼儿对友谊的需要和与同伴交往的价值。如果他们相处不好，不仅会干扰学习，而且会影响集体归属感的获得，诱发不当行为。格雷斯·米切尔(Grace Mitchell)建议在教室中设置"协商椅"。什么是"协商椅"？就是在鼓励幼儿积极讨论问题并寻找双方都同意的解决方案时，将椅子面对面放置，使幼儿的膝盖可以碰在一起，这样眼睛可以互相看着对方(见图9-6)。当椅子和姿势成为自我控制环境的一部分时，经过教师的引导和示范，幼儿就会学着自己协商解决问题。[1]

图9-6 协商椅
(图片选自朱·科特尼克：《儿童学习空间设计》)

五、提供可以从集体中撤出的独处空间 >>>>>>>>>>>>>>>>>

在集体环境下，遵守严格的班级规则可能会让幼儿感到筋疲力尽。当幼儿感到有些疲劳、不开心或情绪失去控制时，教师需要为幼儿提供可以从集体中撤出的独处空间。在调查有独处空间和没有独处空间的幼儿园时，研究者发现，如果没有可供退缩的地方，幼儿与同伴的互动会减少，有更多的游荡行为，而且有更多的敌意和攻击行为。[2] 当教师为幼儿准备一个小的、安静的和柔软的区域，并

---

[1] [美]卡罗尔·格斯特维奇：《发展适宜性实践：早期教育课程与发展》(第3版)，霍力岩等译，133页，北京，教育科学出版社，2011。

[2] [美]朱莉·布拉德：《0—8岁儿童学习环境创设》，陈妃燕、彭楚芸译，95页，南京，南京师范大学出版社，2014。

把它的用途清晰地解释给幼儿听的时候，他们就知道他们可以从集体中撤离出来。

因此，教师可利用干扰较小的一角，设计温馨舒适的独处区，让幼儿在这里思考、发呆、放松休息或调整情绪。以下是创设具有私密性和安全感环境的策略。①

(1)利用教室的角落，因为角落会给幼儿安全感，幼儿喜欢在屋角处游戏。

(2)将独处空间安排在远离热门活动的安静区。

(3)用大的纸板箱、帐篷等创设独处空间。

(4)提供封闭式的独处空间。研究证明，当幼儿在选择开放或封闭的区域时，他们会选择最封闭的区域。所以教师最好为幼儿提供封闭式的独处空间。

六、创设能够诱发幼儿积极行为的区域环境　>>>>>>>>>>>

(1)适宜的空间面积。空间太小，幼儿可能会推其他人或排斥其他人进入游戏区；幼儿还可能撞倒积木或弄坏材料；还可能会没有地方进行创造性游戏或探索；空间太大，又容易引发幼儿的走动和打闹行为，特别是阅读区，不利于幼儿安静阅读。

(2)在区域之间摆放间隔物，以此为游戏提供保护空间，帮助幼儿专注于游戏。区域之间要有清晰的界线，使各区材料各就其位，互不干扰。

(3)物品的摆放井然有序。有条理且贴有标签的架子，帮助幼儿保持材料的有序摆放。幼儿会在一个有秩序的教室里发展出安全感、秩序感。

(4)使用多个位置的区域设置，以减少冲突行为。例如，小班幼儿都喜欢挤在娃娃家，就容易引发一些不当行为，那么教师可在班级的不同位置设置多个娃娃家。

(5)如果提供的材料不太结实，幼儿可能会倾向于不爱护这些东西，或者容易损坏这些东西，因此材料和书籍的质量要好，并且精美，以激发幼儿爱护它们。

(6)提供数量充足的材料和玩具，避免由资源短缺而引发幼儿之间的争吵。

七、创设积极的情感环境　>>>>>>>>>>>>>>>>>>>>>>>>>>>>

积极的情感环境能提升幼儿的自尊。为了保护幼儿的自尊，我们可以创设大量机会让他们体验成功，让他们感到自己是重要的，有价值的。自尊得到满足的幼儿常常表现出好的行为，而自尊受破坏常常通过某些不良行为表达出来。因此，帮助幼儿建立良好的自我感觉是有效常规管理的一个重要部分。

思考与练习

1. 思考：你还能想到哪些环境创设的策略来减少幼儿的不当行为？可以利用见习或实习的机会请教你班上的指导老师，学习他们的妙招。

2. 观察一个班级的物质环境，思考：该环境是如何引起或避免引起幼儿的不当行为的？该班级环境应如何更好地满足幼儿的需要，避免幼儿的不当行为？

---

① [美]朱莉·布拉德：《0—8岁儿童学习环境创设》，陈妃燕、彭楚芸译，95页，南京，南京师范大学出版社，2014。

3. 观察一个班级的区域环境，思考该环境是如何支持幼儿身心发展，以及如何减少幼儿的不当行为的，并撰写一个案例（简单来说，就是蹲在一个区域里看孩子们在做什么，用什么玩，怎么玩，说了什么，遇到什么问题，怎么解决的。另外，那些产生的不当行为，要具体描述，找到原因。例如，争抢玩具，大多是因为玩具不够，或者在平行游戏期同样式玩具不足，或者是合作游戏期，游戏意图不明确等。这时候教师明确了不当行为的原因，才能给予帮助，如提供更多同质、异质玩具，帮助他们发展游戏主题等）。

下篇　班级家长工作

专题十
幼儿园班级家长工作

学习目标

1. 了解幼儿园班级家长工作的含义和意义。

2. 了解幼儿园班级家长工作的内容，以及教师和家长在家长工作中扮演的角色。

3. 掌握幼儿园班级家长工作的原则，并能在家长工作中综合运用。

思维导图

```
                          ┌─ 幼儿园班级家长工作的含义
              认识幼儿园    ├─ 幼儿园班级家长工作的意义
              班级家长工    ├─ 幼儿园班级家长工作的内容
              作           └─ 教师和家长在家长工作中的角色
幼儿园班级家长工作
                          ┌─ 主导性与平等性相结合的原则
              幼儿园班级    ├─ 多样性与统一性相结合的原则
              家长工作的    ├─ 经常性与及时性相结合的原则
              原则         └─ 公平性与差异性相结合的原则
```

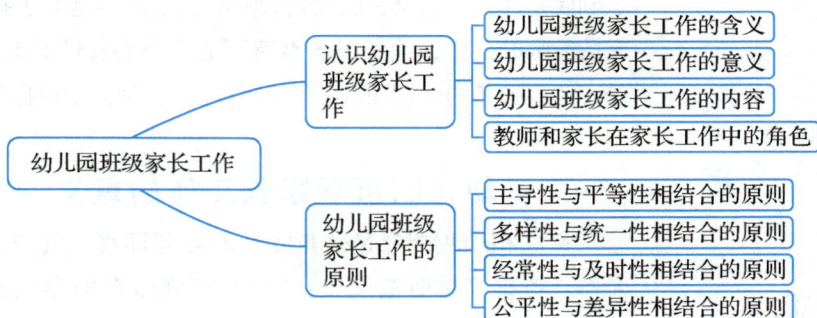

家长工作是幼儿园班级管理的重要内容，也是班级管理的薄弱之处。幼儿教师迫切需要学习家长工作的相关理念、理论和方法，以提升家长工作的水平，最终促进幼儿发展。本专题将介绍幼儿园班级家长工作的含义、意义、内容、原则等。

主题 1
认识幼儿园班级家长工作

📝 学习笔记

一、幼儿园班级家长工作的含义 >>>>>>>>>>>>>>>>>>>>>>>

《纲要》指出："家庭是幼儿园重要的合作伙伴。应本着尊重、平等、合作的原则，争取家长的理解、支持和主动参与，并积极支持、帮助家长提高教育能力。"基于《纲要》，我们将幼儿园班级家长工作界定为：教师本着尊重、平等、合作的原则，组织开展一系列日常工作，旨在争取家长的理解、支持、主动参与，并积极支持、帮助家长提高教育能力，最终促进幼儿全面发展。

从上述定义我们可以看出，幼儿园班级家长工作追求的最终目标是促进幼儿的发展。其实教师与家长的关系并非表面上的两者间的关系，而是教师、家长与他们共同的教育对象——幼儿——三者之间的关系。只有"一切为了孩子，为了孩子的一切"，教师和家长才能紧密联系在一起，成为合作伙伴，成为同盟。这决定了教师必须以幼儿的健康成长为出发点开展家长工作。

可是现实中有些教师做家长工作，仅仅是为了期末家长给教师一个好的评价，或者是为了让家长配合班级的工作等。如果教师的目标仅仅停留在这个层面的话，那么家长工作可能就做不好。因为时间久了，家长能够感觉到这个教师的家长工作的出发点到底是什么。当家长感觉到教师的出发点不是为了孩子的时候，家长就不会由衷地支持教师的工作，他做很多事情可能不是心甘情愿的。所以教师应该将"一切为了孩子，为了孩子的一切"的目标铭记在心，并用这个目标来指导自己的家长工作。

二、幼儿园班级家长工作的意义 >>>>>>>>>>>>>>>>>>>>>>>

家庭和幼儿园都是幼儿成长的重要环境，其成长环境的不可割裂性需要家园合作。苏霍姆林斯基说过："没有家庭教育的学校教育和没有学校教育的家庭教育，都不可能完成培养人这样一个极其细微的任务。"陈鹤琴先生也指出，幼稚教育是一件很复杂的事情，不是家庭一方面可以单独胜任的，也不是幼儿园一方面能做到的，必须是两方面共同合作方能得到充分的功效。[①] 具体来说，幼儿园班级家长工作的意义主要表现在以下几个方面。

第一，家庭和幼儿园是幼儿生活、学习的主要场所。幼儿的发展可以说是整合从两种场所所获得的学习经验的结果。家园合作，可以使来自两方的学习经验更具一致性、连续性、互补性。一方面，幼儿在幼儿园获得的经验能够在家庭中得到延续、巩固和发展；另一方面，幼儿在家庭中获得的经验能够在幼儿园学习过程中得到运用、扩展和提升。

微课
家长工作的意义

---

① 陈鹤琴：《家庭教育（怎样教小孩）》，280 页，北京，教育科学出版社，1994。

第二，家园合作，家长与教师之间建立密切的伙伴关系，会使幼儿获得安全感，学习一种参与社会生活的积极态度。

第三，家园合作可以多方开发幼儿教育资源。例如，家长的不同职业、不同文化背景本身可以为幼儿园提供丰富的教育内容，也可以为幼儿园的教育需要提供多种支持和帮助；幼儿园则可以为家长提供各种有关教育的资讯，并指导家长充分认识家庭、社区环境的教育价值，学会积极利用它们来教育孩子。

第四，《儿童的一百种语言》一书指出，教育是一种通过共同探索而进行的社群活动和文化分享。家园合作为教师与家长、家长与家长之间提供了一个交流和经验共享的机会：家长可以分享幼儿教师先进的教育理念、教育技能和教育经验；教师也可以从家长那里获取更多有关幼儿的有效信息，了解家长对教育的理解和期望，并从他们所拥有的专业知识和工作经验中获得帮助。幼儿园事实上变成了一个成人的"继续教育学院"：交流与分享使每个人既是学习者，又是教育者。不同文化和社会背景的人之间的对话、不同思想的碰撞、不同智慧的结合，将加深我们对教育、对人、对社会的理解，丰富我们的精神世界，同时为社会的精神文明建设做出积极的贡献。

总之，家园合作不仅有利于幼儿发展，也有利于成人提高，而幼儿发展，又是以成人的提高为基础的。

🌐 小资料

　　李生兰（2000）从上海的普陀、杨浦、南市、南汇 4 个区的每个区中随机抽取 1 所全日制幼儿园的 1 个随机班进行问卷调查、家访和访谈。她把家长参与幼儿园教育的程度从强到弱依次分为"总是""经常""一般""有时""很少"五个层次，把幼儿总体发展水平在班级中所处位置从高到低依次划为"上层""中上层""中层""中下层""下层"五个档次。结果发现：家长参与幼儿园教育的程度与孩子的发展水平基本上是成正比的，不论是父亲还是母亲，如果他们"总是"参与、援助、配合幼儿园的教育，那么他们孩子的发展水平在班级大都是处于"上层"。这与国际组织伯拉德·范·利尔基金会（Bernard Van Leer Foundation）长达 20 年的研究结果相似：家长是否参与儿童教育，参与的程度如何，是制约儿童发展的一个重要因素。

　　[引自李生兰：《幼儿园与家庭、社区合作共育的研究》（修订版），182页，上海，华东师范大学出版社，2013。]

三、幼儿园班级家长工作的内容 >>>>>>>>>>>>>>>>>>>>

微课
家长工作的内容

🌐 小资料

　　第五十二条　幼儿园应当主动与幼儿家庭沟通合作，为家长提供科学育儿宣传指导，帮助家长创设良好的家庭教育环境，共同担负教育幼儿的任务。

　　第五十三条　幼儿园应当建立幼儿园与家长联系的制度。幼儿园可采取多种形式，指导家长正确了解幼儿园保育和教育的内容、方法，定期召开家长会议，并接待家长的来访和咨询。

幼儿园应当认真分析、吸收家长对幼儿园教育与管理工作的意见与建议。

幼儿园应当建立家长开放日制度。

第五十四条 幼儿园应当成立家长委员会。

家长委员会的主要任务是：对幼儿园重要决策和事关幼儿切身利益的事项提出意见和建议；发挥家长的专业和资源优势，支持幼儿园保育教育工作；帮助家长了解幼儿园工作计划和要求，协助幼儿园开展家庭教育指导和交流。

第四十一条 （四）与家长经常保持联系，了解幼儿家庭的教育环境，商讨符合幼儿特点的教育措施，相互配合共同完成教育任务。

——《幼儿园工作规程》(2016)

从《幼儿园工作规程》(2016)可以看出，幼儿园班级家长工作的内容繁多。具体包括：

了解幼儿的家庭教育环境，商讨符合幼儿特点的教育措施；

与家长交流幼儿在园各方面表现和身心发展状况；

向家长宣传正确的幼儿教育理念和传授科学的幼儿教育方法，提升家长教育能力；

充分挖掘每位家长的价值，开发家长资源，吸引家长参与幼儿园教育；

邀请家长深度参与管理，让家长充分了解班级工作计划与要点，主动征求家长对各项活动的意见与建议，对合理的意见与建议予以吸收采纳。

四、教师和家长在家长工作中的角色 >>>>>>>>>>>>>>>>>>>>

✎ 学习笔记

在不同内容的家长工作中，教师担当的角色也有所不同。

教师是家园合作活动的发起者，教师有责任唤醒家长的教育主体意识，点燃家长的教育激情，激发家长对家园合作的热情。

教师是家长的合作伙伴，合作的目的是更好地促进幼儿全面发展。

教师是支持者、引导者，要积极支持、帮助家长提高教育能力。这就要求教师努力提升自我，掌握家庭教育知识，提高自身进行家庭教育指导的能力。

教师也要做一个学习者，虚心向家长学习，倾听家长的意见和建议。

教师还是服务者，要树立为家长服务的意识，尽力解决家长的后顾之忧。

教师还应当做一个团队建设者、氛围营造者，将所有家长团结起来，营造一个友爱的大家庭氛围。家长群体氛围比较好的班级，家长之间、家长和教师之间、幼儿和幼儿之间就像家人一样，互帮互助，相亲相爱。但如果大家庭的氛围没有形成，那么家长工作就很难开展。所以教师要营造好整个班集体之间的和谐氛围，即所有家长和教师之间平等、尊重、相互支持的氛围。这样的氛围会感染和带动每一个家长，共同构建起一个家园共育的大环境。

除了认识到自己角色的多元性，教师也应正确认识家长在家园合作中的角色。在现在的家园合作中，家长更多的是配合者，被动地配合着教师的工作，但其实家长还应是知情者、学习者、参与者、管理者和监督者。

家长作为知情者，对孩子在幼儿园的生活和学习情况有知情权；对幼儿园收取的费用和用途有知情权；对孩子班级教师的教育教学情况有知情权。

家长作为学习者，通过家长学校、家长会、家园联系栏、家庭教育咨询、个别约谈等方式学习正确的幼儿教育理念和科学的幼儿教育方法，提升自身的教育能力。

家长作为参与者，被邀请到班上做家长助教，参与班级环境创设，走入幼儿园教育的真实场，参与幼儿园的课程审议，共同评价幼儿园课程的适宜性，或参与对孩子活动的记录。

家长作为监督者和管理者，对班级的各项工作进行监督、评价和管理，并提出反馈。家长参与监督和管理，传递出的是教师希望能做得更好的真实心声。其实，任何一个班级的工作都不可能做得完美无缺，教师无须担心家长会因为一点点疏忽而无限放大缺点。真诚地敞开，倾听家长的意见和建议，反而能让家长真正与教师站在一起，共同把班级工作做得更好。

小资料

在宁波市闻裕顺幼儿园的 ESW 家长合作模式之下，家长明确享有如下权利。知情权，即对幼儿园教育方针与实施有知情权；对孩子在幼儿园中生活和学习情况有知情权；对幼儿园收取的费用和用途有知情权；对孩子班级教师的教育教学情况有知情权。参与权，即协助幼儿园教育、管理，为儿童更好地发展而共同参与。如参与幼儿园的课程审议，让家长走入幼儿园教育的真实场，共同评价幼儿园课程的适宜性。提供教育资源，让家长在真实的场景中了解孩子成长的需要，让家长在教研现场中感悟如何更好地支持孩子的发展，从而能有针对性地提供丰富的教育教学资源。管理权，即通过班级、幼儿园的教育议事会，行使对幼儿园管理的权利。如审定幼儿园、园长的年度工作目标，对幼儿切实利益的重大项目全程参与管理等。监督权，即对幼儿园的各项工作进行监督、评价。监督幼儿园各部门的工作并提出反馈，监督幼儿园工作目标完成度。

赋权，真正地发挥了家长监督的作用，同时让在管理中处在对立面的家长逐步建立起对幼儿园的信任感。因为这种检查过程，传递出的是幼儿园希望能做得更好的真实心声。其实，任何一所幼儿园的工作都不可能做得完美无缺，幼儿园无须担心家长会因为幼儿园一点点疏忽而无限放大缺点。真诚地敞开，让家长在幼儿园中找到主人翁的感觉。这样家长反而能真正与幼儿园站在一起，因为让孩子快乐成长是两者共同的目标。

[引自李江美：《幼儿园 ESW 家长合作模式》，载《早期教育（教科研版）》，2015(21)。]

主题 2
幼儿园班级家长工作的原则

微课
家长工作的原则

《纲要》指出："家庭是幼儿园重要的合作伙伴。应本着尊重、平等、合作的原则，争取家长的理解、支持和主动参与，并积极支持、帮助家长提高教育能力。"除了《纲要》中提到的"尊重、平等、合作的原则"，教师在开展家长工作时还应遵循以下四条原则。

一、主导性与平等性相结合的原则 >>>>>>>>>>>>>>>>>>>>

主导性与平等性相结合的原则是指，在家园合作中，教师应发挥主导作用，但同时又必须真心实意地把家长视为自己平等的对话者和合作伙伴。

教师在家长工作中要发挥主导作用。苏联教育家马卡连柯在论述学校教育和家庭教育的关系时指出："学校应当领导家庭。"一方面，作为专业的幼教工作者，幼儿园教师理应比家长更能认识到家园合作的重要性，在合作中应该持一种更为积极主动的态度，有责任争取家长的主动参与，激发他们积极合作的态度；另一方面，虽然现在家长越来越重视幼儿教育，教育理念也逐渐提升，但是不可否认，教师因接受专业的学习、专门的培训及日常的熏陶，在教育理念上较家长还是具有一定的优势。教师要善于发挥自己的专业优势，积极支持、帮助家长形成科学的教育理念，掌握具体的教育策略，提高家庭教育能力。也只有这样，家长工作才能真正实现指导家庭教育，从而促进幼儿发展的目标。

教师要承认自己与家长在地位上的平等。现在很多家园合作多多少少带有"幼儿园中心主义"的倾向，家园合作中双方地位的不对等，表现为教师简单地要求家长配合，较少考虑家长的需要和想法，使家长处在被动服从的位置；在进行家长教育工作时，以单向的讲授为主，没有给予家长发表看法的机会，使得指导内容缺乏针对性，结果很难被家长真正接受并内化为今后教育子女的能力，影响了家长参与合作的主动性和积极性。教师应该把自己看成与家长一样的幼儿教育的主体，相互间是平等的合作伙伴关系，这样才能激发家长合作的热情。

二、多样性与统一性相结合的原则 >>>>>>>>>>>>>>>>>>>>

多样性与统一性相结合的原则是指，一方面，教师应充分利用家长工作的多种形式，如家访、家长开放日、家长会、接送时交流、网络沟通、个别约谈、亲子活动等形式，组织开展一系列家长工作；另一方面，通过多种形式进行家园合作的目的都是为了促进幼儿发展。实际上，教师与家长之间的关系并非表面上的双方关系，而是教师、家长与他们共同的教育对象——幼儿——之间的三方关系。只有坚持"一切为了孩子，为了孩子的一切"，教师和家长才能紧密联系在一起，成为合作伙伴。试想，如果家长感受到教师做家长工作的出发点不是为了孩子，教师对孩子的指导和支持不是那么到位，那么家长工作的形式再多也只是表面功夫。因此，教师只有扎扎实实地用心工作，并用自己的专业知识和专业能力支持、引导幼儿，让家长感受教师的专业和孩子的成长，才能用教育的实际效果赢得家长的信任。

三、经常性与及时性相结合的原则 >>>>>>>>>>>>>>>>>>>>

经常性与及时性相结合的原则是指，既要建立幼儿园与家长联系的制度，家园双方保持经常性的联系、积极的互动，又要做好个别事件的及时沟通。贯彻该原则应注意以下几点。

（一）经常互动意在促进幼儿发展，增进互相理解

有家长反映：家长与教师的工作时间基本上是同步的。早上教师忙于接待幼

学习笔记

儿，家长则忙于赶点上班。下午幼儿离园又是统一时间，家长多，孩子也多，家长和教师都没时间静心去交流孩子的情况。教师和家长就像两条不能交汇的平行线，沟通交流的时间和机会都很少。这些情况的确存在，但是家长工作不止于接送时的沟通，教师除了巧妙利用接送时与家长简单交谈，还要根据实际情况选择合适的形式与家长保持经常性的互动，这是家长工作顺利展开的重要保证。

而且，通过经常性的互动，家长会熟悉教师的具体工作，了解教师对孩子的付出，教师也会明白家长教育子女的良苦用心，从而加深彼此间的相互理解，拉近距离。

（二）及时沟通重在化解意外情况，解决突发问题

及时沟通是指当孩子在幼儿园发生意外事件时(受伤、尿裤子、发烧等)，教师要在第一时间跟家长说明情况，且尽量通过电话而非微信告知。及时沟通的好处是，等家长接送时看到或幼儿回家说起这个事情的时候，家长是已经有心理准备的，就不会盲目地责怪教师。这只需花几分钟的时间，而家长会非常感激教师的负责和及时告知。而如果家长发现孩子的脸上有伤痕但自己没有得到及时告知，他们会对此心怀不满。

典型案例

　　在某寄宿制幼儿园里，豆豆在玩耍时不小心吞下一颗衣服上掉下的纽扣，带班的齐老师向园长说明情况后，带孩子去医院检查。X光片显示纽扣还滞留在孩子的胃里，医生说孩子暂时没有危险，建议老师给豆豆吃一点韭菜之类的粗纤维食物，可以促进异物尽快排出体外。齐老师希望在家长到来之前把问题处理好，就没有及时通知家长。

　　从医院回来后，齐老师立刻从厨房拿来一把生韭菜，洗干净后让豆豆吃下去。第二天，该教师又带着孩子去医院进行了一次X光片检查，发现纽扣仍然滞留在孩子体内。

　　下午家长就要过来接孩子了，齐老师不得已给豆豆的母亲打了电话，向她说明了情况并表示歉意。豆豆的家人得知后立刻赶到了幼儿园，他们对齐老师的处理方式非常不满，指责她不该隐瞒家长，不该在24小时内连续给孩子拍两次X光片，不该给孩子吃生韭菜。虽然齐老师和园长一再解释吃韭菜是医生的建议，没有及时通知家长是认为豆豆暂时不会有危险，不想让家长担心，但家长仍然对此表示难以接受。

　　(引自陈群：《幼儿园危机管理实务》，125页，北京，中国轻工业出版社，2009。)

实际上，保持经常性的沟通也有利于在发生突发事件时争取家长的信任与理解，两者有机结合才能达到事半功倍的效果。

四、公平性与差异性相结合的原则 >>>>>>>>>>>>>>>>>

教师在开展家长工作的过程中，对待家长首先要一视同仁，如不因家长的职位高低、收入多少而态度有所区别。这是教师对待家长的基本态度，同时也要注意个体差异。家长是一个复杂、多元的群体，他们的性格、职业及对教育的期望等方面均存在诸多差异，教师应了解、分析不同家长的需要及特点，并采取不同

的沟通策略和给予针对性的支持。

思考与练习

1. 请从一位家长的角度回答以下问题。

(1)你认为家长工作重要吗？为什么？

(2)你希望通过和教师的合作达到怎样的目的？

(3)在家园沟通中，你希望教师与你的关系是怎样的？

(4)你认为家长工作中什么是最重要的？

2. 请从一位教师的角度回答以下问题。

(1)你认为家长工作重要吗？为什么？

(2)你开展家长工作的目的是什么？

(3)你认为教师在家长工作中应扮演什么角色？

(4)你认为家长工作中什么是最重要的？

3. 站在不同的角度，看待同样的问题，结果一样吗？你发现了什么？

专题十一
幼儿园班级家长工作中的沟通策略

学习目标

1. 掌握幼儿园班级家长工作的沟通策略。
2. 能够在幼儿园班级管理实践中灵活运用幼儿园班级家长工作的沟通策略。

思维导图

```
                                          ┌─ "自己人"策略
                                          ├─ "无小事"策略
                                          ├─ 及时反馈策略
                                          ├─ 具体化策略
                              幼儿园班级    ├─ 提建议策略
                              家长工作中 ──┼─ 关注全体策略
                              的一般事件   ├─ 印证式倾听策略
                              沟通策略     ├─ 积极询问策略
                                          ├─ 情感接纳策略
   幼儿园班级家长工作中 ──┤                ├─ 关注优点策略
   的沟通策略             │                └─ 分类沟通策略
                         │
                              幼儿园班级    ┌─ 当需要家长配合时的沟通策略
                              家长工作中 ──┼─ 当幼儿受伤时的沟通策略
                              的特殊事件   └─ 当家长提意见时的沟通策略
                              沟通策略
```

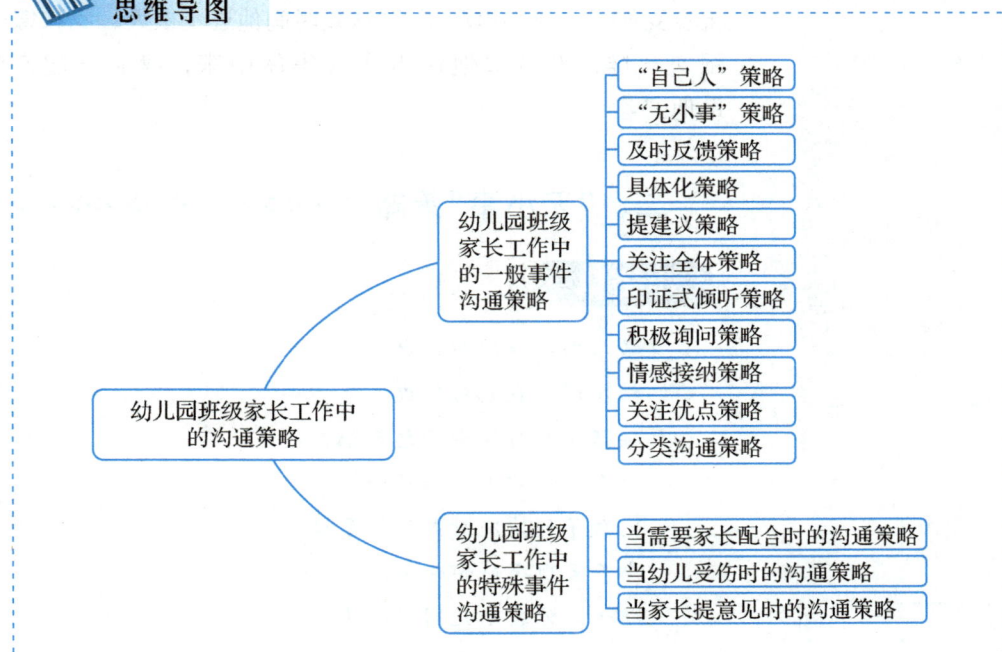

《幼儿园教师专业标准(试行)》指出,幼儿园教师要"与家长进行有效沟通合作,共同促进幼儿发展"。但有些幼儿园教师不太会和家长有效沟通;有些教师在与家长沟通时有恐惧心理,不知道自己具体该怎么说才好。本专题将介绍一些与家长沟通的策略。

主题 1
幼儿园班级家长工作中的一般事件沟通策略

一、"自己人"策略 >>>>>>>>>>>>>>>>>>>>>>>>>>>>>>>>>>>

"自己人"策略是指，在沟通中教师始终要记得，自己跟家长进行沟通，初衷都是"为了孩子"，目标相同，利益一致。[1] 另外，除了从认知、情感层面上认识到教师和家长是自己人，都是为了孩子，在沟通中教师也要向家长传递出一种与家长一样的心情，一样对孩子关心，凸显"自己人"的角色。

来看这样一个案例：家长来接孩子的时候，发现孩子不在教室，于是家长很生气，责怪老师没有看好孩子。着急的老师与家长一同在幼儿园里寻找孩子，当找到孩子的时候，老师抱着孩子都快哭了："傻孩子，你跑哪里去了，吓死老师和妈妈了。"看着眼睛里噙着泪花的老师，家长一下子也理解了老师的牵挂与疼爱。老师抱着孩子时的情绪和语言是一个"找到孩子"的父母的真实再现，老师的这种"自己人"的表现一下子打动了家长。

一些"自己人"策略的表达还有："看到这个情况，当时我也非常着急。""看着宝宝受伤了，我心疼坏了。""这段时间他进步很大，我和您一样感到非常高兴""我跟您一样，真希望他快点融入集体中来，我们一起商量商量，看看怎么帮助他。"[2]

二、"无小事"策略 >>>>>>>>>>>>>>>>>>>>>>>>>>>>>>>>>>>>>

小资料

> 幼儿园，我想对你说
>
> 幼儿园，我想对你说
>
> 接孩子的时候老师总是很忙，
>
> 让人不好意思多站多问。
>
> 问孩子的情况时老师总是说，
>
> 今天表现很好啊……
>
> 孩子，你在幼儿园真的快乐吗，
>
> 接你时，我真怕看到你欣喜若狂的表情，
>
> 难道等待接你回家，
>
> 是你一天最大的期盼和快乐？

微课
沟通策略(1)

学习笔记

---

① 周红：《家园沟通中幼儿教师共情研究》，博士学位论文，南京，南京师范大学，2014。
② 周红：《家园沟通中幼儿教师共情研究》，博士学位论文，南京，南京师范大学，2014。

我的孩子，

妈妈像选择爱人一样选择幼儿园，

不希望他像我一样爱你，

但希望你像恋我一样地恋他。

幼儿园，我把孩子交给你，

你能让他把这里当作另一个天地另一个家吗？

因为爱或不爱，孩子的感受最真实。

孩子的回报绝不会虚假。

（资料来源：山东省淄博市市直机关第三幼儿园韩冰川园长在 2016 年"幼儿园骨干教师专业技能培训"中的分享。）

学习笔记

这是一位家长写的小诗，从中我们可以看出家长的心声，家长的期待。正如一位家长所说："我不知道我的孩子在幼儿园表现怎样，不知道他有什么样的优点，也不知道有什么样的缺点，我和老师交流，得到的答复经常是'他挺好的'。"如果你是家长，听到老师这么说，会有什么感受呢？一些家长可能会觉得老师在敷衍自己，或者老师根本就没关注到自己孩子的情况。

其实作为家长，他们非常在意从老师那里听到的关于孩子的点点滴滴，所以在家长接孩子的时候，简要地说上一件当天发生的事情，哪怕只是一句孩子说过的有趣的话，家长都会觉得老师很关注自己的孩子。比如，有位老师发现一个幼儿的小便很黄，便在家长来接的时候跟家长说："甜甜妈妈，甜甜今天小便很黄，是不是上火了啊，晚上可以给他吃点降火的东西。"家长瞬间觉得教师很负责，又细心。所以，教师与孩子相处时，应多去发现孩子身上的鲜活事例，用"孩子的特点"作为与家长沟通的话题，让家长感受到教师对孩子的关注，从而为信任关系的建立做好情感铺垫。

三、及时反馈策略 >>>>>>>>>>>>>>>>>>>>>>>>>>>>>>>>>>>>

典型案例

淘淘奶奶早上送淘淘来幼儿园时交代老师："淘淘今天早上在家里没有解大便，请老师白天一定要提醒他解大便。"但是，一直到中午吃完饭，淘淘也没有解大便。老师在午饭后就提醒淘淘说："淘淘，到厕所蹲蹲看，可能有大便呢。"果然，淘淘中午就解大便了。下午，淘淘奶奶来接淘淘时，老师将淘淘解了大便的事告诉了奶奶。淘淘奶奶非常高兴，连连对老师说谢谢，以后逢人就说老师负责任。

而有时候，教师可能觉得家长交代的事是小事，就并没有特别放在心上，再加上幼儿园琐碎的事情多，一忙就忘了交代，这样就可能会给家长造成老师不负责任的印象。

所以当家长向教师叮嘱孩子的事宜时，教师不仅要耐心倾听并认真落实，还应在家长接送孩子时，予以及时反馈。

四、具体化策略 >>>>>>>>>>>>>>>>>>>>>>>>>>>>>>>>>>>>>

很多教师在跟家长沟通的时候，容易出现一些泛泛而谈的情况，如在表扬孩子的时候，说孩子很聪明，很懂事，很有想象力，等等。在谈孩子的缺点和不足的时候，往往也不够具体。正如上面提到的一位家长所说："我不知道我的孩子在幼儿园表现怎么样，不知道他有什么样的优点，也不知道有什么样的缺点，我和老师交流，得到的答复经常是'他挺好的'。但好在什么地方呢？"可能孩子在教师眼里表现确实不错，但是教师没有进行细节描述和实例说明，家长就认为教师根本就没有关注孩子，所以只能给出这样泛泛的评语。如果每次交流时，教师都能用孩子的具体事例，向家长表述孩子语言、行为等方面的特点，让家长感受到教师对孩子的关注，无疑是赢得家长信任的良方。

现在幼儿园很强调观察，教师写了很多的观察记录，但却不知道如何用好观察记录。其实观察记录就是对幼儿行为的细节描述和实例说明，教师就可以用观察幼儿的真实记录去跟家长沟通。这样的沟通才够具体，够专业，够有说服力。这样家长才更容易相信和接受教师的话，才会更认可教师的专业。

此外，幼儿的作品也可以用来当作与家长沟通的媒介。比如，教师对幼儿的父母说"你孩子很有想象力"，但是家长认为孩子很普通，并不认同教师这句抽象的评价。于是教师把孩子的画给家长看，并逐一讲解孩子画的内容，同时与同龄幼儿的画进行对比，这样家长就获得了具体而直观的认识，认同了教师的观点。

五、提建议策略 >>>>>>>>>>>>>>>>>>>>>>>>>>>>>>>>>>>>>>

有些幼儿园教师看到家长就说："××妈妈，你家孩子今天又……了！"如果你是家长，听到老师隔三岔五跟你这么说，你会是什么感觉呢？

沟通不是"告状"。"告状"不但不能建立合作的关系，反而会对教师、家长和幼儿之间的关系产生破坏性后果。所以，教师在跟家长沟通幼儿的一些问题行为时，除了指出问题，更应该给出建议。比起指出问题，给出具体的、有建设性的建议更能让家长感受到教师的专业能力，对家长而言，这样的沟通才更有价值。

无论是指出问题还是给出建议，都要满怀真诚和爱心，注意讲话方式，先谈幼儿的优点，这样可以减少家长对谈话的抵触情绪和紧张情绪。指出问题时要尽量具体、客观，避免让家长误以为教师不喜欢自己的孩子。给出建议时则要用商量的口吻。例如，"我想，是不是可以……呢？""要是能……，会不会更好一些？"这样家长对问题和建议的接纳程度会更高，会由衷地积极协助教师的工作。

六、关注全体策略 >>>>>>>>>>>>>>>>>>>>>>>>>>>>>>>>>>>>

教师在和家长沟通的时候要关注每个幼儿。当然每次接送都和班上所有孩子的家长沟通是不现实的，但是教师可以通过"有意识地重点关注""有计划地分批沟

微课
沟通策略（2）

✎ 学习笔记

通"来实现与全部家长的沟通。①

"有意识地重点关注""有计划地分批沟通"是指每次接送完毕，教师都回顾下今天与哪些幼儿的家长沟通了，哪些幼儿的家长还没有沟通到，那么第二天带班的时候重点观察昨天没有关注到的幼儿，并做一些记录，以便接送时和昨天没有互动的家长沟通。

曾经有位很用心的教师，为了避免自己日常无意识地忽略少数家长，要求自己每天和不同的家长重点交流。一学期下来，每位家长基本上都沟通两次以上，不仅避免了日常交流的盲点，加强了对每个家庭的了解，还增进了与家长的感情。

七、印证式倾听策略 >>>>>>>>>>>>>>>>>>>>>>>>>>>>>>

印证式倾听不仅是教师与幼儿沟通的有效策略，还是同家长沟通的有效策略。印证式倾听策略是指聚精会神地倾听，对家长不加以判断，然后用自己的话简明扼要地将家长所表达的内容反馈给家长，以确定教师是否真正理解了家长想要表达的内容。这一策略说明教师接纳和关心家长，鼓励更多的充分表达。印证式倾听策略，有助于确保交流的准确性；有助于家长了解自己；有助于增强家长沟通的动机；有助于将谈话转移到重要的方向上去。

使用印证式倾听策略时需要注意的是，教师反馈的内容不要超出家长叙述的内涵，避免加入个人主观看法，也不要遗漏家长重要的想法与感觉，并尽量从希望获得更加准确的信息角度去反馈教师所获得的内容。

比如，一个家长来求助教师："孩子的父亲希望孩子转到另外一所幼儿园，他认为孩子在这里不好。其实我也很矛盾，孩子那么小，换来换去，对孩子的发展也不好。"第一次家长这么说的时候，教师认为家长是想转学，所以就直接简单地回答："那你们要及早确定下来，幼儿园规定要提早上报的。"后来发现，那位孩子的母亲还会与他谈及此事。于是当那位母亲再次表达自己焦虑的时候，教师使用了印证式倾听策略："听出来，在对孩子是否转园的事情上您与您先生的意见不大一致，您对那么小的孩子改变环境感到担心，是这样吗？""是的，是的。孩子那么小，万一换到其他幼儿园也不好怎么办？""是的，确实会让人担心。那么孩子的父亲认为孩子在这里感到哪里不好？看看我们可以做些什么，情况或许可以得到改变。""对啊，我也是这么想的。所以特别想与您聊聊。"教师反馈了家长交流的关键信息，不是想转学，而是对转学感到担心与焦虑。这样一下子触碰到家长的心灵，沟通就变得亲近很多。②

八、积极询问策略 >>>>>>>>>>>>>>>>>>>>>>>>>>>>>>>>>

当家长向教师询问情况或提出问题，教师恰巧不知道或感到不太好回答时，该怎么办呢？此时，教师就可以使用积极询问策略，通过向家长提问，给自己留出思考的时间，并使问题进一步明确。比如，当家长问"我的孩子今天表现怎么样啊？"由于教师今天可能确实没有关注到孩子的情况，当时脑子一片空白。这时，

① 张金陵：《幼儿园班级管理》，96 页，上海，华东师范大学出版社，2015。
② 周红：《家园沟通中幼儿教师共情研究》，博士学位论文，南京师范大学，2014。

学习笔记

教师就可以这样问"您的孩子在家里表现怎么样？有什么变化吗？"这样教师既赢得了时间，又从家长的谈话中了解了其他情况，便于进一步沟通。

有的家长总是询问同样的问题。比如，"老师，我们家孩子今天吃饭如何？""老师，我们家孩子今天在幼儿园表现怎么样？""我们家孩子上课会举手吗？"教师要想一想，为什么家长总是问这些问题？这有可能是因为家长对教师的答案不满意，或者教师的回答与孩子在家里的表现不一样，也有可能家长只是想借这个问题作为与教师交流的突破口。因此，如何知道家长真实的想法，需要教师积极询问。例如，孩子奶奶问："我们家孩子今天吃饭怎么样啊？"教师说："阿姨，您特别关心孩子在园吃饭问题，您是担心他吃不饱吗？"孩子奶奶说："是啊，他在家里吃饭都是我喂的。还要端着碗跟在后面追，我在想他在幼儿园是怎么吃的？"原来，教师的答案孩子奶奶压根就不相信，她不信在家里吃饭需要喂的孙子在幼儿园可以自己吃，但是又不好意思直接说，于是每次都会问。

另外，如果发现家长所陈述的内容有含糊不清的地方，应通过积极询问协助家长更清楚、更具体地描述他的问题。比如，当一个家长在教师面前抱怨自己的孩子脾气不好，不知道该怎么办时，或许不会提及自己做了些什么。教师也无法知道家长的行为哪些具有积极意义，哪些可能具有消极意义。教师此时可以询问："您说他在家里经常发脾气，请问他发脾气时你们一般是怎么做的？"这样的询问避免直接给建议，让沟通更加贴近家长的心理需要，也减少了给出无效建议的可能性。[1]

九、情感接纳策略 >>>>>>>>>>>>>>>>>>>>>>>>>>>>>>>>>>

情感接纳策略是指在家园沟通中，教师要理解并能够表达家长语言和非语言行为中所透露出来的明显的或隐含的感情与感受，并让家长感受到自己被教师理解与接纳。

教师要相信，无论家长提出的是积极的还是消极的观点，产生的是正面情绪还是负面情绪，都是出于对孩子的关爱，而不是成心和教师过不去。只有具备接纳家长的积极态度，教师与家长沟通和交流的渠道才可能畅通，幼儿园才可能得到更多的来自家长方面的支持而不是反对。一旦家长与幼儿园的合作伙伴关系得以建立，那么彼此间就再也不会感受到来自对方的威胁了，双方就会为幼儿的健康成长而齐心协力。

十、关注优点策略 >>>>>>>>>>>>>>>>>>>>>>>>>>>>>>>>>>>>

"人是在他人眼睛中照见自己的"，发现优点策略是对家长和孩子言语及行为的积极面予以关注，从而使家长拥有更积极、自信的教育态度。

举一个发现优点策略表达的例子。比如，对一个因为调皮而让家长伤脑筋的孩子来说，在沟通中教师这样的表达会降低家长的焦虑："他确实有些调皮，不过真的很善于动脑筋，上课回答问题非常积极。"再比如，一个家长咨询教师如何帮助孩子克服一些不好的行为习惯，并说自己已经试过好多办法，可是收效甚微。

---

① 周红：《家园沟通中幼儿教师共情研究》，博士学位论文，南京师范大学，2014。

教师说："看得出来，您为了帮助他养成好的习惯做了很多的努力，而且有些方法很管用，只是他暂时还没有完全改变过来。或许我还可以做其他的努力。只要坚持，我们相信会越来越好的。"过了一段时间，教师主动向家长反馈："××妈妈，××近来行为习惯方面有不小的进步，特别是玩具整理得很好。"其中，"很多努力""有些方法很管用""或许我还可以做其他的努力""只要坚持，我们相信会越来越好的"就是发现优点策略，发现家长的努力，对家长和孩子充满信心。而后续关注孩子行为习惯方面的积极表现并主动向家长反馈更让家长放心。

十一、分类沟通策略 >>>>>>>>>>>>>>>>>>>>>>>>>>>>>>>>

对于不同年龄、不同教育需求、不同人格特质的家长等，教师需要采取不同的沟通方式。

（一）不同年龄的家长

根据年龄划分，家长可以分为祖辈家长和父辈家长。现在父母多是双职工，孩子多由祖辈接送。所以怎么跟祖辈家长沟通就显得特别重要。

▌典型案例

喂饭的奶奶

教师：淘淘奶奶，您好，今天淘淘午餐的时候表现可棒了，是自己吃的！

淘淘奶奶：是吗？这孩子在家的时候吃饭可难了，总要喂。

教师：是，现在爸爸妈妈都很忙，就得靠爷爷奶奶来照顾孩子，你们真是辛苦了。其实在吃饭这方面，你们完全可以让淘淘自己动手了，这样既锻炼了淘淘的动手能力，也让你们轻松一下，您说是吗？

淘淘奶奶：嗯，你说得对，我们以后可以试试。

（引自左志宏：《幼儿园班级管理》，154页，上海，华东师范大学出版社，2014。）

祖辈家长需要得到我们的尊重，而且许多祖辈家长在对孩子的生活照料上付出了很多心血，所以如果教师一味地对其提出意见，会使得老人产生抵触情绪，致使合理化建议也不被接受。案例中的教师能够从祖辈家长的心理出发，在充分尊重他们的基础上，用积极、委婉的方式鼓励其让幼儿自己动手，易于被祖辈家长接受。

（二）不同教育需求的家长

根据教育需求划分，家长可分为崇尚自由型家长、过度照顾型家长、望子成龙型家长和放任自流型家长。崇尚自由型家长过度强调孩子天性而缺乏应有约束，教师既要肯定他们思想的合理之处，也要指出过度"自由"可能对孩子的纪律观念、集体生活和社会交往产生负面影响。过度照顾型家长表现为经常低估孩子的能力，包办代替或照顾过多，教师要积极引导他们转变观念，让他们认识独立性培养对幼儿发展的重要性。望子成龙型家长表现为对孩子期望过高，经常过度表扬或过

✎ 学习笔记

高要求孩子，教师既要肯定其对子女教育的重视，也要引导他们科学认识幼儿的学习规律，不要"揠苗助长"。放任自流型的家长表现为对孩子成长漠不关心，认为"树大自然直"。教师可以通过经常性的主动沟通让家长了解班级及孩子的发展情况，逐步增强其教育子女的意识。

（三）不同性格的家长

根据性格划分，家长可分为阳光热情型家长、积极主动型家长、沉默少语型家长、不放心型家长和容易冲动型家长。阳光热情型家长表现为能主动与教师"打成一片"，主动参与班级事务，教师要努力争取让他们成为班级管理的"合作骨干"。积极主动型家长表现为能够与教师保持良好的沟通，正确评判幼儿表现，教师要积极引导他们加强家庭教育，作为幼儿园教育工作的有效延伸。沉默少语型家长表现为经常回避与教师的沟通，一方面可能由于不关心子女的教育问题，另一方面可能不善言辞。教师要努力用自己的教育热忱来改善家长对待教育的态度，要善于帮助家长了解孩子的情况。不放心型家长表现为经常怀疑教师的职业素养和教育效果，教师需要加强并表现出较高的专业能力，消除其疑虑。容易冲动型家长表现为无法接受"负面事件"，因难以控制情绪而对教师大喊大叫甚至埋怨辱骂，教师既要"以柔克刚"，以冷静温柔的语气耐心地回应或解释，又要"理直气壮"，和他们讲道理、摆事实。

另外，信息化时代，知识获取的方式更趋多元，家长对教育的期望在不断升温，由此对幼儿园教师的家长工作也提出了新的挑战。比如，家长育儿观念逐步提高。教师知道的，家长也知道；教师不知道的，家长还知道。与这样高水平的家长对话，"难"在教育的专业性。如果在沟通过程中，家长感到教师的教育理念、专业知识水平不高，就会对教师产生怀疑和不信任。所以专业性是一个幼儿教师最基本也是最重要的素养。

小资料 🌐

面对不同类型的家长，在与他们沟通时，教师不仅要学会尊重、理解，还应学会一些"善解人意"的策略，让家长心甘情愿地成为教师的支持者与合作者。

（1）面对祖辈家长，要夸！祖辈家长，由于隔代亲，对自己的孙辈会显得格外疼爱，甚至有时因为溺爱，会出现包办代替等现象。在与其沟通时，教师应先肯定他们的辛苦，让他们感受到自己的付出是被认可的，是被尊重的，从而在情感上拉近距离。随后，再从促进孩子发展的角度，向祖辈家长提出配合的建议，让他们认识到，只有减少包办，大胆放手，才能让孩子得到更多的锻炼机会。由于祖辈家长在情感上接纳了教师，自然也会在行为上逐步转变，更好地配合园所的教育。

（2）对双职工家长，要赞！身边无父母支援的双职工家长，因忙于工作，常常无法顾及孩子的教育，并由此表现出对孩子亏欠的心理。对于这样的家长，教师与其沟通时，应充分地夸赞他们独立担当的能力，言语中流露出对他们的赞许。同时，将其孩子独立性强等表现，归功于是父母对孩子良好的行为影响。这样的夸赞，会使得家长在精神上得到一丝安慰与激励，并积极向教师探寻配合的方法，共同促进孩子的发展。

（3）对混合式家庭，要揉！如今的家庭，多数是父母、老人和孩子同住。由于年龄、阅历、观念、文化的差异，在孩子的教育上极易产生分歧，以至于孩子无所适从。在与这样的家庭沟通时，我们需要用"揉"的方式开展工作。面对年轻的父母，我们夸赞老人如何尽心尽力地为他们着想，让他们感到有老人的协助是多么幸福；面对老人时，我们又会表述年轻人对老人辛勤付出的认可，并夸赞老人细致、能干，让老人获得心理的安慰。这样交流后，年轻的父母与老人均从第三方——教师这里，获悉了彼此的肯定与认可，心情自然愉快，回家再沟通孩子的教育问题时，更容易在一定程度上达成共识。"揉和"的策略，不仅能化解家庭教育中的矛盾，也能让家长由衷地对教师产生钦佩，从而使家园沟通更加顺畅、有效。

〔引自成媛：《智慧沟通，做好新时代家长工作》，载《早期教育（教育教学版）》，2018(4)。〕

最后，家园沟通策略分类的存在是为了阐述的方便，在一个具体的家园沟通情境中，需要用到多种策略，教师需要灵活运用不同策略，让沟通更加积极有效。

主题 2
幼儿园班级家长工作中的特殊事件沟通策略

一、当需要家长配合时的沟通策略　>>>>>>>>>>>>>>>>>>>>>

班级工作经常需要家长的参与和支持，如向家长收集废旧材料，邀请家长参与亲子制作或者请家长为孩子丰富一些经验，等等。但在要求家长配合的过程中，如果没有注意运用一定的沟通策略，家长就会比较被动。那如何化家长的被动为主动呢？

> 微课
> 当需要家长配合
> 时的沟通策略

典型案例

哪个班级的家长带来的废旧材料更多？

小一班：各位家长好，明日请您为幼儿带废旧包包、牙膏盒、牛奶罐等废旧材料，谢谢您的合作。

小二班：各位家长好，这几天发现小朋友们特别喜欢买卖的游戏，为了帮助孩子们收集买卖的材料，您愿意将家里不用的废旧包包、牙膏盒、牛奶罐等带来让孩子们体验游戏吗？相信有您的帮助，孩子们会玩得更开心。

（引自左志宏：《幼儿园班级管理》，170 页，上海，华东师范大学出版社，2014。）

结果，小二班家长带来的废旧材料不管在种类上还是数量上都比小一班更多。

为什么呢？因为教师做到了以下几点。

（一）耐心说明

首先，在布置任务前，教师让家长了解收集材料的目的是什么，如何利用这些废旧材料促进孩子的发展，使家长理解教师都是为了孩子的发展着想。在家长知情的情况下，教师参与的主动性会提高。

（二）委婉要求

教师用征询的语气向家长表达要求，让家长感受到教师对自己的尊重，因而也会积极回应教师提出的要求。

（三）精心展示

教师要有效利用家长提供的材料，让家长看到孩子是如何在与材料相互作用的过程中学习的。教师可以通过观察记录、视频、照片等形式展示孩子们的活动过程，或让孩子们把自己的作品带回家让家人欣赏，或把孩子们在活动中的精彩瞬间存入"成长档案"，或邀请家长来园参加亲子活动、开放日活动，让家长看见孩子的学习，看见教师的付出，并能受到启发，在家中延续开展相关游戏、操作活动，相信这时的家长将不再是一名旁观者。

（四）真心感谢

家长提供的每一份材料都表达着支持、配合的心意，教师一定要珍惜、善待这份心意，并及时将自己的真诚感谢之心反馈给家长，将家园合作的效果发挥到最佳。

二、当幼儿受伤时的沟通策略 >>>>>>>>>>>>>>>>>>>>>>>>>>>>

班级管理工作中难免会遇到幼儿受伤等意外情况。这种情况发生后家长多少都会有担心或不满的情绪，在这种情况下教师怎么和家长沟通比较好呢？应该做到及时告知，查明原因，体谅心情，全程跟进。

（一）及时告知

首先，不管伤势如何，都要及时、如实地告知家长，否则会引起家长极大的不满。有些教师觉得只是轻微擦破了点皮，所以没有及时告知，等到家长来接孩子看到并询问时，才向家长解释原因，这样有可能给家长带来教师不关心自己孩子的感觉。

但是教师要注意告知的方式。无论什么时候，只要家长一接到幼儿园打来的电话，都会下意识地认为孩子发生了意外。因此在告知家长的过程中，教师要做的第一件事情是：告诉家长，他的孩子没有大碍。电话告知的内容包括：孩子当时在做什么，是怎么受伤的，教师已经做了哪些处理，等等。例如，"您好，淘淘妈妈，我是淘淘的老师。我打电话是想告诉您，淘淘的左脸被树枝划了一下。但他现在很好，请您放心。他当时在找石子，站起身时，不小心被旁边的树枝划到了脸，但伤口不深，只是擦破了点皮。我们已经用水清洗了伤口，贴了创可贴，还用冰块对伤口进行了冷敷。我会在他书包里放一份事故报告单，真的非常抱歉。"

另外，如果事故涉及另外一个孩子，不要说那个孩子是谁。这需要保密，因为教师并不希望这位家长打电话去询问那个孩子的家长发生了什么，教师只需这样说："淘淘当时正在和另一个孩子一起用小玩具铲挖石子，因为找到了石子，那个孩子非常兴奋，他的玩具铲不小心碰到了淘淘的膝盖，淘淘的膝盖有点淤青。"如果教师已经对孩子受伤的地方做了处理，也应具体告知家长是如何处理的。例如："我们已经用冰块给孩子敷了膝盖。"①

小资料

事故报告单

事故报告单（空白表）

孩子姓名：　　　　　　　　　　日期：

受伤缘由：

已采取措施：

是否联系家长：　　　　　　　　是否送交保健看医生：

（二）查明原因

遇到幼儿受伤等意外情况时，教师要做的第一件事是及时告知。但是如果教师不清楚事故原因，那么一定要尽快查清事故原因。否则在家长询问原因时，教师说不清楚，或者两位教师说法不一，家长的不满情绪就会升级。

（三）体谅心情

当家长流露出一些不满情绪的时候，教师要多站在家长的角度，理解家长的心情，做到多倾听，少辩解，并真诚地道歉。

（四）全程跟进

从受伤到恢复，到再来园的整个过程，全程跟进很重要。如 A 老师班上有个孩子脱臼，到医院处理好之后，孩子说想回家，家长就把孩子带回家去了。之后，A 老师觉得不是多么严重的事情，而且平时和这个家长关系也挺好，于是连最基本的问询电话也没打。第二天这个孩子没来，A 老师还是没有打电话问询。第三天还是如此。这时家长就不高兴了，拉着孩子到幼儿园园长室说想转园。因为没有及时跟进，小事就变大事了。所以事故发生后，教师必须全程跟进。值班老师必须陪同去医院，同时还要到幼儿家里去探望。另外还要经常打电话询问，让家长感受到你时刻在牵挂着孩子，那么家长的不满情绪也会被化解。

总之，当孩子在园受伤时，教师与家长的沟通策略是站在家长的角度，同理家长的心情是最重要的。

---

① ［美］温迪·科扎：《幼儿园班级环境创设和一日生活》，曹晓旸译，125 页，南京，南京师范大学出版社，2013。（有改动。）

小资料 ❀

幼儿园安全事故方案及处理流程

一、事故处理流程

1. 幼儿发生安全事故，需立即通知保健医生，必要时直接通知园长。

2. 保健医生根据事故情况，及时正确处理，必要时立即送医院处理，保健医生必须陪同，班主任必须陪同，后勤园长视情况陪同。

3. 班级教师及时通知家长，冷静客观，不夸大、不隐瞒。

4. 在医院处理过程中，班主任陪伴孩子并向家长客观描述事故经过，安抚孩子及家长情绪；保健医生负责联系医生、挂号、缴费等事宜；遵循医院处理方式，尊重家长意见。

5. 处理完毕，保健医生负责交代家长服药、护理等注意事项，记清楚换药拆线时间，将幼儿及家长送回家。

二、善后工作流程

1. 业务园长负责整个善后工作。

2. 保健医生负责，按照换药拆线时间通知家长并必须陪同（班主任也必须陪同），同时做好挂号、缴费等相关事宜。

3. 幼儿在家休养期间，班主任需到家探望至少两次，当晚必须看望。伤情严重者酌情增加探望次数，每周至少三次电话（必要时每天一次），了解孩子情况，视孩子恢复情况及时邀请孩子来园。

4. 幼儿在家休养期间，班主任需及时将孩子恢复情况及家长态度反馈给业务园长以便及时跟进，业务园长在孩子休养期间电话跟进了解情况至少两次，必须确切了解家长态度及孩子返园时间。

5. 保健医生全权负责事后的保险索赔，除要求家长提供必要的证件以外，保健医生全程负责所有手续，不可额外增加家长负担。

6. 业务园长须将整个过程记录在案，并落实《事故登记表》填写情况（当事人、事故原因、陪同人员、处理方法）。

三、备注

1. 如遇幼儿伤到脸部，如家长提出需要去疤药物，幼儿园可以购买。

2. 幼儿受伤在家休养期间，不收取管理费，教研组长负责上报园长，园长通知财务。

3. 各相关人员需高度重视做到多站在家长角度考虑，尽心尽力，考虑周全，避免因教师的态度问题引起家长不满，造成不必要的纠纷以致影响工作。

（引自左志宏：《幼儿园班级管理》，170页，上海，华东师范大学出版社，2014。）

三、当家长提意见时的沟通策略 >>>>>>>>>>>>>>>>>>>>>>>>>

（一）面对合理的建议——积极改进策略

典型案例

孩子在幼儿园不喝水

一位家长在班级微信群里自言自语："孩子在幼儿园都不怎么喝水。"老师看见后马上意识到家长此话背后隐藏的建议是：多提醒孩子喝水。老师回复道：

"亲爱的家长，班级一日活动中教师至少要提醒孩子喝 6 次水，分别是：来园、上午运动前、活动后、起床后、下午运动前和离园，而且鼓励他们每次至少喝一杯。但是我们也看到了家长们发现的问题：有的孩子喝水不主动或者忘记喝水，导致没有按时喝水，饮水量不足。感谢家长在这里讨论这个话题并引起我们的重视，其实关注孩子的身体健康也是我们的重要工作。为此，我们打算在班级设计一块互动墙面'今天你喝了几杯水'，让孩子们将自己喝水的情况记录下来，如果饮用了 6 杯以上的水，就给予一定的奖励。一方面，可以增进孩子们的饮水兴趣；另一方面，可以方便家长了解自己孩子每天的饮水情况，以便家园共育，提醒孩子养成好的饮水习惯。如果各位有什么好的主意，欢迎给我们支着儿哦！"

家长们看到了老师的回复，没有因一开始的小"抱怨"而继续不满，反而纷纷竖起了大拇指，夸赞老师关爱孩子和虚心听取建议的行为。

（引自左志宏：《幼儿园班级管理》，164 页，上海，华东师范大学出版社，2014。）

所以，当家长提出意见时，教师要虚心倾听家长的建议，和家长一起探寻出更适合的教育良策。当然不是说家长所有的建议都是合理的，教师还要有鉴别建议可取性的敏感度，采纳合理的建议，婉拒不合理的建议。

（二）面对家长的投诉——反思管理的不足

有的时候，教师会遇到家长投诉，遇到这种情况又该如何与家长沟通呢？

典型案例

为什么不让我家宝贝演节目？

小雯老师心事重重地从园长办公室走出来，耳边只剩下一句责问："为什么不让他参加节目？"这是园长的困惑也是家长的质问，更是这起家长投诉事件的起因。小雯老师决定找投诉自己的家长好好谈谈，以便化解误会，消除家长的怨愤。

小雯老师：乐乐妈妈，关于上次乐乐没有参加迎新节目演出的事情，我想和您谈谈事情的原因和背后的故事，您愿意和我聊聊吗？

乐乐家长：您说吧！

小雯老师：我知道您为乐乐没有参加演出的事情有些不高兴，我很想听听您的想法。

乐乐家长：我们家乐乐因为没有参加这次的演出都哭了，他说他也想参加，你们老师就不能给他个机会吗？

小雯老师：乐乐有参加演出的愿望，作为家长你们也支持他，这很好，但是您有没有询问乐乐不参加演出的原因呢？

乐乐家长：这倒没有。

小雯老师：那我来说给您听吧。其实我们这次迎新开展了一系列活动，主题为"展才艺、迎新年"，为的就是给每个孩子搭建展示自己的平台。您也知道，我们幼儿园班级比较多，孩子人数有600多，如果每个人都在迎新节目的舞台上唱歌跳舞，恐怕在时间和场地上都是不允许的，所以老师根据孩子们平时的特长和兴趣将他们分成了两组：一组为"创意绘画迎新年"，一组就是您所说的"欢歌笑语迎新年"。其实乐乐的绘画早就展示在幼儿园的"绘画长廊"中了，那里还贴了他的照片和他送给大家的新年祝福呢。

乐乐家长：啊？是这样啊？那……

小雯老师：我知道您平时工作很忙，很少来接送乐乐，所以对班级的活动可能不是很清楚。当然我跟您也没有及时沟通，我首先要向您道歉，以后我也会多主动与您沟通幼儿园及乐乐的情况，以便您更好地了解我们的活动。当然了，我们的活动还有很多，这次没有参加唱歌跳舞，下次还有机会啊，下次我一定请他参加我们的演出，您放心好了。

乐乐家长：老师，真对不起，是我不了解情况，还希望您以后多关心我们家乐乐。

小雯老师：我会的，其实我们对每个孩子都是一样的，请您相信我们，也希望您有什么困惑直接与我们沟通。

（引自左志宏：《幼儿园班级管理》，16页，上海，华东师范大学出版社，2014。）

📝 学习笔记

在上述案例中，教师应对家长投诉的做法，有以下四个地方值得借鉴：

第一，小雯老师能够在家长的投诉中寻找自己班级管理工作的不足，即班级工作宣传的缺失和与家长沟通的不及时；

第二，小雯老师能够采取积极的态度向家长道歉和解释，这才会重新赢得家长的理解和信任；

第三，小雯老师还对家长的沟通方式进行了提醒——"您有什么困惑直接与我们老师沟通"，暗示家长投诉并不是解决问题的好办法，为以后的良好沟通做好铺垫；

第四，小雯老师告知家长以后会继续关心乐乐和班级所有的孩子，避免家长担心因自己的投诉行为影响教师对乐乐的态度。

（三）面对家长的不理解——摆事实，讲道理

典型案例

中午，我正在备课，就听到维维爸爸气冲冲地跑进教室，对带班的郑老师大声说："郑老师，你们幼儿园是怎么回事，怎么每天都让孩子擦皮鞋？我可不想让我们维维以后成为擦鞋匠啊！"郑老师连忙问："怎么是每天擦皮鞋啊？"维维爸爸说："这个星期已经连续三天了，回家我问维维在幼儿园玩什么了，维维都说在玩擦皮鞋的游戏，怎么每天都要擦皮鞋，你们不学其他的数学、语文知识吗？"

郑老师说："这是维维自己喜欢的事情，我们不能干涉他的。"维维爸爸更生气了，提高声音说："要你们老师干什么？"

郑老师是一位只有三年教龄的年轻教师，本来就不太会和家长沟通，遇到维维爸爸这个态度，她就更加不敢说了。我听她怎么都解释不清楚，便走了出去。维维爸看到我，马上说："冯老师来了，你来说说看，是怎么回事？"

我想，维维爸爸应该从来没有看到过我们的操作材料，他并不了解"擦皮鞋"这个活动。所以，我得把我们"擦皮鞋"这个活动的内容和目标分析给他听，才能让他真正了解我们的教育目的。

我说："维维爸爸，你看到过'擦皮鞋'这个活动的材料吗？"他摇了摇头。我说："我带你去看看吧。"我把维维爸爸带到教室的材料柜前，把"擦皮鞋"的操作材料拿出来，给他看，然后说："擦皮鞋'是我们个别化学习的一项内容，我们把一些学习目标融入擦皮鞋中。维维在玩擦皮鞋的游戏时，不是你想的那样把皮鞋擦干净就行了。你看，他要把鞋子先按大小不同分类，然后还要分一分男鞋和女鞋，还要把左右分清楚，放正确，最后按顺序把鞋擦干净。你看看，这里面有没有数学的内容？"维维爸爸看着这套材料呆住了。我又说："这个活动有数学中的分类、排序、分辨左右，你看这么难的数学内容，维维都完成得很好，说明他对数学很有兴趣呀。"

维维爸爸看看我，又看看材料，挠挠头皮，很不好意思地说："冯老师，我是个粗人，不懂你们的教学，听你这样一说，我就放心了。"我又说："你不用担心，维维这个星期的注意力在擦皮鞋这个内容上，下个星期会转移的。你看，我们有这么多的操作材料，维维是个聪明的孩子，一定会在玩的过程中学到很多的。"维维爸爸高兴地回去了。

为了预防此类事情再次发生，我和郑老师商量，可以在一个教学阶段给家长写一封信，告诉家长下周或下月将要进行的活动计划，在让家长明了的同时，做必要的配合。

（案例来自山东省淄博市市直机关第三幼儿园韩冰川园长在2016年"幼儿园骨干教师专业技能培训"中的分享。）

上述案例中冯老师带着家长一边看孩子的区域活动材料一边运用专业的知识向家长解释，让家长真切感受到：一个看似简单的擦皮鞋游戏，里面包含了这么多的数学学习内容；幼儿是在游戏中主动、快乐地学习的。这样的解说就很有说服力。

小资料

家园沟通表达例句

家长们的需求是多种多样的，教师和家长会在不同的时段就不同的问题进行沟通，为了让教师能将沟通策略较快地运用到自己的工作中去，周红从调查研究与行动研究中提炼了幼儿园常见沟通问题的共情表达范型。（共情是指在教师和家长就幼儿的各种教育问题进行交流的情境中，教师能够恰当理解家长的内心体验和观点，并且能把这种理解传递给家长，从而使得沟通更为顺畅和有效。）

（一）初次见面或第一次家长会时

1. 选择我们幼儿园是您对我们的信任，谢谢您。

2. 孩子是您的，也是我们的，我们会和您一样爱他们。

3. 这是我们的联系方式，请您记下。有需要，欢迎您及时联系。

4. 孩子刚入园，会有一些不适应。我们一起努力帮助孩子度过这段不适应期。

(二)家长反映问题或者表达建议时

1. 谢谢您的建议，这对我们的工作非常有意义。

2. 您说的这个问题，我们原来没有注意到，我们再详细了解下。谢谢您。

3. 我知道。您这么说，是为了我们更好地改进工作。

4. 在这个问题上，您好像有更好的建议。请您告诉我们。

5. 对于这个问题，我们想听听您的建议。

6. 我们一起来再想想有什么好的办法。

7. 您说的这个情况，我一定关注，我们保持联系。

8. 您说得没错，这个问题确实应该引起重视。

9. 您说的这个事情，是我们工作的疏忽，非常抱歉。

(三)家长参与幼儿园活动时

1. 我们知道，大部分家长是克服了很多困难来的。谢谢你们。

2. 您那么支持我们的工作，我们心里特别温暖。

3. 您昨天没来参加这次活动，活动时，您的宝宝委屈地都快哭了。

4. 知道您对孩子非常用心，做出不来参加亲子活动的决定也非常困难。

5. 家长们都准时来开家长会，我们感到了被支持的幸福。

6. 再次接到您请假的短信，我也感到非常遗憾。我们是多么希望您也给孩子一些时间啊。

7. 在我们看来一些小活动，而对孩子来说，是成长的大事情。我们也特别希望家长能够抽出时间参与亲子活动。

(四)幼儿生病或受伤时

1. 请您放心，我们一定按时给孩子服药。

2. 我们会好好照顾他，若孩子有特殊情况，我们及时和您联系。

3. 非常抱歉，孩子今天不小心摔伤了。

4. 看到孩子受伤了，我们心疼坏了。

5. 我们已经带他看过医生，现在他情绪很好。

6. 真是对不起，您别着急，小朋友在幼儿园发生的事故责任在我们，您有什么意见跟我说。

7. 您的心情我们特别理解，毕竟孩子受伤了。

8. 很抱歉，孩子受伤了，老师也很心疼，以后我会更关注他。

9. 您有这样的心情我很理解，等我们冷静下来再谈好吗？

10. 看到孩子受伤了，我们和您一样，心情都很难过。

(五)家长求助询问时

1. 听得出来，您为此感到很着急。

2. 对于改变他这个习惯，您做出了很多的努力。

3. 我能理解您的难处。

4. 对于孩子的发展，您好像有些担心。

5. 谢谢您的信任，这会提醒我更好地把工作做好。

6. 您说的这个问题，我们以后一定会注意。谢谢您。

(六)家长馈赠礼物时

1. 您的心情我们能够理解，但是礼物不能收。

2. 您这么做，就真的见外了。我们和您一样，都会发自内心去对孩子好。

3. 我们对孩子的爱与关心，与是否接受您的礼物没有关系。请您放心。

4. 您对幼儿园工作的支持，就是对我们工作最大的感谢，不需要用礼物来表达。

（七）与家长沟通幼儿在园表现时

1. 孩子语言表达能力很强，很活泼，要是在遵守纪律方面再努力一下就更好了。

2. 孩子在举手发言方面的进步虽然不大，但是他与小朋友相处方面比以前好多了。

3. 孩子近来在幼儿园情绪好像不是很好，请问他在家里的情况如何？

4. 您本周有空吗？我想与您交流孩子近期的情况。

5. 与以前相比，她近来吃饭好像不是很好，我想知道她在家里吃饭如何？

（八）遇到隔代教育难题时

1. 小宝爷爷，孩子今天在幼儿园都是自己吃的，而且吃得很好。您看，在家里也是否可以让他自己去吃？

2. 小宝奶奶，小宝讲故事特别好。以后他要是能按时到幼儿园，我们就请他早晨给小朋友们讲故事。

3. 小宝奶奶，以后小书包可以让小宝背。小宝可能干了，他自己可以的。

（九）家长有为难要求时

1. 您提出这样的要求，我能够理解。不过，您看看我们是否可以先这样去调整。

2. 您希望我们这样做，我知道您的出发点是为了孩子。只是，我们看看这样做是不是最好的方法。

3. 非常抱歉，您这个要求我感到一些为难。让我了解一些情况后再看看怎么做。

（引自周红：《家园沟通中幼儿教师共情研究》，博士学位论文，南京师范大学，2014。）

思考与练习

1. **案例分析：下面的家园沟通案例中教师用了哪些沟通的策略？**

家长："老师，我简直要疯掉了。我们家那个每天晚上到了 11 点都还不睡觉，精力超级旺盛。不但自己不睡，还不让我们睡。我们都被这个小祖宗折磨得精疲力竭了。真不知道该怎么办？"

教师："哦，看得出您确实很疲惫。您说他每天晚上到 11 点还不睡觉？那他一般做些什么？"

家长："他在家里搬凳子，搬每一个凳子。从客厅到卧室，从卧室到客厅。一个接着一个搬。把地板拖得一直响，搞得楼下邻居都有意见。我们也被搞得紧张死了。他一拖，我们就紧张，担心邻居是不是又要上来。"

教师："哦，听得出来，您真是又担心，又着急。"

家长："对啊，我担心啊。你说邻居上来说，人家怎么看待我们啊。多难堪啊。"

教师："哦，您担心邻居会上来。那邻居上来询问的时候，您一般会怎么说呢？"

家长："人家哪里是询问啊，简直就是责问。直接上来说：'你们家怎么搞的，还让不让人睡觉啊。'我当时真的觉得很羞愧。"

教师："确实，会让人觉得不好意思。他这么说，您怎么回答的？"

家长："我还能怎么说。我只能说：'对不起，孩子小，有点调皮，有点闹腾。我们一定严加管教。影响您休息了。对不起，对不起。'我们只能一个劲地说对不起了。"

教师："我听到您说，孩子小，有点调皮，有点闹腾。您这么说的时候，心里的感受是什么？"

家长："不瞒您说，我当时就这么想的。我虽然知道邻居生气是应该的，但是儿子好像也没犯天大的错误。"

教师："他没犯天大的错误。只是有点调皮，有点闹腾，或者很调皮，很闹腾。那么您一般是怎么对待他这个调皮和闹腾的？"

家长："我没有什么好办法，要么抓住他的手；要么威胁他，你要是再这样下去，晚上妈妈就不带你睡觉了。他一般跟我睡的，不敢一个人睡。"

教师："恐吓也利用上了，那管用吗？"

家长："没啥效果。"

教师："有没有管用过的方法？"

家长："有的。他爸爸的方法比较管用。"

教师："他爸爸的方法？"

家长："是的，他爸爸会给他讲故事，讲各种他喜欢听的故事。与他谈好条件，只要他少搬一个凳子，爸爸就多讲一个故事。只要他爸爸在家，他搬凳子就少多了。"

教师："看来这方法管用，那您为什么不试试？或者一直由他爸爸去引导他？"

家长："老师，您是不知道的。他爸爸经常出差，难得回来，当然有耐心。可是我白天那么辛苦，回家还得面对他。我哪里有心情啊。"

教师："呵呵，那您现在觉得您是缺方法还是缺心情呢？"

家长："唉，我知道，我不够耐心。我真的是被他折磨得没有耐心了。我每天很烦躁。"

教师："看得出，您现在提到这个问题又烦躁起来了。我一开始听您这么一说，我都跟着有点烦躁了。可是当您提及孩子可以听爸爸讲故事的时候，我突然觉得踏实了很多。那您看，我能够为您做些什么，可以帮到您减少烦躁？"

家长："我知道，是我的问题。我希望我能够慢慢让心情平静下来。孩子在幼儿园请您多关心。他在幼儿园还好吧？"

教师："您孩子在幼儿园表现还是挺不错的，尤其是在动手能力方面，可厉害了。无论是剪纸，还是其他手工活动，真的不错。您说的情况，他在幼儿园没有出现。或许是我们没有大凳子吧。不过，针对他在家里的特别表现，我接下来会采取一些活动，帮助他逐步认识，如何做可以不影响他人。即便搬凳子，怎么搬才可以更好。比如引导他轻轻搬，轻轻放。另外也可以让他拖一拖，只是拖的时候，让其他小朋友来谈谈感受……"

家长："老师，谢谢您。我也试着调整自己。"

教师："谢谢您的信任，与我交流您的困惑。我还想说的是，问题解决需要时间，也需要过程。接下来，我们多联系，共同努力。"

家长："谢谢您！"

（引自周红：《家园沟通中幼儿教师共情研究》，博士学位论文，南京师范大学，2014。）

2. 情境题。

(1)小班的妞妞每天都由妈妈送来幼儿园，早上总是迟到。妈妈向教师解释说：睡眠对孩子的健康成长很重要。每天早上都是因为要等到妞妞睡到自然醒，我们才迟到的。作为家长，我们也是没有办法。①

如果你是教师，将会如何与这位家长沟通呢？

(2)小铭早晨带来一套崭新的"聪明豆"系列绘本，一共有20本，我惊讶地问她怎么带这么多书来。她说："妈妈要我带来的，送给幼儿园，放在图书角，给小朋友们看！"我仔细回想，小铭的妈妈每天来接小铭时，都会在图书角给小铭读一个故事再走，她一定是发现图书角的图书很久没有更换了……

如果你是教师，将会如何与这位家长沟通呢？

(3)欣欣每天都是由保姆接送。很多需要家长配合的工作，告诉保姆之后，常常完成不了。一个周五下午的接送时间，我终于见到了欣欣妈妈，她一再说："多谢老师了！他爸爸和我都忙。家里没有老人帮忙，只能靠保姆。老师，要你们多费心了！"

请结合本专题所学，讨论针对此类家长如何开展家长工作？

3. 见习期间是否发生过幼儿之间抠伤、碰伤、擦伤、咬伤的事件？有的话，请详细记录班级教师的处理策略，并分析。

4. 情景模拟：五位同学合作，一位同学扮演意见比较大的家长，一位同学扮演老师来现场应对，另外三位同学来点评：这样应对可以吗？为什么？

5. 试着和同学开展一次模拟"教师与家长沟通"的情景，并请另外一位同学记录下来，分析自己和家长沟通的可取之处和不足之处。

---

① 朱宗顺：《学前教育概论》，163页，北京，高等教育出版社，2015。

专题十二
幼儿园班级家长工作的形式

学习目标

1. 了解不同形式的幼儿园班级家长工作。
2. 能够在实践中灵活运用幼儿园班级家长工作的形式。

思维导图

```
                  家访的含义与作用 ── 家访
                  家访的实施要点 ──┘                         亲职教育的作用
                                              亲职教育 ──┤
            家长委员会建立                               亲职教育的形式
            前的准备工作 ── 家长委员会
            组织开展家长 ──┘              家园联系栏和网络互动 ──┤ 家园联系栏
            委员会工作的要点                                   └ 网络互动

         家长会的含义和作用 ── 家长会        幼儿园班级                 个别约谈的含义
         家长会的实施要点 ──┘              家长工作的     个别约谈 ──┤
                                             形式                  个别约谈的实施要点
            家长开放日的
            含义和作用 ── 家长开放日                         接送时交谈 ──┤ 接送时交谈的作用
            家长开放日的 ──┘                                          └ 接送时交谈的注意事项
            实施要点
                                                              家长志愿者活动的
         亲子活动的含义和作用 ──┐               家长志愿者活动 ──┤ 含义和意义
         亲子活动的实施要点 ── 亲子活动                          家长志愿者活动的
                                                              实施要点
```

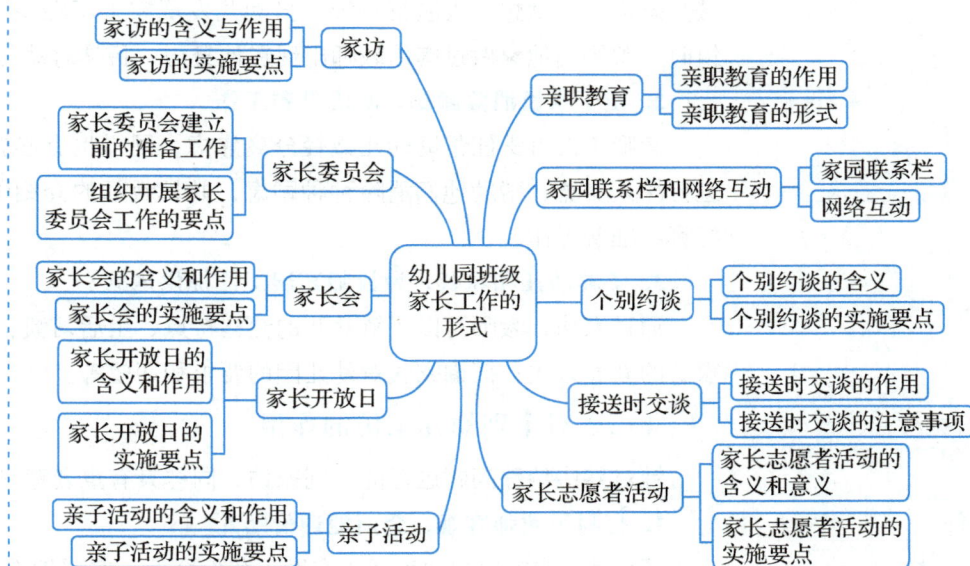

《幼儿园工作规程》(2016)要求："幼儿园可采取多种形式，指导家长正确了解幼儿园保育和教育的内容、方法，定期召开家长会议，并接待家长的来访和咨询。"那么，幼儿园班级家长工作的形式有哪些？在这众多的家长工作形式中，乘上哪辆家园共育的直通车，才能够让我们取得最佳的家园共育效果呢？本专题将带你了解这些不同形式的家长工作。

主题 1
家访

一、家访的含义与作用 >>>>>>>>>>>>>>>>>>>>>>>>>>>>>>

家访是教师对幼儿家庭进行的上门访问，是教师与家长在其家庭中进行的面对面的沟通。它在家园工作中具有不可替代的作用，能够帮助教师在真实情境下，快速、准确、详细而全面地了解幼儿及其家庭和成员的各方面信息，充分体现了教师对幼儿的关注，对家长的尊重与理解。[①]

家访分为新生家访和对个别幼儿的家访，如当幼儿发生意外事故后，当幼儿家庭发生重大变故需要予以安慰和协助时等。

（一）新生家访的作用

新生家访，无论对幼儿，还是家长和教师，都有着十分重要的意义。

1. 帮助幼儿认识教师，缓解他们的入园焦虑

在熟悉的家庭中，在家人的陪伴下与教师初次见面，可以让幼儿最大限度地减少恐惧感。试想，入园第一天，当幼儿发现家人不在身边，因为陌生而产生恐惧时，曾经到他家做过客的教师出现在他身边，将是对幼儿的安慰。

2. 便于家长消除顾虑，明确准备工作

教师不仅有责任帮助幼儿减轻分离焦虑，同样也有必要在幼儿入园前与家长进行深入交流，帮助他们消除种种顾虑，并从教师的介绍中明确幼儿入园前应做好哪些准备工作。

3. 了解幼儿和家长，为教师开展工作提供依据

通过家访，教师可以了解幼儿的性格特点、生活习惯；了解幼儿的家庭结构、家长的教养方式；征询家长对幼儿园的要求和期望等。

（二）对个别幼儿家访的作用

针对某些特殊问题进行的个别家访，同样具有重要意义。

1. 有利于教师客观、全面地评价幼儿

了解幼儿在家庭中的表现，有助于我们全面、客观地看待幼儿，分析问题。例如，教师发现某个幼儿经常和同伴发生矛盾，有时还有攻击性行为。教师与家长多次沟通这个问题，也尝试了许多办法，却没有明显的效果。时间长了，教师认为家长不重视这个问题，家长则认为教师不喜欢他的孩子，为此家长和教师在心理上都有些不愉快。然而，教师并没有放弃对这个问题的分析和思考，而是与家长协商好进行家访，希望和家长就这一问题进行深入分析，共同商定教育对策。在家访过程

---

① 何桂香：《幼儿园家长工作指导》，45 页，北京，北京师范大学出版社，2012。

中，教师注意到这位妈妈在和孩子相处的过程中非常急躁，同时也了解到爸爸工作非常忙，回到家就打开电脑开始工作，根本没有时间和孩子交流，妈妈则要准备晚饭，收拾家务，孩子只好一个人孤单地做自己的事情。由此，教师找到了孩子不会与同伴交往的主要原因，他是在通过一种不恰当的方式吸引同伴的注意；另外，家长急躁的态度也在一定程度上影响了孩子。于是，教师和家长坦诚地说出了自己的想法，并和家长就这个问题达成了一致的意见，制定出相应的教育对策。①

2. 增进教师和幼儿、教师和家长间的情感

在实践工作中，教师往往重视新生入园前的家访，容易忽略日常工作中对幼儿及其家庭的家访。一是教师工作比较忙碌，家访又是家园工作中比较费时的一种方式；二是在自己的观念中，认为家访的作用可以通过其他家园工作的方式进行弥补。其实，在一些特殊情况下，家访仍旧有其不可替代的作用。例如，当幼儿生病长期不能来园时，教师的家访往往能够温暖幼儿及其家长的心，使其感受到教师对幼儿的关爱和重视。当教师因某方面的失误令家长对班级工作怀有不满情绪时，教师的家访往往能够及时弥补以往的过失，让家长感受到教师的真诚，拉近彼此间的距离。②

二、家访的实施要点 >>>>>>>>>>>>>>>>>>>>>>>>>>>>>>>>>>

（一）明确家访目的

为了避免家访的盲目性和无效性，教师在家访前应明确家访的目的，制订家访计划。

1. 新生家访的目的

新生家访，目的是了解孩子的性格特点、生活习惯和认知能力；了解孩子的家庭结构、对待孩子教养的态度；征询家长对幼儿园的要求和期望；与孩子、家长建立初步的情感等。

典型案例

　　新生第一次家访，老师面带笑容进门，亲切地向小朋友问好，并与家庭成员礼貌地、热情地打招呼。接着蹲下来自我介绍并与小朋友交流：宝宝小名叫什么？还有什么有趣的名字呢？你希望上幼儿园以后老师叫你哪个名字呢？宝宝最喜欢干什么事情？喜欢什么物品或玩具？有没有去过新幼儿园？最喜欢幼儿园的什么大型玩具呢？上幼儿园以后老师带你去玩好吗？接下来的时间与家长沟通了解如下问题：上幼儿园后家里谁负责接送？在家里谁和孩子相处的时间最多？孩子上幼儿园以后有什么担心的问题？孩子哪些方面比较突出？有没有什么特殊的习惯和要求？最后介绍班级开学及平时要注意的问题，如开学前几天作息时间的安排，家长要配合准备的物品，关于幼儿园网站的参与、课程的配合实施、座位床铺的轮换等细小的问题。对于幼儿园的规范工作，提前让家长知道得越详细越好，这样可避免开学后由于生疏或不知道造成误会。

　　[引自朱水莲：《相逢是首歌——做好家长工作的八个秘诀》，载《早期教育》，2011(1)。]

① 何桂香：《幼儿园家长工作指导》，47 页，北京，北京师范大学出版社，2012。
② 何桂香：《幼儿园家长工作指导》，48 页，北京，北京师范大学出版社，2012。

✎ 学习笔记

2. 对个别幼儿家访的目的

当幼儿或家庭发生突发事件后，当家长对幼儿园工作有意见和建议时，班级中有插班生时，以及有个别特殊幼儿时，教师都应进行专访，目的是协调家园关系，共同解决问题。

（二）设计家访记录表

记录表是根据家访的目的进行设计的。设计家访记录表，一方面便于教师进行针对性的家访，从而收集到更多有效信息；另一方面家访时的记录，可以让家长体验到教师对待家访的认真态度。

表 12-1 是南京市北京东路小学附属幼儿园的家访记录表。①

表 12-1　南京市北京东路小学附属幼儿园家访记录表

幼儿姓名代号	家庭类型	居住条件	经济条件	入园情况	自理				体质状况	个性习惯	家长希望	备注
					吃饭	午睡	穿衣	如厕				
1	四代同堂，有姐妹	中等	中等	本园亲子班	要喂饭	迟	会穿鞋	中午醒了小便		急躁、随便、不应答		
2	一家三口和外婆同住	中等	中等	本园亲子班	咀嚼困难、胃浅易吐、边吃边玩、要喂一小时	睡前喝奶	会穿鞋	睡前大小便		自我中心，有轻微的口吃现象，外婆担心心理问题，需观察	关注口吃的矫正	主要教养者是外婆，非常关注生活细节和教师的态度
3	和妈妈住外婆家	尚好	尚好	本园亲子班	吞咽蔬菜有困难		会穿鞋		内火大，怕热，盖得少	比较大方	音乐兴趣的培养	爸爸长期在国外
4	一家三口，有钟点工	中等	中等	本园亲子班			会穿鞋	两个月前停用尿不湿	右边肩部骨折过，冬天会连续发高烧	愿意与教师亲近	报兴趣班	父母工作忙
5	一家五口，和爷爷奶奶同住	中等	中等	本园亲子班	吞咽长叶子菜困难	睡前喝奶	会穿鞋		易呼吸道感染，发高烧	大方	在同伴交往上顺利，不造成心理伤害	
6	一家三口	尚好	尚好	本园亲子班			会穿鞋			比较大方		
7	一家三口	尚好	尚好	本园亲子班	要喂		会穿鞋			随意，不太倾听和应答	同伴交往	

---

① 何桂香：《幼儿园家长工作指导》，46 页，北京，北京师范大学出版社，2012。

（三）提前预约

预约时要注意避开孩子午睡、午餐和家庭晚餐的时间。这一方面显示教师的细心和专业，了解孩子的生活作息是不能随意打乱的；另一方面也避免给家庭带来不便及不良印象。

预约时间时不要讲得太死，必须是一个时间段。有些家长特别严谨，如果教师预约十点进行家访，结果迟到了他们会觉得教师不守时。所以预约时可说："××家长您好，我会在九点半到十点半之间到您家进行家访，我会在上一家结束后再与您联系，抱歉，打扰您啦。"这个预约给家长的信息是：第一，我在上一家家访，不是在干其他的事不能准时来；第二，我与您约的是一个时间段，只要在这个时间段内来，都是准时的；第三，我在上一家结束后再与您联系，尽力将对您的打扰降到最低。这样家长就会理解教师：教师真辛苦，要家访那么多家庭；教师真有礼貌，话说得非常好听；教师真有职业精神，先提前预约，提前一天又电话提醒，当天快到时再次电话提醒。①

预约时一定要选择孩子在家的时间家访，否则会大大降低家访的价值。因为教师无法观察到孩子在家里的状态以及他与不同家人的互动情况，就无法针对孩子的特点展开进一步的了解和互动。

（四）规划好家访路线

规划好家访路线，可尽量少走弯路，减少工作强度。

（五）两位老师相约而行

第一，方便和家长沟通时一个人做记录；第二，两个人互相补充提问，可以得到更多幼儿家庭教育信息。

（六）观察、交谈、记录，展现教师的专业素养

观察和交谈都要注意围绕家访目的进行，所有问题指向对孩子教育背景和生活背景的了解，不要转变成与家长交流房屋装潢、如何消费、如何购物等其他话题。

在设计好的家访记录表上做好记录，同时家访结束后注意及时整理记录，如将家长意见归类分析，在今后合适的时间向家长做出反馈等，让记录发挥应有的价值。

> **小资料**
>
> **新生家访提纲**
>
> 1. 孩子的乳名是什么？
> 2. 孩子平时喜欢吃什么？玩什么？对什么事情比较感兴趣？
> 3. 孩子在家的作息时间是怎样的？幼儿园的作息时间介绍。
> 4. 孩子的自理能力如何？（穿脱衣服鞋子、大小便、喝水吃饭等）
> 5. 孩子的语言表达能力如何？（表达自己意愿、礼貌用语、简单讲述）

---

① 吴邵萍：《家园共同体的建构——幼儿园家长工作的方法与策略》，35 页，北京，教育科学出版社，2011。

学习笔记

6. 孩子的动作发展能力如何？

7. 孩子的性格特点怎么样？

8. 孩子与人交往的能力如何？

9. 家中哪位成员教养孩子比较多？

10. 家长对孩子的期望是怎样的？

11. 孩子身体素质如何？是否有过敏的食物？幼儿园服药制度介绍。

12. 幼儿接送制度及请假制度介绍。

（七）家访时间以 20～40 分钟为宜，切忌过短或过长

家访时间不宜超过 40 分钟，以免过于打扰家长；也不要少于 20 分钟，以免家长认为家访是在走过场。

（八）树立师德形象，谢绝家长礼物

家长给老师送礼物，一方面是希望老师能够对自己的孩子多关注一些，另一方面是担心万一别的家长都送了，而自己没有表示，老师会不会有想法，这是正常的心理和行为。但是教师收受家长的礼物有损师德，更是将自己陷入了被动的局面。对孩子照顾多些，家长会在内心认为这是因为自己送了礼物的原因，教师是势利的。对孩子关注一如既往，家长又认为教师不懂"规矩"。正确的做法是所有家长的任何礼物一概坚决地婉拒并微笑着说上一句："心意领了，所有孩子的礼物我们都不收，我们会像对自己的孩子一样对每个孩子。"这样家长就放心了，反而对老师更加有敬意。

（九）口头交代的同时辅以文字

新生家访，需要交代的事情比较多，为了避免家长遗忘，可以在口头交代的同时辅以文字，让家长感受到教师的用心。

小资料 🌸

南京市鼓楼幼儿园致新生家长的一封信

各位家长：

再过几天小朋友们就要开学了，我们一起为宝宝拥有一个美好的童年而努力！让我们从现在开始齐心协力做好一切家园配合的准备。

一、告诉教师宝宝的小名

小名是爸爸妈妈在家中给予宝宝的昵称。教师希望孩子到了幼儿园，也有回家的感觉，通常第一学期较多地称呼宝宝的小名，以后逐步称呼大名。

二、填写调查表

填写《新生入园健康状况调查》和《新生家长问卷调查表》，帮助保健医生和教师更加细致地了解宝宝的身体状况和教养方式。

三、领取机动车停车证

当场填写从幼儿园领取的《关于幼儿园门前机动车停车的要求》通知单，并返还教师。园方将尽快给需要的家长配发"临时停车证"。

四、幼儿园生活用品说明

1. 被褥：a. 托班直升小班的小朋友使用原来发放的被褥。b. 新入园的小朋友请于 9 月 1 日离园前从教师处领取被褥，包括：被子（可拆卸变成薄被）、枕头、床单、枕席、席子及一个大拎包。请回家洗晒后在每一件物品上缝上宝宝的名字（被子、枕头、拎包，名字缝在中间；床单、席子、枕席，名字缝在顶部，以便于查找辨识）。c. 被褥的费用将直接在缴费卡上扣除。d. 原则上每月月底需将被褥带回家清洗一次。e. 9 月 3 日早上请带床单、席子、枕头、枕席、毛巾被入园午睡。

2. 其他生活用品幼儿园配备齐全，无须准备。

五、幼儿私人物品

1. 请家长准备一套换洗的衣服（上衣、裤子、短裤、袜子），以防宝宝尿床或衣服出现其他问题。如有更换请家长及时补充一套。随着季节变冷，衣服可换成棉毛衫、棉毛裤等。

2. 换洗的衣服放在一个小包中，包上贴上宝宝的名字，帮助教师对号入座。

六、关于大头贴

为了宝宝更好地寻找属于自己的茶杯、毛巾、椅子、抽屉等。家长请在 9 月 1 号入园时带 8 张 1 寸大头贴。入园后，在教师的引导下找到属于自己的物品，并整齐地贴上自己的大头贴。剩下的大头贴交给教师备用。

七、关于第一周入园时间安排

9 月 1 日上午 8：20—10：30，宝宝由一名家长陪同，带好入园物品（特别重要的大头贴千万别忘记）到小班认识教师、参观环境。选择自己的椅子、茶杯、毛巾、抽屉、床等。请家长注意帮助宝宝认识新朋友，让宝宝产生幼儿园很有趣的心理，便于第二天入园情绪的准备。（别忘了带相机，记录下历史性的一天！）

9 月 2 日上午 8：20—11：30，家长将宝宝送到小班交给教师后就可以离开。宝宝将在幼儿园里分到新的小组，和教师小朋友一起游戏。中午在幼儿园吃完午饭后，家长来接。

9 月 3 日 8：20—15：00，宝宝要在幼儿园睡完午觉起床后离园。

9 月 6 日，一切正常，在规定的入园时间来园，下午 4：00 后离开。

八、关于预防接种证

请家长于 9 月 1 日入园后，将宝宝预防接种证交给晨检的保健老师，以后预防接种证由幼儿园统一管理。

九、关于床铺问题

首先由家长自由选择床铺，然后教师会再进行小范围调整。如有的宝宝需中途小便，活泼不易入睡的宝宝与入睡迅速的宝宝做邻居等都是教师考虑的调整因素。希望大家理解配合。

十、关于座位安排

宝宝的座位安排，教师也会进行定期调整，保护幼儿用眼卫生。由于小班宝宝需要一个稳定的习惯，可能会一学期调整一次。

十一、关于接送宝宝问题

开学几天是宝宝的适应期，我们比较赞成将宝宝交到教师手里，家长就去上班。相信教师能够照料好宝宝，也相信宝宝会很快适应并喜欢幼儿园。

十二、关于班级论坛

相信每位家长都很关心宝宝在园的表现，教师会充分利用班级论坛将宝宝在幼儿园学习生活的状况上传到网上，同时也希家长关心班级论坛，加强互动。

十三、关于配合和沟通

每一位家长都很心疼自己的宝贝，不过幼儿园是一个集体生活环境，小朋友们在一起有可能会出现不和谐的现象，教师会尽量避免和制止。由于小班幼儿在同伴交往能力方面很弱，所以有可能会发生摩擦。假如出现问题后能够得到您的理解，我们非常感谢。在三年相处的时间里，有一些需要家长配合的事项，希望得到您的大力支持！在我们的工作中如有遗漏或疏忽的地方，欢迎当面与我们交流，我们相信面对面的交谈更利于问题的处理和工作的改进。

十四、请将爱心洒满班级

很多家长是各个方面的专家，也拥有便利的资源，如果您有兴趣参与到我们日常活动中来，给孩子们带来惊喜，欢迎联系我们！

十五、关于班级自然角

班级的自然角是小朋友们观察植物、与动物做好朋友的小天地。如果您家中有漂亮的植物（无毒无刺）或是适合喂养的小动物愿意共享的话，请贴上孩子姓名，于9月1日带来幼儿园。

十六、家访时交一张六寸的宝宝照片给教师。

十七、让教师给亲爱的宝贝拍下成为幼儿园一员的第一张照片。

［引自朱水莲：《致新生家长的一封信》，载《早期教育》，2013(9)。］

（十）注意个人外在形象

教师的言行举止是赢得家长信赖的重要因素，重视内心的同时也要注意外在的形象。

(1)穿衣的色彩能与肤色配合，又能清新协调。全身上下不超过三色。

(2)工作时不穿裙装及露背、低胸、露脐等过于性感的服装。不穿高跟鞋。

(3)掌握穿衣服的TOP原则，即时间，场合，地点(time、occasion、place)。

(4)无论鞋的档次如何都要擦得干净亮泽。

(5)叮当作响的饰品一定让家长和孩子眼花、心花，不如多备一些时装表，也许比左金右银的手镯、手链更出色，还能掌握时间。

(6)适当的淡妆让人看着精神，也让自己精神。

(7)一般站立时要展示你精神和大方的神态：头正，两肩放松自然下垂，躯挺，两腿站直贴紧，双手自然下垂。

(8)一般坐立时要展示你的文雅和稳重：并腿而坐，双腿垂直于地面，向一边倾斜，双膝并拢，双手交叉放在两腿上。

(9)面对孩子、会见家长或在长辈、上级面前，不要把手交叉抱在胸前或插在口袋里。

(10)对家长和幼儿保持真挚的微笑，因为会笑的教师更得幼儿和家长的心。

（十一）给幼儿留个好印象

新生家访也是幼儿与教师的第一次见面。怎样给幼儿留个"好印象"，让幼儿尽快喜欢上教师呢？

(1)通过亲密的身体接触，让幼儿对教师产生亲密感。在家访过程中，教师可以用牵牵小手、抱一抱、摸摸头等方式和幼儿有亲密的身体接触，让幼儿对教师产生亲密感。

(2)陪幼儿玩玩具、做游戏、看书等，拉近幼儿和教师的距离。在家访过程中，教师可以陪幼儿一起玩他们喜爱的玩具，聊他们喜欢的话题，如流行的动画片、好吃的食物等，进入他们的世界；还可以开展简单的游戏，如"金锁银锁"或者和幼儿一起看一本他喜欢的书等，消除教师和幼儿之间的陌生感、距离感。

(3)赠送一件小礼物，让幼儿从一开始就接收到教师友好的信息。家访时，教师可以向幼儿赠送一份可爱的小礼物，让幼儿感受到教师的亲切、友好。

主题 2
家长委员会

家长委员会有幼儿园层面和班级层面的。本主题主要介绍班级层面的家长委员会。班级家长委员会是家长参与幼儿园班级管理的有效途径。根据《幼儿园工作规程》(2016)规定，家长委员会的主要作用是：对幼儿园重要决策和事关幼儿切身利益的事项提出意见和建议；发挥家长的专业和资源优势，支持幼儿园保育教育工作；帮助家长了解幼儿园工作计划和要求，协助幼儿园开展家庭教育指导和交流。

微课
家长委员会

一、家长委员会建立前的准备工作 >>>>>>>>>>>>>>>>>>>>

（一）家长委员会成员的选择

🖊 学习笔记

案例：李老师新接手小一班，这两天正在为选择谁担任班级的家长委员会成员犯愁呢！她觉得自己对新家长都还不太熟悉，到底该选怎样的家长作为家长委员会成员呢？

家长委员会成员必须具备"四有"条件：有热情、有人品、有能力、有时间。家长委员会的组成成员应为那些热心班级工作，愿意为大家做事，有责任心和正义感，说话做事尽量考虑全体幼儿和家长的利益，并有一定的组织能力和时间的家长。

家长委员会成员需要最大限度地吸纳各个群体的代表，能够代表大多数家长的利益。例如，要有祖辈家长的代表，现在祖辈家长已成为家园互动中一个不可忽视的群体；要考虑男女性别比例，吸纳父亲加入家长委员会，用他们的观点和行动影响其他男性家长参与到孩子的教育中来；要考虑人员能力和性格的搭配，如既要包括有领导能力、善于表达的家长，也要包括默默无闻、踏踏实实、愿意干活的家长等。

教师在第一次家长会上应明确告知所有家长家长委员会的作用及选举标准，通过家长自荐、互荐和教师推荐相结合的方式，推选出家长委员会成员。

（二）家长委员会成员的分工

家长委员会成员应分工明确，一般有会长、财务委员、宣传委员、总务委员等。在给家长委员会成员分工时，要尽量发挥家长的特长和优势，可以将家长毛遂自荐和教师适当调整相结合。

家长委员会成员一般由3～5人组成，具体人数可以根据班级孩子人数及班级工作的需要确定。比如，随着孩子年龄增长，可通过扩展，家长委员会成员由小团体逐渐扩展到大团体，进而调动所有家长参与班级工作的积极性和责任心。

分好工后，应在班级宣传橱窗公开各个委员的具体人员名单，一方面便于所有家长认识他们，另一方面也可提醒家长委员会成员履行自己的工作职责。

小资料 🌐

南京市北京东路小学附属幼儿园家长委员会成员分工

会长：负责组织家长委员会定期、不定期地开展活动，协调幼儿园及家长的关系，向家长宣传幼儿园的理念及教育要求，动员和组织家长参与幼儿园活动，向教师和园长及时反映家长的建议。

财务委员：专门负责管理班级所需的一切费用。根据班级活动开展的需要向家长收取费用，包括外出活动，孩子演出时的服装、道具等物品的购买费用以及按成本核算后的多退少补的工作；每次活动后将每笔费用的用途、具体金额等支出向全体家长公示，以文本的形式张贴在班级橱窗内。在重大活动时，要面对面地向全体家长说明，每位家长随时可以向其查询账目。

宣传委员：专门负责班级宣传橱窗及班级每次外出活动时的宣传旗、横幅的制作，平时班级需要的资料复印、打印，日常家园活动的主持稿的撰写等。

负责资源的委员：专门负责班级外出参观所需车辆的联系，班级孩子参观农科所、公园、古生物研究所等社区、社会资源的联系。

负责总务的委员：专门负责组织和分配家长制作全班孩子所需要的玩教具、孩子演出服装、班级节日环境布置、自然角管理等。

（引自吴邵萍：《家园共同体的建构——幼儿园家长工作的方法与策略》，78页，北京，教育科学出版社，2011。）

二、组织开展家长委员会工作的要点 >>>>>>>>>>>>>>>>>>>

（一）发挥家长委员会的主动性和力量

教师要让家长委员会成员明白自己是班级管理的主人之一，要向家长委员会成员强调："我们大家是一个共同体，班级工作仅仅依靠教师的力量是不够的，需要家长委员会成员乃至于全体家长的共同合作，班里孩子发展得好家长委员会是功不可没的。"

教师不要包揽或替代家长委员会的工作。教师在与家长委员会成员互动时，将主题和重点交代清楚即可，至于什么人做什么、怎么做，大可不必操心。否则教师会将家长委员会成员的思想和手脚束缚住，他们自身的优势和想法也无法发挥。

但是教师要牢记，家长委员会的工作是在教师的指导下展开的。因此教师在放手让家长组织某个活动时，一定要全程参与，但是这种参与不是完全由教师主导的，而是一种从旁协助和适时引导的参与。

典型案例

在幼儿园的种植活动前，教师和家长委员会成员讨论如何开展系列活动，大家一起讨论种植的时间，种什么种子，需要用到哪些工具，孩子如何分批来种，需不需要请其他的家长来做志愿者，等等。在这个过程中，有经验的家长会告知这个季节种哪些种子是合适的，他们协助教师采购了适合种植的种子，与教师一起分工合作，在植树节前后进行了系列种植活动，把班级的自然角和种植地都种好了，教师和孩子们在这个过程中学到了很多种植的知识和本领。

（引自吴丹：《幼儿园家长工作指导》，104 页，上海，华东师范大学出版社，2016。）

案例中的教师善于借助家长委员会的力量，让家长的能力和资源得到了充分的发挥。在遇到一些来自其他家长的棘手问题时教师也可以求助于家长委员会成员，他们从家长的角度一起解决会更有效。

典型案例

秋天，是水痘、腮腺炎、手足口病等传染病高发的季节。小一班的帆帆患了手足口病，还处在隔离期，帆帆妈妈却不管传染病的相关规定，执意要将孩子送到幼儿园。周老师告诉帆帆妈妈要对其他孩子负责，要考虑到未被传染的孩子的健康，请她将孩子带回家，等到隔离期结束后再来幼儿园。但帆帆妈妈很不高兴，说孩子症状并不严重，自己也没有时间在家里照看她。眼看就要和帆帆妈妈闹矛盾了，周老师赶紧把情况反映给家长委员会成员，于是家长委员会中的医生家长出面与帆帆妈妈做了沟通，理解她的辛苦和麻烦的同时也说明了传染病的严重性，并教给帆帆妈妈一些护理的好方法。由于同是家长，孩子又在同班级，帆帆妈妈不好意思再坚持下去，她请了阿姨照顾帆帆，直到帆帆痊愈了再回到幼儿园。

（引自吴丹：《幼儿园家长工作指导》，106 页，上海，华东师范大学出版社，2016。）

（二）创造机会让家长委员会成员的孩子得到展示

教师要创造机会让家长委员会成员的孩子得到展示。例如，平时活动时主持人的工作可以让家长和自己的孩子联合主持，家长说一句台词，孩子说一句台词。孩子有锻炼的机会，家长会更积极地投入班级工作中。

（三）充分肯定家长委员会成员的成绩

家长为班级活动所做的任何努力，教师都要及时在全体家长面前表扬，一方面满足家长被认可的需要，另一方面也让其他家长清楚，作为班级一员，每个人都要为班级服务。但切忌在表扬的时候发生遗漏。

主题 3
家长会

小故事

　　《中国教育报》上的一篇文章《家长会改变了人的一生》，讲到一位母亲第一次参加家长会时的情景。当时，幼儿园的老师对她说："你儿子有多动症，在板凳上连3分钟都坐不住，你最好带他去医院看一看。还有，你儿子不爱学习，这以后可怎么办啊？"然而，在回家的路上，这位妈妈却告诉儿子："老师表扬你了，说宝宝原来在板凳上坐不了1分钟，现在能坐3分钟了。其他的妈妈都非常羡慕妈妈，因为全班只有宝宝进步了。"那天晚上，儿子破天荒地吃了两碗米饭，并且没让她喂。之后小学、初中、高中每次开家长会，这位母亲都会把教师的批评转换成对孩子的鼓励和表扬，最后儿子以优异的成绩考上了清华大学。

　　一位母亲因为对家长会的"另类"表达而成就了孩子。在被这位伟大的母亲感动的同时，也足见家长会对孩子的重要影响。然而并不是每一位家长面对教师在会上对孩子的批评时都能如此冷静并具有教育智慧。幼儿教师需要思考，在开家长会时如何向家长反馈孩子的在园情况，如何提高家长的育儿观念，如何帮助家长改变平时教育中的不当方法，如何利用家长会在家园之间建立一座"理解、信任、目标一致"的桥梁，以及如何利用家长会最大限度地促进幼儿发展等。

一、家长会的含义和作用 >>>>>>>>>>>>>>>>>>>>>>>>>>>>>>>

微课
家长会

　　家长会一般包括班级家长会和专题家长会。班级家长会通常在学期初或学期末举行，也可根据班级工作的阶段性重点随时召开，其常规内容主要有：分析上学期幼儿的发展情况，介绍本学期的教育目标和将要开展的主题活动和重大活动，提出需家长配合的地方等。

　　专题家长会，也叫主题家长会，即教师根据自己班级的情况召开的有明确主题的家长会。例如，针对幼儿在交往中容易出现的问题，教师可召开"如何引导孩子学会交往"的专题家长会；又如，针对大班家长关心的幼小衔接问题，召开"如何为孩子入小学做好准备"的专题家长会等。在这类家长会上，教师可以邀请专家就某个问题做专题讲座，也可组织家长之间展开经验交流等。家长会的作用主要有以下几点。

（一）帮助家长全方位了解幼儿在园的情况

　　班级家长会，可使班级所有家长在较短的时间内，比较集中、全面地了解幼儿在园生活、学习情况，教师可以在班级家长会上介绍班级近期的重点目标，并阐述教师准备开展哪些活动去落实目标。

（二）引导家长提高科学的育儿水平

　　家长中很可能有各式各样的专家，但是他们未必懂得科学的教育理论和方法，利用班级家长会可向家长宣传正确的教育理念。

（三）展示教师的专业水平、精神风貌

家长会是一个展示的窗口，透过它，教师的专业素养、师德等从言谈中都能显现出来。因此，在召开家长会前，教师要做好充分的准备，让家长通过家长会了解教师，并能够放心地把孩子托付给教师。

（四）为家长提供育儿经验分享、变流的平台

家长会上采取家教经验交流是一种家长教育家长的有效方式。在家长中不乏一些教子有方的家长，利用家长会，请他们现身说法，生动、直观，说服力强并有可操作性。教师应注意发现家长中的经验、典型，帮助引导家长推广成功的经验。身边的事例会对家长的心理带来强烈的冲击，反思自身的教育，引发内心的深思。家长可以在班级家长会交流探讨中受到启发，调整自己的教育理念和方法，提高育儿水平。

（五）收集整理建议，满足家长的合理需求

班级家长会给各位有意见和建议的家长提供了相互讨论的平台，这也正是教师集中了解家长需求和收集建议的好时机，如果教师能够尽可能地满足和采纳家长的合理建议，家长的配合将会更积极，热情更高涨。

（六）向家长平时的支持、配合说声感谢

在班级家长会中抽出一些时间向家长平时的支持、配合道一声感谢，能激发更多的家长参与到班级工作的配合中来。

二、家长会的实施要点 >>>>>>>>>>>>>>>>>>>>>>>>>>>>>>>>>

家长会是家园沟通的一座重要桥梁，怎样才能开好家长会呢？

第一，设计家长会。开家长会前，教师要对家长会进行设计，包括设计家长会的目标、准备、重点、环节等。家长会前教师可问自己以下问题：家长会的目标和主题是什么？以怎样的形式进行？家长会环节如何安排？需要准备哪些材料？选择怎样的时间、地点比较合适？等等。即要制订一份完整的家长会计划（包括目标、主题、形式、流程、时间、地点、准备工作等）。

在确定家长会主题时，除了针对班级工作重点外，还可对家长进行一些调查，围绕他们关注的问题确定主题。比如，在大班，设计一次活动让家长了解教师怎样帮助孩子做好小学入学准备，可能更符合这个年龄段幼儿及其家长的需求，家长的收获可能会更大一些。而针对刚入园的小班幼儿，家长更多的是想了解孩子在幼儿园是怎样生活的。在设计家长会环节时，要注意把握好家长会的时间，一般不宜超过两小时。

第二，准备家长会材料。确定好目标、主题和形式后，教师还需准备家长会材料。在准备家长会材料时，教师要注意根据家长会的目标和主题，收集能够说明问题的具有代表性的实例，如孩子平时的作品、照片、视频等。

✏ 学习笔记

小资料

山东省淄博市汇英幼儿园将第一次新生家长会的目标定为：唤醒主体意识(通过家长工作，让家长认识到，孩子成长不是光要靠幼儿园，更要靠家长自己，家长是重要的教育主体)，点燃教育激情(让家长发自内心的、主动地参与到家园共育的工作中来)；传递教育理念，争取家长认同；关注入园适应，解决家长焦虑。针对目标准备了相应的内容，如科学的幼儿教育理念的视频，缓解幼儿入园焦虑的十条策略。

将第二次新生家长会的时间定在幼儿入园一个月后，并将目标定为：介绍入园适应情况，赢得家长认可；提出习惯培养要求，争取家园共育；营造大家庭氛围，增强班级凝聚力，并成立家长委员会。针对目标准备了相应的内容：每个幼儿的两张对比照片(幼儿刚入园焦虑的照片和一个月后开心的照片)，这些需要教师在一个月中的有意收集和整理；班级近期重点培养的习惯照片；家长委员会各委员的照片及职责的介绍等材料。

学习笔记

第三，提前一周左右通知家长召开家长会的时间、地点及准备事项。提前一天再次提醒。

第四，创设一个平等、轻松的家长会环境，消除家长和教师之间的距离感。会场座位摆放要便于相互交流。很多家长会都是教师坐在上面，家长坐在下面。为了更好地营造交流的氛围，可采取环形座位，让教师与家长随意入座，营造尊重、平等的氛围。还可播放一些轻音乐，供应一些茶水，营造轻松、愉悦的氛围。

第五，教师发言的注意事项。首先，教师要熟悉家长会的流程及发言内容，尽量脱稿，避免照本宣科，使会议既显正式又亲切轻松。其次，少用"你"的称呼，多用"我们""咱们班"，这样做能拉近家长和教师之间的距离，营造一种"自己人"的氛围。最后，尽量多表扬。一是表扬孩子，树立家长的教育信心；二是表扬家长。一方面表扬家长用正确的教育方法教育孩子；另一方面表扬家长对班级的付出。如果必须要指出孩子的不足，尽量做到委婉、幽默，不要伤了家长的自尊心。总之，教师的讲话方式应尽量使整个家长会的气氛轻松、愉快，同时又能有效传达会议重点。

第六，家长会要避免教师"一言堂"。教师可以通过多种方式，如击鼓传花、小组讨论等，激发家长发言的热情；家长会前做一些暖场游戏(新生家长会前可做破冰活动)等，让家长会的气氛轻松惬意。例如，某大班家长会上，教师为了更好地与家长互动，时不时以"幼小衔接"知识竞猜的形式来调动现场气氛。

第七，家长会后要对活动效果进行评价。评价可以是教师的自我评价，更好的是家长的意见反馈。

第八，创新家长会的形式，调动家长参与的热情。除了教师针对班级工作召开的家长会外，家长会还可以邀请专家或由幼儿园教师就某个问题(如亲子阅读)做专题讲座，也可组织家长之间展开"教育经验交流会"和"家庭教育专题讨论会"。与单向传输的讲座相比，交流会或讨论会上家长的参与性更强，并且当家长之间在一起讨论并认识到其他家长也拥有同样的问题时，他们能更加从容地面对压力，能从其他家长那里得到情感和技术上的支持。在具体组织形式上，有体验式家长会、家长工作坊、世界咖啡式家长会等。

小资料

体验式家长会。例如，某实施蒙台梭利课程的幼儿园针对刚入园幼儿的家长不了解蒙氏活动的特点而开展的体验式家长会。教师介绍过蒙氏教育的理念和教具后，让家长像孩子一样自由选择并动手操作蒙氏教具，真正体验了一回孩子的学习。这种体验式家长会让家长更加了解幼儿在园的生活与学习，也更加认可教师的专业性。

家长工作坊①。班级工作坊每次以一位教师为核心，10～20 位家长(一般是一个班分两批进行)在这位教师的指导下，通过活动、讨论、集体交流等多种方式，共同探讨某个话题。工作坊的操作过程，虽然具体内容会随着议题的变化而变化，但基本的模式与架构是不变的。每次活动时间控制在 1 小时左右，最长不超过 1.5 小时。

1. 导入环节

一般由主持人介绍本次话题的来源背景：是问卷调查的结果还是这个年龄段的核心经验等，提出本次活动的问题。

2. 体验环节

通过现场操作、情境回忆、分组游戏、问题测试等多种方式，让家长对讨论的主题有切实感受。同时，这种换位体验也能让家长更好地理解孩子在此情境中的心态和行为。有了共同的现场体验，家长们就能够在平等的立场下共同讨论、交换意见，进而凝聚意识。例如，在"什么是主动式学习"工作坊中，就请一半家长用一支深色水彩笔自制席卡，为另一半家长提供多种剪贴、涂色材料自制席卡，让家长在制作过程中感悟到为孩子准备丰富的材料是主动式学习的前提，能给孩子自主选择的机会。

3. 策略分享环节

这个环节一般有两部分内容，前半部分是让家长在体验的基础上互相交流，概括总结一些育儿策略；后半部分是教师从专业角度提供策略。

4. 策略运用环节

可以通过视频、游戏或照片提供两三个具体问题情境，请家长商讨解决办法。

5. 生活实践环节

工作坊开展的根本目的是改变家长的育儿行为，习得的策略只有在生活中真正运用起来才有价值。所以专题工作坊后续的家园交流也非常重要。

学习笔记

世界咖啡式家长会。② 著名的"世界咖啡"(World Cafe)是创造集体智慧的会谈方法，其会议模式的主要精神就是"跨界"(Crossover)，不同专业背景、不同职务、不同部门的一群人，针对数个主题，发表各自的见解，互相意见碰撞，激发出意想不到的创新点子。"世界咖啡"模式在幼儿园家长会中的实施步骤如下。

(1)明确会议内容。在会前，各班向家长发放一份调查问卷，请家长将自己在育儿过程中遇到的问题或困惑写出来，教师归纳整理出一些共性的问题，确定会议的交流重点。

① 卢素芳：《幼儿园开展家长工作坊的实践与研究》，载《早期教育(教科研版)》，2016(1)。
② 张倩华：《浅谈"世界咖啡"模式在幼儿园家长会中的运用》，载《新教育时代电子杂志(教师版)》，2018(9)。

（2）创设有"温度"的会议氛围。在会议前，教师可以将教室布置得像真正的咖啡馆，将桌椅按照家长人数分成相应的小组，用绿色植物等布置成温馨的咖啡桌，在咖啡桌上准备一些小零食和用来记录的纸、笔。同时将幼儿在幼儿园活动的照片打印出来悬挂在教室周围，选用一些舒缓的音乐作为背景。

（3）探索相关问题，鼓励每个人的参与贡献。家长会开始之前，教师以游戏的方式推选出每一个小组的组长和记录员。教师对本次会议的主题进行简单介绍之后，就可以将事先收集整理好的问题一一发放给各个小组，由组长组织进行第一轮的小组讨论。每轮会谈 5～8 分钟，当一轮公谈结束后，组长留在原来的咖啡桌，其余成员自由轮换到别的咖啡桌，此时，组长在简单介绍本桌的问题和前一轮大家贡献的观点后，组织新的成员继续针对问题进行讨论，新的成员在研讨中不断贡献自己的观点，创造新的理解。整个会谈过程让每个成员都有机会轮换到每张咖啡桌。在轮换的过程中，家长们共同贡献、共同创造、共同学习，所关注的问题也会随着研讨的深入越来越清晰，家长与教师、家长与家长之间的连接也会越发紧密。

（4）共同听取见解和更深层的问题。等到全体成员都轮换结束后，家长们回到最初的咖啡桌，开始进行全体会谈，汇总大家的集体智慧。每个小组的组长组织自己的成员整理归纳出所有人的思考内容，由记录员将会谈结果记录在海报纸上。此时，教师可以请家长们静默几分钟，仔细想想或写下自己从会谈中所获取的重要见解、主要观点或发现的东西，从而引发家长们更加深层次的思考与见解。

（5）收获和分享共同的成果。家长们通过多轮会谈之后，对大家面临的共性问题总结出切实可行的解决策略，然后各个小组推选一名发言人在集体面前进行分享交流，让集体的智慧得以呈现。

最后，主持人(班主任)以简洁的语言对本次会议进行小结，同时继续通过微信群等途径给家长搭建交流沟通的平台，让家长们对某些问题继续思考与讨论，使更多的教育经验得以延续和巩固。

主题 4
家长开放日

微课
家长开放日

一、家长开放日的含义和作用 >>>>>>>>>>>>>>>>>>>>>>>>>

李生兰教授在《幼儿园家长开放日活动的研究》中，把幼儿园家长开放日定义为：幼儿园应该在特定的时间里向家长开放园内外的各种教育活动。这种开放日从时间上讲，包括每天开放、每周开放、每月开放、每学期开放；从形式上讲，包括家长观摩、家长参教、家长助教、家长执教、家长评教。①

　　家长开放日活动给予家长的视觉冲击与思维启迪是生动且深刻的。通过家长开放日，家长能够了解教师的保教水平，从而解除家长的忧虑；能通过观察教师的教育行为，了解教师是如何教育孩子的，从中学习到一种新的教育理念和方法，并将它运用到自己的家庭教育中；能将自家孩子的发展状况与班级中其他幼儿进行横向比较，全面了解和把握孩子的发展水平、优势和不足。

小资料

　　牛牛妈妈是某公司一位高级管理人员，她在百忙之中抽空来参加儿子小班的家长开放半日活动。活动后她大为感叹。发现老师设计的活动深得孩子们的喜欢，同时也发现自己家的宝贝由于平时姥姥、姥爷带得多，在自理能力和主动性方面要比别的孩子差很多。牛牛妈妈暗下决心：以后自己要多陪陪儿子，同时也告诉老人对孩子不能包办代替过多。

二、家长开放日的实施要点 >>>>>>>>>>>>>>>>>>>>>>>>>>>>>

（一）活动前的准备

　　第一，活动前教师要事先向家长介绍家长开放日的目的和完整的活动计划，让家长"知其然，也知其所以然"。教师可以问自己以下问题：我们为什么要开展这次家长开放日活动？通过这次活动我们希望家长了解什么，有什么样的收获？只有使家长充分了解开放日的活动目的，并真正认同活动的价值，才能调动他们参与活动的积极性。

　　第二，从细节上让家长感受到被欢迎，从而激发家长参与活动的热情和激情（家长会或亲子活动等也是一样的）。例如，给每位家长发出一封热情的邀请信而不是简单的通知。比起通知，邀请信能让家长感受到更多的尊重，更多的诚意、友好和热情。此外，还需要对教室的环境、桌椅的摆设进行精心的创设。有学者认为，"不仅在幼儿园及其组织的活动里，而且在班级里，都要使家长觉得颇受欢迎"。还有学者进一步指出，之所以"要让家庭觉得他们是受欢迎的"，是因为"建立和维持家园关系包括欢迎家长进入幼儿园和班级"，为此，"教师应该做到当每一位家长和孩子到达时，要微笑地欢迎他们，并向他们说明今天安排了哪些活动""使他们意识到他们是教学团队中的重要成员"，这样，家长才会觉得受到支持。在与家长交往时，重要的是要保证让家长感到受欢迎，并认识到他们的参与是很有价值的；还要从小事做起，因为尽管像房间布置的方式、迎接家长的方式、和家长讲话的方式等是小事情，但都在传递是否欢迎家长的信息。有学者指出，"如果家长觉得受到了欢迎，如果家长意识到他们的努力得到了承认，那么，家长就会更加积极地参与"。如果教师能按照这些学者的观点去做，那么家长们就会感受到自己的价值，会尽量克服困难，抽出时间来参与幼儿园活动。

___

　　①　李生兰：《幼儿园家长开放日活动的研究》，6～10页，上海，华东师范大学出版社，2008。

学习笔记

小资料 🐚

幼儿园家长开放日活动邀请函

亲爱的家长朋友：

从小班开始，您一定多次参加过我们的开放日活动，想必您对我们的班级常规一日活动的各个环节也都有所了解。这次的家长开放日，将重点向您展示我们班的教学活动，您将走进我们的活动，了解幼儿园的教育内容与形式，看到孩子在教学活动中的精彩表现，感受到我园独特的教育理念和教学方式的魅力。

活动结束之后园长的教育点评，将帮助您更好地理解我们教学活动的设计意图，感受孩子们的学习方式，相信对您家庭教育的理念也会有所启发，请您一定珍惜这次机会，务必按时参加。

下面是本次开放日活动的完整活动计划（包括时间、地点、教学活动目标、过程等）。

……

[资料来源于山东省淄博市汇英幼儿园（原山东省淄博市市直机关第三幼儿园）韩冰川老师的讲座。]

第三，事先指导家长如何在活动过程中观察。很多家长不了解活动的目的，因此经常会直接介入活动，剥夺了孩子学习的机会。因此活动前教师要告诉家长静静地做个旁观者，尽量不要干扰孩子的活动。此外教师还要事先指导家长如何在活动过程中观察，并且提醒家长将看到的问题记录下来，在活动结束后与教师交流。

典型案例

"请小朋友画出小熊该怎么回家。"当老师说完要求后，琳琳的姥姥就坐不住了，一边拿着琳琳的手帮琳琳画，一边念念有词："应该从这边走……这样才能尽快走回家，看这样多快啊！"[1]

小资料 🐚

这是一位教师为家长准备的家长开放日活动观察小资料。

1. 在游戏活动中，注意观察孩子的游戏兴趣，与同伴交往、合作情况，以及想象力、创造力、探究和尝试的品质等。

2. 在教学活动中，注意观察孩子能否主动参与活动、积极思考问题、大胆表现和创造。

3. 在户外体育活动中，注意观察孩子参与活动的兴趣和态度、基本动作的协调性和灵活性、与同伴交往和合作情况。

4. 在生活活动中，注意观察孩子生活习惯、自理能力。

5. 进行纵向比较，及时发现孩子的进步。

6. 从教师组织的教育活动中以及和幼儿的互动中了解教师的教育目标，感受教师的教育理念等。

---

① 莫源秋：《幼儿园家长工作技能与艺术》，90 页，北京，中国轻工业出版社，2015。

第四，教师在活动前还要事先说明活动中可能出现的问题，并引导家长正确对待孩子在活动中的表现。例如，"有些幼儿平时在班里表现得很积极，但一看到这么多人可能会有些胆怯，而有些幼儿可能会因为家长的到来引起情绪上的兴奋，望家长理解""当孩子表现出人来疯、哭闹、撒娇、在活动中不专注等现象时，请家长千万不要烦躁不安，要用适当的言行鼓励孩子融入集体，帮助孩子平稳过渡；当孩子表现落后的时候，请家长不要认为这是孩子在给自己丢面子，要知道一次活动只能反映孩子的一个侧面，自己的孩子也有许多优点"等。

（二）活动中的注意事项

首先，教师可以在活动过程中见缝插针地与家长进行一些简单的交流，以帮助家长更好地理解教师的教育行为和孩子的行为。

其次，教师要关注每一个幼儿。一位家长在开放日活动结束后，问教师："老师，为什么不提问我的孩子？会不会影响我孩子的发展啊？"袁老师回答说："您的孩子比较内向，没有准备好，没有绝对的把握，他是不会举手的。如果我在课上强行提问他，他会更加紧张，这样不利于孩子的健康成长。我们近期正在准备开展……主题活动，你们在家和孩子丰富相关的经验。你们准备好了，告诉我，我一定给他表现的机会。他不举手，我也会给他机会尝试来讲讲。"[1] 其实每位家长来参加家长开放日活动，主要心思都是放在自己孩子身上。因此，教师在开展任何活动的过程中都应该将每个孩子放在心上。袁老师在教学活动过程中没有提问某个孩子，但她是基于对孩子的理解和尊重的，给家长的建议也十分可行。

（三）活动后的交流

家长开放日的目的是让家长了解孩子在园的表现，了解教师是如何教育孩子的，从中学习到一种新的教育理念和方法，但是，一项调查结果显示，在家长开放日活动结束后，教师与家长之间就"家长看到了什么""怎样解释自己所看到的内容""怎样通过家长开放日活动提高家庭教育质量"等问题的讨论都不够充分。[2] 因此，活动结束后，教师可以按以下几点来做。

一是建议家长及时与孩子交谈，告诉孩子爸爸妈妈对他的关心，用具体的事例来肯定孩子的进步，指出努力的方向。

二是让家长通过口头或书面的形式表达自己的真实感受，了解家长的不同视角与关注点，了解家长的教育困惑与需求，了解家长对教师今后工作的意见和建议等，并且对家长的意见和建议，应持"有则改之，无则加勉"的态度。要避免走过场，活动结束后不了了之，达不到开放的真正目的。

三是对孩子在开放日活动中的表现要进行适当评价，并给予适当的指导。例如，约谈孩子的家长或召集部分孩子的家长开座谈会，讨论家园如何相互配合，共同促进孩子更好地发展。

家长开放日活动是展示教师专业素养的好机会，教师要充分利用家长开放日活动向家长展示专业素养和自己对孩子的爱心，让家长对教师敬佩、信服，进而建构起良性的家园互动关系。

---

① 莫源秋：《幼儿园家长工作技能与艺术》，88 页，北京，中国轻工业出版社，2015。
② 徐莹莹、张璟：《幼儿园家长开放日活动实施现状的调查与建议》，载《早期教育（教科研版）》，2016(3)。

主题 5
亲子活动

一、亲子活动的含义和作用 >>>>>>>>>>>>>>>>>>>>>>>>>>>

亲子活动，是一种有助于增进教师与家长、家长与幼儿情感交流的活动。亲子活动的形式有亲子同游(家长携子女参加幼儿园组织的外出郊游活动，如春游)，亲子同做(家长与幼儿合作完成某种物品的制作活动，如环保小制作)，亲子同演(家长和孩子一起参加幼儿园组织的表演活动，如亲子剧)，亲子同玩(家长和孩子一起参加幼儿园组织的游戏活动，如亲子运动会)，亲子共同调查(家长和孩子一起完成老师布置的调查任务，如调查小区里有多少种花)，亲子共同探究(幼儿在家长的协助下共同进行科学探究活动，如探究物体的沉浮)。

二、亲子活动的实施要点 >>>>>>>>>>>>>>>>>>>>>>>>>>>>>>

在组织亲子活动时教师也要把握好一些要点，才能更好地实现亲子活动的价值。

（一）活动前的注意事项

(1)统筹考虑，制订整体计划。由于亲子活动较多，而且每年都有，因此教师要整体考虑小中大班亲子活动目标、内容、形式，这样既可以避免幼儿学习内容的重复，也符合幼儿的年龄特点，还能让家长资源的作用最大化。

小资料 🌐

不同年龄班的过年活动的整体计划

小班：主要发挥爷爷奶奶的作用，请他们讲元宵节的来历，邀请爷爷奶奶教自己的孙子女包元宵；包好后，直接在班级蒸煮，孩子观察；最后孙子女请爷爷奶奶先吃，并每人用小勺喂爷爷奶奶吃一个。让孩子学习关心老人，体验和老人一起过节的快乐。

中班：请爸爸妈妈来园参加亲子制作花灯的活动。在活动开始时，教师先邀请做花灯的老艺人来园讲授并演示如何做花灯，接着孩子和家长以家庭为单位学习制作花灯，做好后大家相互欣赏，同时家长、孩子以及全园的教职工参加评比，选出每种花灯的优点并颁奖，如最佳创意奖、孩子参与为主奖、最佳色彩奖、最佳图案奖、最佳手工奖、最佳牢固奖、最佳材料奖、最佳造型奖等。

大班：请家长和孩子一起开展过年年俗表演或关于过年的主题有奖抢答等竞赛活动。教师和家长围绕年文化主题，共同讨论确定具体的题目、内容和组织形式等。共同布置会场，准备活动，让孩子在准备的过程中，感受过年的氛围，并在活动过程中了解和体验中国年文化的内容和内涵。

虽然都是过年的亲子活动，但是每个年龄班的内容和形式都是不一样的。同时也要考虑家庭中不同成员的特长，使家长资源得到最充分的发挥。

例如，小班特别邀请老人就是考虑到以下几点：

1. 老人对与过年相关的民俗、手工、食品制作等都比现在的年轻人要擅长。

2. 老年人大部分都退休在家，相对有时间和精力参与活动。

要求老人来参加渗透了尊敬长辈、孝敬老人的年文化。让孩子知道从小就要孝敬长辈，在节日里要想到老人，吃东西先让爷爷奶奶吃等。

（引自吴邵萍：《家园共同体的建构——幼儿园家长工作的方法与策略》，95 页，北京，教育科学出版社，2011。）

典型案例

爸爸们忙碌的"三八节"

"三八节"是妈妈的节日。每到这个节日，各个班级都准备利用节日的契机，巧妙地设计一些亲子活动，让幼儿认识节日，懂得感恩，表达对妈妈或奶奶、姥姥的爱。通常老师会邀请妈妈来参加，让幼儿给妈妈洗脚和按摩，请妈妈讲一讲自己小时候的故事，开展互动游戏等。可是，小(3)班却把爸爸请到幼儿园参加亲子活动，这是怎么回事呢？

原来，他们组织的是一次亲子制作活动，为妈妈准备节日礼物。当然，妈妈的节日更需要爸爸的关注，孩子们有心意要表达，爸爸们更不能袖手旁观了。看，他们真是忙得很，一边指导孩子用胶棒粘好礼物盒，一边在写着商量好的祝福话语。有的把祝福写在卡片上；有的掏出准备好的礼物进行包装；还有的现做礼物，用彩泥捏出了甜蜜的一家人。

爸爸们虽然忙碌，但心里是火热的。一个爸爸憨笑着说："还真没在'三八节'给他妈妈送过礼物，这次活动给了我一个机会。"

相信当爸爸和孩子把用心准备好的礼物送给妈妈时，妈妈定会心中溢满感动。不仅仅是因为礼物，更因为孩子和爸爸在这半天的亲子制作活动中倾注的拳拳深情。很多爸爸在这次亲子活动后感慨道："这真是一个难忘的'三八节'！"

（引自吴邵萍：《家园共同体的建构——幼儿园家长工作的方法与策略》，73～74 页，北京，教育科学出版社，2011。）

通常，幼儿教师在设计"三八节"活动时首先想到的是把妈妈请来，和幼儿一起参与亲子活动。但小(3)班的这次活动将爸爸请来，与幼儿参与亲子制作活动，可谓别出心裁。教师在设计活动时，除了考虑到活动对幼儿发展的价值外，还要兼顾活动对家长的意义。有孩子祝福的节日，妈妈会觉得快乐，但有孩子和爱人共同祝福的节日，妈妈定会感到无比幸福！另外平时亲子活动多是妈妈参加，请爸爸来也有助于爸爸更多参与到孩子的教育中。

(2)要提前制定亲子活动的详细方案，并及时告知家长。这样能让家长对活动心中有数，并给家长和孩子充足的准备时间。特别注意要通过一些形式让家长了解亲子活动的目的、意义，只有使家长充分了解亲子活动的目的，并感觉这是一个好活动，才能调动他们参与的热情。

(3)教师还需要提醒家长在亲子活动过程中要注意避免包办代替、避免横向比较、积极鼓励孩子、尊重孩子意愿等。

✎ 学习笔记

（二）活动中的注意事项

在活动中，教师要注意利用活动重视理念传递，让家长真切感受到活动的教育价值。

📘 典型案例

我们幼儿园以前开运动会都是大型的，就是租一个体育场，几个分园一起开运动会，场面很宏大，影响力也很大，但是这样的运动会，受益更多的可能是幼儿园。在这么大的一个场地里，几百个孩子在那里运动，老师很难关注到每个孩子。后来我们就以班级为单位，开小型运动会，并取名为"小豆豆运动会"。名字源自黑柳彻子的《窗边的小豆豆》这本书，并且我们要求班里的老师在设计运动项目的时候，要关注每一个孩子。如何关注到每个孩子呢？举一个例子，大班有一个小孩，大肌肉动作发展得不大好，但是他的小手挺灵巧的，如果不单独给他设计项目，那么在运动会常见的跑跳等项目中，他很难获奖。于是老师给他设计了一个能让他获得成功感的项目"我心爱的小马"。运动场地的布置是：每条跑道上隔两米放一个小马，一条跑道放四个小马，共四条跑道。运动规则是：每个孩子手拿8条红绸带，跑步经过小马，每经过一个小马，就在小马的两个耳朵上各系一条红绸带，共需系8条。到最后一个小马那里绕回来，再把每个小马耳朵上的红绸带给解开。这样跑得快在我们这个运动项目中优势不大，就可以把机会让给跑得慢，但是小肌肉动作发展好的孩子。这就是我们小豆豆运动会和大型运动会的区别。我们想通过活动让家长感受到我们的教育理念。运动会后，家长反馈说：老师的教育理念太好了，老师太用心了，我家孩子放到他的班级，我很放心。

（案例来自山东省淄博市汇英幼儿园韩冰川老师的讲座。）

📝 学习笔记

通过上述案例，教师向家长传递了看见每个孩子，尊重孩子的个体差异，让每个孩子都有成功感，不横向比较等理念。

（三）活动后的注意事项

1. 活动后的感谢和活动材料的整理、宣传

活动后教师首先要感谢每位家长的支持和参与。另外，每一次的亲子活动都是一次难忘的、珍贵的经历，教师、家长、孩子都留下了很多灿烂的笑容、甜蜜的记忆。因此，活动结束后，教师可请家长将这些画面进行剪辑、编辑、整理，制作成视频或以照片的形式布置在墙面上，帮助孩子、家长进一步加深记忆，回味这些有意义的亲子活动。

2. 与全体或个别家长的延伸交流

活动后还要注意与全体或个别家长的延伸交流。与全体家长的交流主要是通过问卷等方式了解家长在活动中的收获或意见、建议等。

📘 典型案例

举行完亲子活动"亲亲我的好妈妈"后，教师给每一位家长发了一份意见反馈表，除了对她们的热情参与表示感谢外，还请她们对活动提出宝贵的意见和建议。许多妈妈都感到活动非常成功，通过这样的活动不仅锻炼了孩子的能力，增进了亲子间的感情，还让父母更好地认识了自己的孩子。

有一位妈妈的建议引起了教师的注意："本次活动开展得很有意义，比较圆满，但最后的环节评选'欢乐宝宝，开心妈妈'是否需要？因为在活动中每位家长与每个孩子都是非常开心与快乐的。"听了家长的话，教师感到，在这个亲子活动设计中，自己还没有更多地真正从幼儿、家长的角度出发考虑每个环节。在以后的设计过程中，教师广泛采纳家长的建议，和他们交流探讨，尽量把每个环节考虑得更周到一些。这样不仅有利于活动的开展，而且激发了家长的主人翁精神和他们的主观能动性，使活动更贴近孩子的发展。

（引自吴丹：《幼儿园家长工作指导》，81 页，上海，华东师范大学出版社，2016。）

与个别家长的交流主要是教师可在亲子活动中，有目的地观察家长与幼儿的互动方式，并在活动结束后与家长个别交流。

主题 6
家长志愿者活动

微课
家长志愿者活动

一、家长志愿者活动的含义和意义 >>>>>>>>>>>>>>>>>>>>>

家长志愿者活动是指家长在自身条件许可的情况下，自愿利用自己的时间、技能等资源，义务为班级提供帮助和服务。家长志愿者活动，不论对幼儿、家长还是教师，都有着重要的意义。

家长志愿者活动可以充分利用家长中的教育资源，弥补幼儿园教育资源的不足，能够拓展和丰富幼儿的学习经验。家长来自各行各业，而且很多职业和幼儿的生活息息相关，家长参与到幼儿园的活动中，能够极大地丰富幼儿多方面的经验。

家长志愿者活动能够有效促进班级工作顺利展开。家长志愿者参与班级的各项工作，如家长助教、环境创设、保育，活动的摄影、秩序的维护等工作，充实了教育力量，有效地促进了班级各项工作的顺利开展。

家长志愿者活动能够让家长更加理解幼儿园教育。家长能够更好地了解幼儿的发展情况和教师的教育理念，增强家长对幼儿园工作的理解和信任。

家长志愿者活动能够唤起家长的主人翁意识，还增强了家长对幼儿园工作的理解和信任，让家长真正成为教师的合作伙伴。

家长志愿者活动能够让幼儿感受到家长的奉献精神和一技之长，有助于家长在孩子心目中树立美好的形象，增进亲子感情。

🖊 学习笔记

二、家长志愿者活动的实施要点 >>>>>>>>>>>>>>>>>>>>>>>>>

1. 做好活动前的宣传和动员工作
很多家长虽然参与到幼儿园的活动中，却不明白参与的意义和目的，充当的只是活动的被动配合者。因此做好活动前的宣传和动员工作，让家长明白志愿者活动的意义十分有必要。

小资料 🌐

家长志愿者倡议书

亲爱的家长朋友：

随着社会的发展，"志愿者"这个概念相信您已不再陌生。家长志愿者在国内外已非常普遍，许多家长喜欢在学校当志愿者，协助教师的教学活动，提供志愿帮助。

如果您想为孩子们童年的幸福出一份力，

如果您想更多地了解幼儿园的教育教学工作，

如果您想全方位、零距离地了解孩子在幼儿园的生活，看到孩子的发展、成长，

如果您想增进与教师的沟通，进而更好地调整自己的教育方式，

如果您愿意成为孩子的榜样，将"不计回报"的奉献精神传递给孩子，

那就加入我们的家长志愿者团队吧！无论学历高低，无论有无特长，无论年龄大小，我们都热烈欢迎并衷心感谢您的参与！……

（资料来源于山东省淄博市汇英幼儿园韩冰川老师的讲座。）

这样的倡议书，完全以幼儿为出发点，因此能很好地调动家长的积极性。

2. 做好资源库的建设工作

教师要通过调查充分挖掘家长中丰富的教育资源，为后续志愿者活动的安排提供依据。

小资料 🌐

家长志愿者倡议书(接上)

……我们的社团有：

1. 家长讲师团：组织家长沙龙，父母课堂等，分享各方面育儿知识。

2. 课程助教：参与班级家长助教活动。

3. 健康顾问团：开展健康知识的普及和宣讲。

4. 膳食管理团：关注食谱编排、幼儿伙食营养均衡、食品安全健康等。

5. 宝宝故事团：与孩子一起分享精彩故事和绘本。

6. 活动助理团：服务班级活动（如签到、评委、化装、拍摄、协助管理幼儿、服装道具制作、赞助材料、编排策划、排练等）。

报名方法：请填好下表，投放到本班"家长志愿者资源库"中！

班级	幼儿姓名	家长姓名	联系电话	报名社团(填写编号、可多填)

教师可以通过类似的调查，充分挖掘家长中丰富的教育资源，为后续志愿者活动的安排提供依据。

3. 灵活地架构设计，使更多家长乐于成为志愿者

家长志愿者活动分为相对固定的志愿者活动(如每周固定时间的家长助教、午餐管理员等)和临时性的志愿者活动(如春游时招募临时志愿者，协助教师组织活动、摄影等)。相对固定的志愿者活动，可以让家长提早规划，合理安排，从多个活动时间和多种参与方式中选择，从而更从容地参与活动。临时性的家长志愿者活动，一方面保障活动的顺利展开，另一方面让更多的家长有机会分享自身的专业、物质、人力等多重资源，最大限度地发挥家长志愿者的作用。

4. 补位协助和指导，支持家长在参与中获得成长

在家长助教活动中可能存在以下两方面的问题：一是家长因存在畏难情绪而不愿意参加；二是家长因不了解幼儿特点和缺乏经验而无法有效组织教育教学活动。

学习笔记

小资料

身边的小故事

中三班安全活动"交警叔叔"的执教者是洋洋做交警的爸爸。活动中，洋洋爸爸身穿交警服，滔滔不绝地给孩子们讲着与自己工作有关的知识。可孩子们由于难以理解枯燥、抽象的专业知识，因而未能积极主动地参与到活动中。

当中学体育老师的轩轩爸爸组织了大二班健康活动"勇敢的我"。在系列准备活动后，面对微笑着的轩轩爸爸，孩子们放开了手脚，活动处于失控状态，轩轩爸爸则急得满头大汗。

[引自万晓红：《做好家长助教，就是这么简单》，载《早期教育(家教版)》，2012(3)。]

因此，教师需要协助和支持家长做好以下工作。一是活动前的教学设计工作。在家长准备活动阶段，教师可结合幼儿年龄特点和学习特点，帮助家长确定可行、适宜的活动方案，这是活动顺利展开的基础。二是活动中的组织工作。当幼儿秩序混乱、兴趣发生转移，或者活动的目标发生偏离时，家长可能会不知所措，这就需要教师适当引导，补位协助，保证活动顺利开展。三是活动后教师关注幼儿的反应，根据幼儿的兴趣和需要，及时与家长取得联系，邀请家长继续参与活动并引导幼儿获得更大的发展。

典型案例

在"鸡蛋变变变"助教过程中，家长助教在处理黄油时出现了问题(天冷，黄油很难在室温下软化)，反复搅拌黄油都没有融化迹象，孩子们等得有点不耐烦了，开始和同伴玩起来。家长尴尬地看看老师。老师立刻会意地说："孩子们，让朵儿妈妈先来揉面，看看鸡蛋放到面里，有什么神奇的事情发生?"而老师则快速请保育员将黄油拿到食堂融化，这个尴尬顺利化解了。在孩子们都争先恐后地去品尝白色晶体时，唯有梦然在队伍里皱着眉头，两腿不停地擦来擦去。搭班葛老师立刻走上前去，轻轻地伏在梦然耳朵边问："想上厕所吗? 来，葛老师带你去!"不一会儿，梦然一蹦一跳地从厕所出来了! 像这样突发的状况很多，老师需要及时了解家长助教和孩子的需要，机智而巧妙地帮助他们解决突发情况。

[引自彭解华、王敏：《家长助教活动实施中教师的补位协助》，载《早期教育(教育教学版)》，2018(10)。]

5. 开展家长志愿者评比活动

制定奖励制度，定期开展评比，为志愿者颁发证书和奖品，以此推动更多家长参与到志愿者活动中来。

主题 7
接送时交谈

微课
接送时交谈

一、接送时交谈的作用 >>>>>>>>>>>>>>>>>>>>>>>>>>>>>>>

每天家长接送孩子的时候，都为教师和家长建立相互尊重的、建设性的关系提供了非常好的时机。教师每天都应当抓住这个机会与家长简短说上两句，虽然只有三言两语，但作用却不可小视。

第一，便于互通信息。接送时交谈一方面让家长及时了解幼儿在园的情况；另一方面教师也可了解到幼儿在家的情况。

第二，便于教师了解家长需求。通过每天简短的交谈，教师能及时察觉家长的担心与忧虑，了解家长的需求和关注点，从而为教师有针对性地开展工作提供依据。

第三，可以利用这个时机及时解答家长的问题。如家长对某个活动不理解，对孩子回家反馈的事情有困惑等。

第四，可以利用这个时机及时处理特殊事件，如幼儿之间发生冲突，幼儿尿裤子，受伤等。通过当面沟通，第一时间解决问题，可以避免误会的发生。

第五，通过每天的简短交谈，家长会感受到教师对孩子的关心，进而拉近教师与家长的距离，增进彼此的感情。

学习笔记

二、接送时交谈的注意事项 >>>>>>>>>>>>>>>>>>>>>>>>>>>>

第一，交谈的内容要具体。避免使用"还可以""挺好的"等含糊其词的话语。

教师可以告诉家长他的孩子在幼儿园取得的成功以及在幼儿园的生活情况，这些对家长来讲，都是非常有意义的事情，通过这样的方式，幼儿的生活就被家长和教师共享。

比如，(入园时)教师可能会对家长说："××爸爸，你们家新出生的小宝宝怎么样了？她妈妈恢复得好吗？××非常激动地告诉我们所有关于她新出生的小弟弟的情况，我们放了些道具娃娃在角色扮演区，这样她和其他小朋友就可以在幼儿园里扮演爸爸妈妈来照顾小宝宝了。"

(离园时)教师可能会对家长说："××妈妈，我想让你看看今天小 A 剪的纸条。他不但能用剪刀，而且用得特别好。××和我都很高兴。"

"今天下午在天气特别热时，我们组织孩子们到室外玩了一会儿水，孩子们玩得很高兴。××玩的时候把裙子弄湿了，所以我们给她换了衣服，这样她会舒服

📝 学习笔记

点。她的裙子在这个塑料袋里。"

"××，你爸爸来了，你能给他看看你今天用积木搭建的火箭的照片吗？×× 爸爸，你应该看看，你儿子今天搭建了一个多么伟大的建筑！为了方便您看到，我们给它拍了照片。"

有时，教师也需要向家长表达对孩子健康的关注。例如，教师可以这样说："我想知道××是不是身体不舒服了。今天下午午睡起床时她特别不愿意起，起来后也是无精打采的。"①

这样的一些信息是积极的、友好的，不会让家长受到打击，还能够表现出教师对幼儿及其家庭的关注。家长们也很乐意知道关于幼儿的活动和取得的成就的信息。有些家长似乎总是来去匆匆，但其实每个家长都希望多跟教师说上几句，只是看到接孩子的时候教师总是很忙，所以不好意思多等、多问。因此如果教师能够持续地传达给他们关于他们孩子的一些积极信息，如他们的孩子在幼儿园表现得很好，很讨人喜欢，那么他们就会逐渐为孩子的成就而感到骄傲，并开始关注每天发生在孩子身上的事情。

第二，沟通内容短而精。接送时交谈是教师一边组织幼儿活动，一边与家长进行的交流。因此，教师与家长沟通的内容要短而精，以免忽略对其他幼儿的关照，造成不必要的意外发生。交谈的问题如果无法立即解决，可进一步个别约谈。

第三，关注每位家长。尽量做到跟每位家长都有简短交谈，让家长感到教师对每一个孩子的用心与关注，不把目光过度聚焦在个别孩子身上，而忽视其他家长的感受。

第四，灵活之中有计划。接送时交谈具有较强的灵活性，但同时也需有一定的计划性。如哪些家长很少主动与教师沟通，教师要心中有数，主动向他们反馈幼儿的情况；近期哪些幼儿有状况需要与家长进行沟通，教师要有计划地在接送时向家长反馈。

第五，教师间要有分工合作。原则上接园时早晚班教师都要到位，并且事先做好分工，谁来和家长交流，谁来照看孩子。一般由早班教师在教室里组织幼儿活动，晚班教师站在门口与家长简短交谈。另外，早晚班的教师也要做好交接。

🍁 **典型案例**

童童的接送情况是这样的：早上妈妈送到幼儿园，下午奶奶接回家，但是妈妈和奶奶没有住在一起，一般童童在奶奶家吃过晚饭，然后回妈妈家。一次妈妈把童童送过来的时候，童童脸上有红印子，早班老师询问后得知是在家里摔了，并且在交接班时将这个情况告诉晚班老师。下午奶奶来接，看到童童脸上的红印子，马上不开心了，因为昨天下午脸上是没有红印子的，奶奶以为是童童在幼儿园摔了。晚班老师看出奶奶的心思，马上告诉童童奶奶是怎么回事，避免了误会。

第六，教师要注意展示良好的职业形象。例如，礼貌待人，微笑面对每位家长，语言要亲切，交谈内容以幼儿的教育为主，避免和家长聊家常；另外，对一些老年人要多加关照等。

---

① [美]埃萨：《幼儿问题行为的识别与应对：教师篇》(第 6 版)，王玲艳、张凤、刘昊译，35 页，北京，中国轻工业出版社，2011。

主题 8
个别约谈

微课
个别约谈

一、个别约谈的含义 >>>>>>>>>>>>>>>>>>>>>>>>>>>>>>>>>

约谈是指教师有目的地预约个别家长进行的谈话，是一种比较正规的有一定深度的交谈。当幼儿出现一些问题时，教师需要约谈家长，交流已采取的教育策略及效果，讨论解决问题的方法，形成家园合力，以取得良好的教育效果。

二、个别约谈的实施要点 >>>>>>>>>>>>>>>>>>>>>>>>>>>>>>

(1)在征得家长的同意后，约定一个双方都方便的约谈时间。

(2)为约谈安排一个单独的地方，这个地方不会被打扰。

(3)在约谈前，班级成员之间要互通信息，汇集、整理幼儿各方面发展情况的材料，提取有用的事例。

(4)准备好一些需重点向家长询问的、可以更好地了解幼儿的问题。

(5)教师可以准备解决问题的初步方案。不过，千万不要让家长觉得你已经想好该怎么办了，现在仅仅只是在通知他们。而且不要期望和家长的交谈能取得某一个特定的结果，教师需要做的是用一种开放的思维以及与家长一起努力来促使幼儿出现积极行为的态度和家长进行交谈。

(6)营造一种轻松的氛围。有些家长会对约谈感到拘束，所以教师在交谈中要面带微笑、亲切自然。开始时，教师可以说一些幼儿在幼儿园里的趣事，或者先问一问幼儿最近在家怎么样，让家长能自然地交谈。

另外，如果教师失去了耐心，变得生气、不友好，那么要马上意识到这些不良情绪对问题解决毫无帮助，要试着保持平静，尽量给予家长积极的回应。

(7)一定记住，家长的态度总是和别人如何看待他们的孩子紧密联系的。教师要意识到，那些被告知他们的孩子在幼儿园表现出问题行为的家长可能会对教师产生排斥心理，也可能会变得很敏感。

因此，教师对这名幼儿保持积极的、平常的态度是重要的，不需要过度关注某个方面。在交谈时，准备好讨论这名幼儿的所有行为，而不仅仅是那些不适宜的行为。教师可以先简单地谈论一下这名幼儿的优点，他所喜欢的活动，同伴关系及其擅长的方面。在这种背景下，幼儿的问题行为容易被当成其行为表现的一个方面，而不是主要方面。

(8)在介绍幼儿的情况时，不要说得过于笼统，描述要具体、客观，可以举一些鲜活的事例进行说明，也可以带一些观察记录或幼儿的作品与家长一起分享。

(9)在谈问题时，避免过度分析和解读幼儿的行为。分析和结论都应该基于教

📝 学习笔记

📝 学习笔记

师所观察到的事实。避免使用定性式的字眼如迟钝、倔强、多动来形容幼儿，要让家长感到教师的真诚和对幼儿的爱护。

（10）千万不要训斥或者责备幼儿的家长，也不要对他们进行说教，比如"必须怎么样""应该怎么样"。此外，不要给家长这样的印象：你是专家，你比他们懂得多。教师要用解决问题的态度和家长进行讨论。

（11）在和幼儿的家长交谈之前，教师可能已经尝试了几种处理这种问题行为的方法。如果是这样，与家长分享你的努力并询问家长是否在家里也尝试过相同的或不同的方法。

（12）记住，家长永远是最了解他们孩子的人。一定要仔细地、诚恳地倾听家长的观点，并尽量获取这样一些信息：家长对孩子问题行为的看法，家长关于应对这种问题行为的意见，家长在家中的教育方法以及孩子在家中的表现等。假如家长不同意你对他们孩子的看法，尝试着理解家长的观点。使用有效倾听的技巧能帮助你准确地捕捉到家长传达的信息。

（13）提出共同促进孩子发展的措施时，要采用商量和建议的口吻，同时也鼓励家长想出更好的办法。

（14）最后教师要鼓励家长随时与教师沟通，并且告诉家长当发现孩子有了积极的变化时，双方都及时给予鼓励，强化孩子的积极行为。

需要特别注意的一点是，不是幼儿出现了问题，我们才和其家长进行沟通。平时，教师就应该和幼儿家长通过一系列持续的积极互动来逐渐熟悉彼此。这样，当问题出现的时候，因为双方已经建立了一种互信的关系，大家才能更有成效地讨论和解决问题。①

教师要把和家长的约谈看成建立积极联系的机会，和家长一起努力解决问题，让大家都能从中受益。

小资料 ✺

如何有目的地与家长进行个别约谈？

1. 预约对教师工作不放心的家长，与其沟通教师对班级工作的付出，对幼儿发展的思考，对自身专业的提高，等等，使家长了解教师的专业能力，从而产生信任感；

2. 预约对幼儿生活不放手的家长，与其沟通班级孩子能力的现状，比较其孩子在班级中的发展水平，介绍科学育儿知识，鼓励其放手让孩子逐渐独立；

3. 预约"问题"幼儿的家长，如幼儿有攻击行为、咬手指甲、厌食、撒谎等现象出现时，教师要及时与其家长沟通，共同分析原因，寻找合适的解决策略；

4. 预约"进步"幼儿的家长，如幼儿有礼貌、谦让、乐于助人、遵守纪律、勇于发言等行为表现时，教师可以向家长介绍其具体表现，并鼓励其继续保持。

（引自左志宏：《幼儿园班级管理》，157页，上海，华东师范大学出版社，2014。）

---

① ［美］埃萨：《幼儿问题行为的识别与应对：教师篇》（第6版），王玲艳、张凤、刘昊译，36页，北京，中国轻工业出版社，2011。

主题 9
家园联系栏和网络互动

一、家园联系栏 >>

家园联系栏能让家长了解班级正在进行的主题活动、周计划等；能在第一时间传递需要家长配合的工作；能为家长提供一些育儿指导等。家园联系栏如何设计才能吸引家长驻足观看，真正发挥其在家园沟通中的作用呢？

第一，家园联系栏的整个版面可分割成不同板块，一般包括：主题介绍、阶段目标、本周活动、科学育儿、温馨提示。内容可包括家园合作的方方面面：家庭教育方面可有幼儿身体与心理的发展、家庭营养知识、家庭教育方法以及新的教育观念与实践等；幼儿园方面可以有班级教育活动月计划、周计划以及当日的教育教学活动、一周菜单等；当然，也可以设置家长信箱或家长留言板，鼓励家长与教师互动。

🔹 小资料 🌐

1. 建立班级记录本。

教师可在家园联系栏旁放置记录本，引导家长将每天的叮嘱随时登记在记录本上。这样，班级里的每位教师只要翻阅记录本，就能清楚地了解当天哪些孩子有特别的需求，以保证在生活护理上做到有的放矢。

2. 开辟"请您留言"区。

我们发现，一本记录本，若多个家长在同一个时刻都要记录，会造成较长时间的等待。于是，我们又在家园联系栏目中增设"请您留言"区，并提供便笺条，方便需要留言的家长随时写下嘱托。有了这样的留言区，有的家长还会在前一天晚上提前写好便笺条，第二天早晨来园与教师简单交流后，随即贴上便笺条。

[引自成媛：《智慧沟通，做好新时代家长工作》，载《早期教育（教育教学版）》，2018(4)。]

第二，应避免"家园联系栏"过度的"儿童化"设计，做到内容为主，装饰为辅。

家园联系栏是幼儿园环境的一部分，为了能让家园联系栏和幼儿园整体的"幼儿化"设计保持一致，家园联系栏可以适当进行装饰，并体现出"幼儿化"的特点。但是，家园联系栏的受众是家长，且要实现"广而告之"的功能，因而公告主题要突出醒目，公告内容要言简意赅，公告书写要清晰明了，能让家长一目了然。装饰要温馨别致，简洁大方。不要让公告信息淹没在花哨的装饰中。

第三，及时更新，第一时间把班级内的最新动态和需要家长配合的内容进行公布，但要注意将栏目设置在固定的位置。

二、网络互动 >>>>>>>>>>>>>>>>>>>>>>>>>>>>>>

网络互动能够帮助家长及时了解孩子在园活动，教师可以即时将幼儿活动以照片或视频的方式记录下来，传至班级微信群或班级网页上，让家长能够看到幼儿活动的动态信息；网络还为家长们提供了一个互动交流的平台，能让教师与家长、家长与家长之间的沟通更为顺畅、高效、便捷；同时网上的沟通交流，能够避免面对面交流中的一些不良情绪，使得双方都能采用更加理智、克制、宽容的态度进行交流，因而沟通会更为有效。但是通过网络互动进行沟通时，教师要知道家长最关心的是自己的孩子，因此教师上传的活动照片或视频等尽量关注到每个幼儿，要让每位家长都看见自己的孩子。

主题 10
亲职教育

一、亲职教育的作用 >>>>>>>>>>>>>>>>>>>>>>>>>>>>

研究指出，不管如何努力地、精心地为幼儿营造良好的在校生活，教师都不要忘记对幼儿影响最大的是校外生活环境。也就是说，家庭和家人对幼儿的生活有着更深厚的影响。[①] 因此，提升家庭教育质量是促进幼儿身心健康发展的重要途径。幼儿园的亲职教育正是为了提高家长素质和家教质量，对家长的家庭教育提供帮助和进行指导的过程，是一种以家长为主要对象的，以促进幼儿身心健康发展为最终目的的成人教育。

在亲职教育中，家长既是受教育者，又是教育者。一方面，他们需要向亲职教育的指导者学习科学的家庭教育方法；另一方面，他们又要把学到的东西运用到自己的家庭教育实践中。根据这样一种性质，亲职教育应注意内容有针对性、可操作性、可接受性，大致可有这样一些内容：宣传幼儿教育和家庭教育的重要性，提高家长的教育责任感；宣传正确的教育观念，如儿童观、教育观；宣传科学的育儿方法和原则；帮助家长学习如何创设良好的家庭教育环境。

二、亲职教育的形式 >>>>>>>>>>>>>>>>>>>>>>>>>>>>>>>>

幼儿园亲职教育的形式多样。在美国，幼儿园专门设置亲职教育设施，由心理学家和辅导老师主持对年轻父母进行亲职教育。其主要实施方式如下。①由专

---

① 冯晓霞、王冬梅：《让家长成为教师的合作伙伴》，载《学前教育》，2000(2)。

家主持有关父母教育的讨论会、座谈会与演讲会。②由教师工作委员会指导研究或编制电影，推广传授。③编印内容有趣的指南及专题手册，供父母阅读参考。④运用通信答问及函授方法，为父母个别解决问题。⑤普遍注意有关心理卫生及戏剧与电影演出。⑥举办家庭露营，利用野外生活增进父母子女间的了解与影响。⑦成立家长—教师资讯协会，加强家长与教师的联系，请家长支持教学活动并组织研讨会，学习及增强养育儿女的能力。⑧强制亲职教育的施行，在一些低收入社区的公办托儿所，幼儿母亲每月强制去托儿所接受育儿知识的教育，以改善其教养方式。⑨推行亲职教育方案，从怀孕开始，就在专业人员辅导下，学习如何有效地养育孩子。⑩亲职教育训练中心负责推广、研习儿童心理辅导的理论与实践方法。例如，由父母将教养儿女所面临的各种问题及困扰提出来讨论，主持人则从旁做适当的辅导。①

在我国，亲职教育通常在幼儿园开设的家长学校里进行，大致有以下一些形式。②

（1）家教现场指导活动。这是一种互相观摩、直接指导的活动方式，常常是由教师通过对幼儿出现的问题或家长目前普遍关心的问题进行专门的教育活动设计，家长通过现场观摩来学习。现场指导的方法可以从行为入手，通过教师示范、家长模仿或家长操作、教师指导的方式来进行；也可以从情感入手，通过教师创设情境，让家长参与、体验，再迁移到家庭教育中去的方式来进行；还可以从认识入手，通过教师与家长、家长与家长之间平等的辩论，最后形成一定的价值取向，并把它运用到家庭教育中的方式来进行。总之，家教现场指导活动就是让家长"做中学"，遵循指导与自我教育相结合的原则，通过作为指导者的教师和作为学习者的家长之间的互动来促进家庭教育水平的提高。

（2）家长沙龙。家长沙龙主要是为家长提供宽松的畅所欲言的环境与机会，可以由幼儿园提供场所，也可以由家长自愿在自己家里组织。定期举办，自愿参加。组织者可以是教师，也可以是家长。但组织者需平等地共同参与问题的讨论，并予以适当的总结。

（3）家庭互助组。家庭互助组是幼儿家庭之间的一种在家庭教育方面相互关心、相互支持的形式。家庭互助既包括物质上的互助，如临时帮助照看家长出差的孩子以及组织服装、图书、玩具方面的交流，也包括精神上的互助，如当一些家长在进行家庭教育遇到困难时，可以得到别的家长的关心与指点。家庭互助组也可以组织幼儿的同伴交往，解决当前大多数家庭由于只有一个孩子而可能产生的社会化方面的问题。家庭互助组本着自愿的原则，侧重于教育方面的互帮互学，避免功利化的做法。

（4）社区教育基地。社区教育基地是幼儿园亲职教育的一种延伸和补充。教育是人民的教育，发展教育和办好教育是全社会的责任。幼儿教育只有融入社会大系统，才能形成社会关心、支持并参与幼儿教育的社会风气。幼儿园可以联合社区部门，邀请热心幼儿教育的社区内各界人士，成立社区教育委员会和园外教师

> 📝 学习笔记

---

① 教育部基础教育司：《〈幼儿园教育指导纲要（试行）〉解读》，82～83 页，南京，江苏教育出版社，2002。
② 教育部基础教育司：《〈幼儿园教育指导纲要（试行）〉解读》，83～84 页，南京，江苏教育出版社，2002。

队伍，共同创建社区教育基地，既挖掘社区教育资源，创设良好的育人环境，配合幼儿园教育，又开展对家长的教育，提高家庭教育水平，真正达到双向促进。同时，家长教育的内容也可以是家庭生活方面的，通过家庭生活质量的提高，促进整个社区精神文明水平的提高。

思考与练习

1. 针对下述情况，请你设计一次针对多多的"专访"（个别幼儿家访）。

班上一名男孩叫多多，父母工作繁忙，平时由外婆带。外婆对多多宠爱有加，满足他所有需求。多多在幼儿园经常与其他孩子发生争执，抢玩具等。今天多多推倒并弄伤了同伴天天，天天的父母为此很不高兴。

2. 你认为大班家长工作的重点有哪些？哪些需要通过家长会的形式来展开？请尝试策划一个大班家长会的活动，制定具体的活动方案。

3. 思考：如果你是下面案例中的张老师，你回去后会怎么做呢？

案例：如此反馈，我们该如何应对①

家长开放日过后，大三班的张老师被保教主任叫到了办公室："这里有一张反馈表，你来看一看。"只见上面这样写道：

问：您对教师的教育活动有何见解？

答：我有些怀疑教师的组织能力，我的孩子在活动中也举手了，希望能回答问题，但老师并没有叫他。

问：您对孩子学习习惯的培养有何建议？

答：活动开始时孩子的表现还可以，但后面就坐不住了，一会儿东张西望，一会儿抠指甲，不能集中注意力听讲。我认为这和老师没有让他回答问题有关，使他失去了学习的兴趣。老师应该多给孩子一些机会。

问：您对孩子在集体生活中的表现有何看法？

答：我的孩子偏内向，胆子小，在集体中不爱表现。他并不是能力不行，而是缺乏自信。我看到教师把机会都给了那些爱发言、性格外向的孩子，对我们家这样的孩子关注少，给的机会也少。希望教师能更加公平些，给我们一些机会。

张老师在看到这张反馈表后先是有些不解："开放日结束后，没有家长和我提过这些啊？我也没看出来有哪个家长不满意啊？"再回想一下当时教育活动的情景，由于互动不太多，的确没有叫到所有孩子，但并不是仅仅忽略了某几个孩子，很多孩子都没回答问题啊！

组织开放日的张老师觉得有些委屈："现在的家长真是事多，只关注自己的孩子，难道老师在一节活动课中还要面面俱到啊！"

保教主任没有说什么，而是把反馈表递给她，说："可以看出来，这个家长对你的工作不太满意，你先拿回去认真想想，要采取一些措施进行弥补。"

张老师拿着反馈表默默地离开了办公室。

① 张春炬：《幼儿教师的家长工作技巧》，66～68 页，北京，中国轻工业出版社，2014。

4. 设计一个家长和幼儿共同参加的毕业典礼的活动方案。你希望通过毕业典礼实现哪些目标？具体可以通过哪些活动来实现？在具体实施的时候需要注意什么？